《北京人口发展研究报告（2015）》编委会

北京人口与社会发展研究中心　编

北京人口发展研究报告

（2015）

Report on Beijing's Population

(2015)

社会科学文献出版社
SOCIAL SCIENCES ACADEMIC PRESS (CHINA)

目录

第一编　区域协同发展与大城市人口疏解

第二编　流动人口研究

第三编　人口与社会发展

第一编　区域协同发展与大城市人口疏解

北京人口发展研究报告（2015）

——优化人口空间分布与人口疏解

尹德挺　侯亚非　闫　萍　史　毅　洪小良　马小红　卢镱逢 等

摘　要：

首都人口疏解既要做到人口规模的控制，也要实现人口结构和人口分布的优化。本研究通过北京与东京都市圈、多伦多大都市区的国际比较后发现，北京人口分布亟待由“单峰型”向“双峰型”转变，严控10公里圈层以内的人口规模，在30公里圈层附近增设生态缓冲区，加快30公里圈层以外卫星城的建设，提升向外疏解的交通便捷性，并把握好50年的城市人口空间演变周期，不可操之过急。

关键词：

城市化　经济发展　人口空间分布　国际比较

首都人口疏解不单是人口规模的调控，更重要的是在京津冀协同发展的视角下实现人口结构和空间布局的优化。《北京人口发展研究报告（2015）》课题组根据北京与东京都市圈区域面积的相近性、北京与多伦多大都市区城市规划垂直管理模式的相似性特征，对三者距离城市中心50公里圈层以内的人口分布演变规律进行比较研究后发现，国际成熟城市的人口空间布局特征对北京人口分布的优化路径具有重要参考价值。

基于最新的人口普查数据、经济普查数据以及历年统计年鉴数据，本报告力图在以下两方面寻求新的探索。

第一，从京津冀城市群的角度，探讨北京经济发展与区域人口空间分布的关系及存在的问题。

第二，从北京城市内部的角度，基于北京与东京和多伦多的比较，探讨北京城市发展阶段与内部人口空间分布表现出的关联性及重塑人口分布的调整方向。

一 人口疏解视野下北京人口分布的关键特征

（一）京津冀区域经济重心与人口重心均向北京逼近

本研究运用“区域重心法”对2000～2014年数据分析后发现：第一，京津冀经济重心经历了向北、向东“锯齿状”转移过程，即由“霸州”向“廊坊”方向移动，持续向北京逼近；第二，京津冀人口重心正经历“快速向北、持续向东”的转移过程，即由“任丘”向“霸州”方向移动，持续向北京聚集；第三，人口重心与经济重心高度相关，但人口重心滞后于经济重心的转移，经济重心对人口重心的移动具有显著的引领作用（见图1）。因此，尽早提高北京周边区域的经济发展水平，推动北京部分产业外迁，对于引导北京人口向外疏解意义重大。

（二）更多的常住人口向更少的街道集中

1990年至今，北京市常住人口更多地向城区集中，城市化率继续上升，北京市进入城市化的新阶段。基于1990年、2000年和2010年三次人口普查

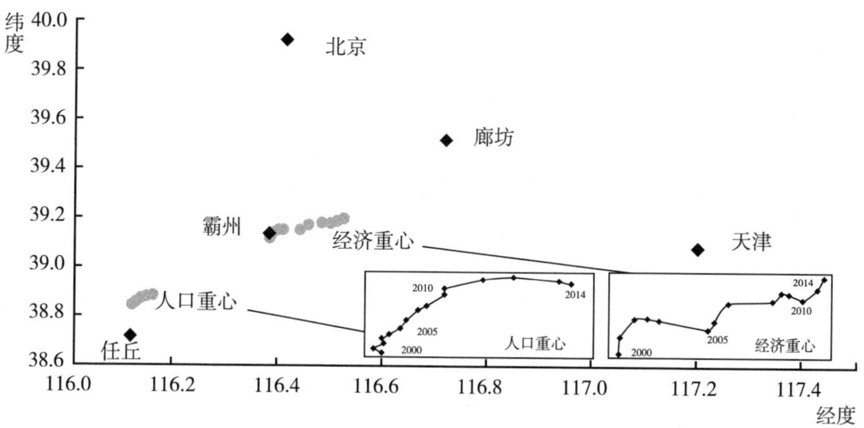

图1　京津冀地区经济重心和人口重心转移趋势（2000～2014年）

说明：右下角两幅小图是图1左侧经济重心和人口重心的放大图。

的街道人口数据，本文使用Gini系数法和Wright系数法等，对北京市人口空间分布均衡程度的变动情况进行分析，发现四个特点。

第一，北京人口空间分布的不均衡性加剧，中心城人口分布问题格外突出。用于测量人口分布分离程度的空间Gini系数的合理区间为0.30～0.40，而北京该系数已由1990年的0.31攀升至2010年的0.47，特别是中心城自20世纪90年代开始就已超出合理范围（如表1所示）。

表1　北京市人口空间分布的Gini系数和Wright系数

	1990年	2000年	2010年
Gini系数	0.3091	0.3904	0.4716
中心城	0.4023	0.4159	0.4573
非中心城	0.2810	0.2635	0.2551
Wright系数	0.1448	0.2202	0.3956

第二，北京人口空间分布的集中度加剧，更多的人口集中于更少的街道，而且常住人口空间强聚集圈层已经由城市核心区扩散至距离城市中心20公里处（五环左右）。Wright系数显示，在北京市人口分布Gini系数扩大的同时，洛伦茨曲线变得更加陡峭，相应的Wright系数变得更高（如图2所示）。

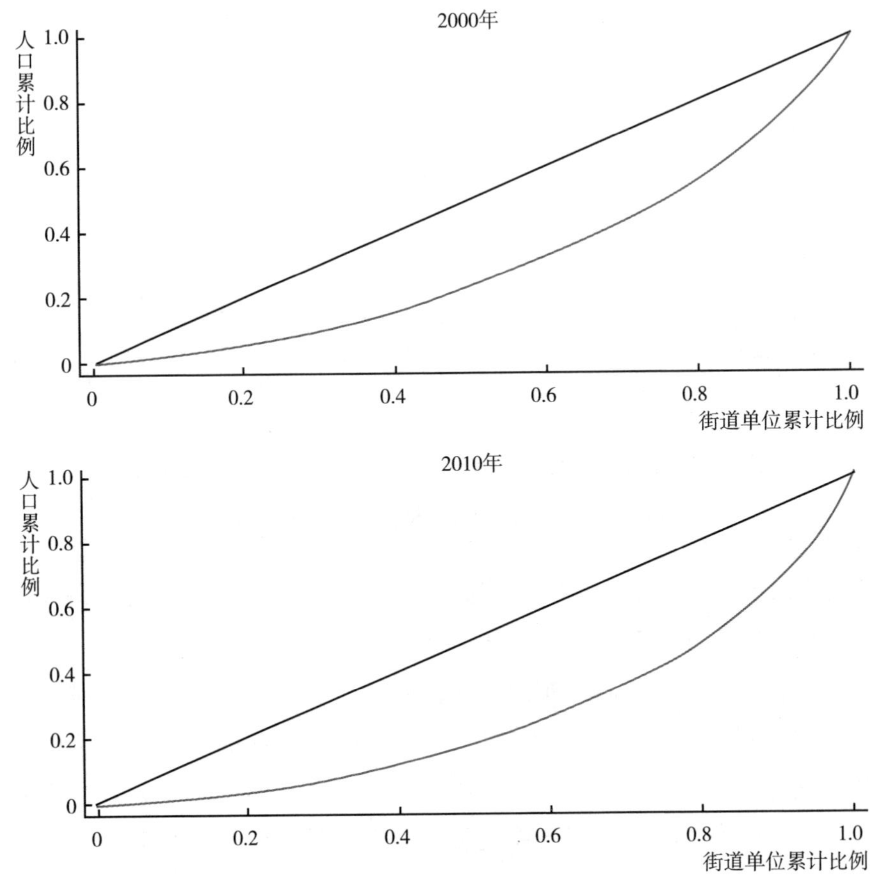

图 2　2000 年与 2010 年北京市人口分布的洛伦茨曲线

而且，从全市层面来看，北京常住人口强聚集组团明显向外扩散。例如，值得高度关注的高密度人口组团包括海淀的西北旺、西三旗、东升、清河地区等，昌平的回龙观等，朝阳的来广营等，石景山的八角等，大兴的黄村、西红门、旧宫、和义等以及通州的台湖、玉桥等乡镇街道（见图 3）。

第三，全局常住人口空间关联程度下降。由于北京市人口集中的重心以及离散的具体情况并不能仅仅通过 Gini 系数和 Wright 系数展现出来，所以我们有必要对北京市人口空间分布的关联模式加以分析。本报告进一步使用“全局 Moran’I 指数”对北京市常住人口数据进行分析，以便更直观地比较北京市常住人口的空间关联特征。全局 Moran’I 指数显示：常住人口空间关联度存在

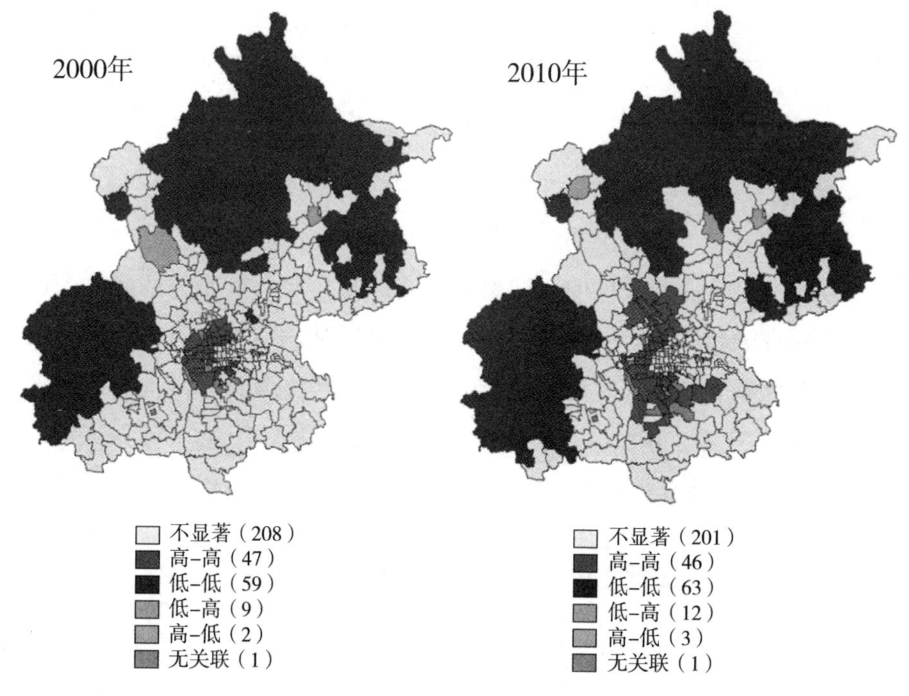

图3 北京市常住人口空间布局特征

说明：“高－高”是指高人口密度的乡镇街道被相似乡镇街道所包围，(47) 是指类似的乡镇街道数量为47个。其他类型同理。

“先升后降”的趋势。一方面，1990～2010年北京市常住人口全局Moran'I指数均大于0，表明北京市各街道常住人口存在显著的空间正相关关系，各街道常住人口在空间上更多地表现出“高－高”“低－低”的聚集分布。另一方面，常住人口全局Moran'I指数先升后降的特点与城市化进程的阶段性变化有关，特别是与流动人口规模和居住方式的阶段性特征相关。其中，1990～2000年常住人口全局Moran'I指数的快速上升与流动人口的大量流入有关。2000年流动人口全局Moran'I指数为0.51，显著的空间正相关关系表明：北京市流动人口居住分布具有更强的聚集性，即流动人口数高的街道更多地聚集在一起，流动人口数低的街道也更多地聚集在一起。而2000～2010年Moran'I指数的小幅下降也与流动人口的空间分布变动有关。2010年，北京市流动人口占常住人口的比例提高为35.9%，而流动人口全局Moran'I指数下降为0.40，下降速度比常住人口指数还快，从而推动了北京市常住人口全局空间聚集程度的下降。

表 2　北京市人口空间关联性分析

	全局 Moran'I：常住人口	全局 Moran'I：流动人口
1990 年	0. 3668	—
2000 年	0. 4486	0. 5129
2010 年	0. 3970	0. 4003

第四，非经济活动人口中心城聚集程度严重。北京市非经济活动人口有62. 5%集中在中心城，非中心城区仅有37. 5%。从功能区来看，首都功能核心区非经济活动人口占区内人口的比例达到47. 58%，远高于其他功能区（见表3）；从区县来看，东城区非经济/经济人口比高达116，远高于西城区，在全市16个区县中最高。

表 3　各功能区 16 岁及以上人口经济活动情况比较（2010）

单位：%

	区内非经济/经济人口比	区内非经济活动人口比例	占全市非经济活动人口比例
首都功能核心区	91	47. 58	13. 68
城市功能拓展区	67	40. 2	48. 85
城市发展新区	59	36. 99	28. 19
城市生态涵养发展区	63	38. 79	9. 28
合　计			100

资料来源：《北京市 2010 年人口普查资料（下）》，长表就业数据。

例如，60岁以上老年人口大多集中于中心城区，80岁以上的高龄老人则进一步向城市功能核心区聚集，这种人口分布特征与全市优质医疗资源“中心化”的分布状况密切相关（如图4所示）。

（三）户籍人口加速流向中心城

从各功能区的市内人户分离人口占全市市内人户分离人口的比例来看，2000～2010年，北京市首都核心功能区和城市功能拓展区市内人户分离人口占比上升迅速，而城市发展新区和生态涵养发展区的市内人户分离人口占比有所下降。例如，首都功能核心区此比例由2000年的5. 17%迅速增加至2010年

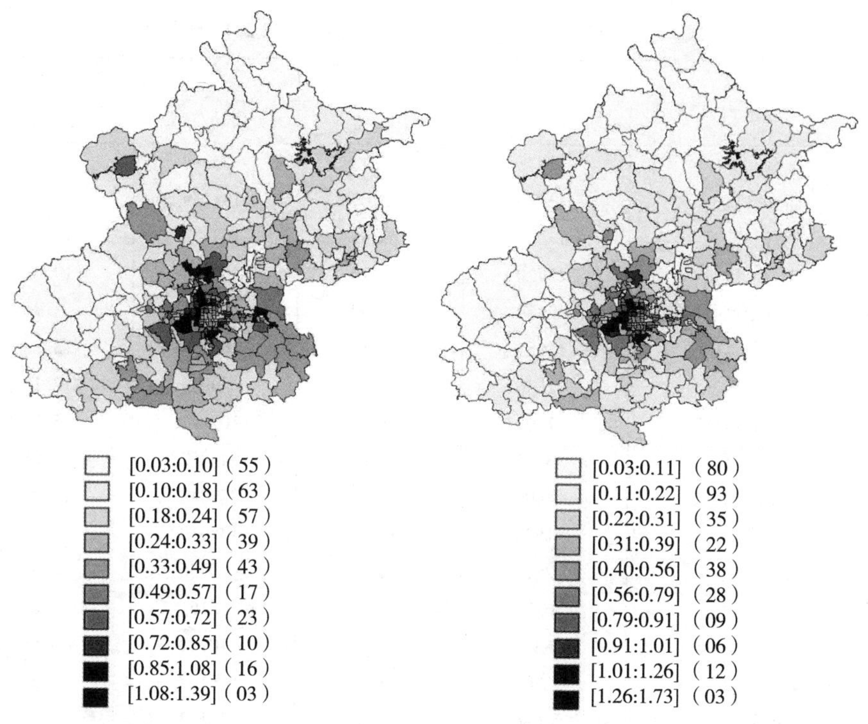

图4　2010 年全市 60 岁以上老年人口（左）、80 岁以上老年人口（右）的空间分布

说明：1. 颜色越深，代表人口比例越高。

2. 图标中［0.03∶0.10］(55) 的解释：［0.03∶0.10］是指该乡镇街道中的老年人口占全市老年人口的比例，(55) 是指类似的乡镇街道数量为 55 个。其他图标同理。

的 11.45%（见表 4）。由此可见，北京市市内人户分离人口存在一定程度的“向心化”趋势。

表 4　2000 年和 2010 年北京市市内人户分离人口各功能区分布

	2000 年市内人户分离人口		2010 年市内人户分离人口	
	人口数(人)	占比(%)	人口数(人)	占比(%)
首都核心功能区	7247	5.17	214171	11.45
城市功能拓展区	51584	36.77	984392	52.61
城市发展新区	63900	45.55	622774	33.28
生态涵养发展区	17568	12.52	49844	2.66
总　计	140299	100	1871181	100

表5　北京市市内人户分离情况（2000年和2010年）

	2000年		2010年	
	人口数(人)	占比(%)	人口数(人)	占比(%)
东城区	3475	2.48	73012	3.90
西城区	3772	2.69	141159	7.54
朝阳区	17294	12.33	363421	19.42
丰台区	15720	11.20	363366	19.42
石景山区	2689	1.92	91731	4.90
海淀区	15881	11.32	165874	8.86
房山区	2670	1.90	39923	2.13
通州区	11503	8.20	107011	5.72
顺义区	3765	2.68	49862	2.66
昌平区	4409	3.14	287048	15.34
大兴区	41553	29.62	138930	7.42
怀柔区	2514	1.79	9756	0.52
平谷区	6276	4.47	5161	0.28
密云县	5379	3.83	10247	0.55
延庆县	2703	1.93	6127	0.33
门头沟区	696	0.50	18553	0.99
总计	140299	100	1871181	100

（四）流动人口空间“强聚集”圈层持续扩大

根据最新的人口普查数据，流动人口局部空间相关分析结果显示出如下三个特征。

第一，强聚集圈层向外扩散：“高－高”类型区域（即人口规模大的乡镇街道被相似乡镇街道所包围）开始向城市发展新区转移，西北扩散至沙河、西北旺等区域，东南扩散至亦庄、台湖和青云店等区域，西南扩散至黄村地区，东北扩散至东小口、北七家和高丽营等区域。

第二，弱聚集圈层缩小：显著的“低－低”类型区域（即人口规模小的乡镇街道被相似乡镇街道所包围）主要集中在生态涵养发展区。值得注意的是，房山区作为城市发展新区之一，其大部分地区仍呈现人口聚集不足的特征，未能充分有效承接人口疏解的功能。

第三，中间过渡圈层扩大：远郊区县与市区的结合部圈层流动人口空间分布相对独立且进一步扩散。同时，房山、大兴、通州与河北邻近地区的“低－低”类型区域有所减少，说明首都外围区域人口吸纳空间有所增加。

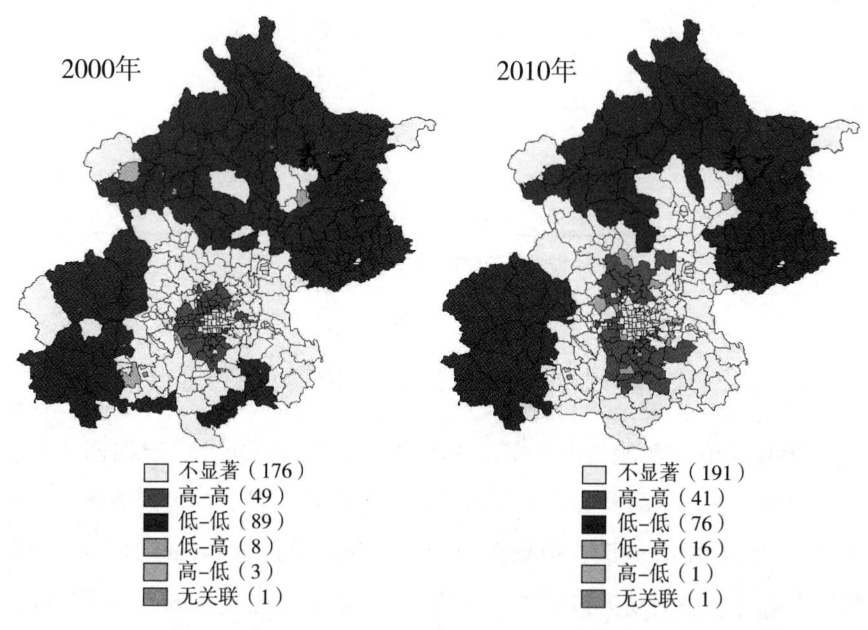

图5　北京市流动人口空间聚集特征及其变化比较

说明：“高－高”是指高人口密度的乡镇街道被相似乡镇街道所包围，（49）是指类似的乡镇街道数量为49个。其他类型同理。

（五）中心城单位数量激增加剧人口虹吸力

第二次经济普查和第三次经济普查数据显示：北京中心城法人单位数量由2008年的21.03万个猛增至2013年的43.25万个，增长了1倍多。更值得注意的是，中心城的机关法人单位数、事业法人单位数、社会团体数、民办非企业法人单位数也都有了明显增长，其中，社会团体单位数量2008～2013年的增幅居然达到了149%。可见，降低中心城区就业单位数量，提升非中心城区单位注册的政策吸引力，是破解中心城区人口虹吸效应的重要手段。

表 6　北京市中心城与非中心城各类单位数量和比例变动比较

	2008～2013 年（数量增幅）		2008～2013 年（比例增幅）	
	中心城（万个）	非中心城（万个）	中心城（%）	非中心城（%）
法人单位	22. 22	12. 42	106	168
第二产业	-0. 05	1. 09	-3	43
第三产业	22. 27	11. 32	115	233
机关法人单位	0. 04	0. 04	68	59
事业法人单位	0. 2	0. 23	39	92
社会团体	0. 26	0. 12	149	460
民办非企业法人单位	0. 1	0. 07	84	97

资料来源：2008 年和 2013 年《北京市全国经济普查资料》。

（六）“中心城就业＋郊区居住”的职住分离特征凸显

从 2002～2012 年的住宅分布变化来看，北京人口居住状况向西北部、西南部的城市发展新区聚集，而且呈现成片聚集、不断扩大的发展态势，但就业地点依然聚集在中心城区，通勤压力增大。我们使用 Bivariate Moran'I 指数测量常住人口与经济活动人口分布之间的关系，结果显示，Moran'I 系数为 0. 39，表明经济活动人口与常住人口存在相关关系，但在空间上并不完全重合，即存在明显的空间分离性，这为北京市经济活动人口存在较为严重的“职住分离”提供了数据支持。

（七）30～50 公里圈层人口分布比例亟待提高

北京、东京和多伦多分别作为京津冀经济圈、东京都市圈和多伦多大都市区的中心，占地面积存在差异，但核心区域基本都在半径 50 公里范围之内。因此，为了统一口径，本文对三者 50 公里圈层以内的人口分布演变规律进行比较，发现大城市经历了由“极化”“扩散”到多城市协同发展的过程。

1. 处于城市发展中期的北京：由极化到扩散的“倒 U 形”人口圈层分布

在北京市人口总量不断增加的同时，其人口圈层分布已度过城市“极化”阶段，呈现“倒 U 形”的发展特点，波峰开始由核心区向外推移，即越趋近于城市中心，人口比例下降幅度越大，人口空间增长重心由最核心的 10 公里圈层（四环以内）[①] 向10~30公里圈层（四环外至六环外围）转移，从中心城区向城市发展新区转移。

第一，10公里圈层内（四环以内）人口占50公里圈层人口的比例显著下降，且仍有下降空间。2000年，北京市中心5公里圈层内（三环以内）常住人口占比为14.89%，2010年下降到9.74%；2000年5~10公里圈层内（三环和四环之间）常住人口占比为26.13%，2010年下降到21.58%。然而，10公里圈层以内人口总占比依然很高，占31.32%（见表7）。

第二，10~30公里圈层内（四环至六环外）人口比重显著上升。2000年10~15公里圈层内（四环与五环之间）常住人口占比为20.36%，2010年上升到25.99%；2000年15~30公里圈层内（五环至六环外围）常住人口占比为22.95%，2010年上升到29.79%（见表7）。五环外围位于城市发展新区，在吸纳中心城人口的功能方面发挥了一定作用，与其"疏散城市中心区产业与人口的重要区域"的功能定位相一致。

表7　北京市人口空间分布变化比较

距离	常住人口数(万人)		调整前占比(全市口径:%)		调整后占比(50公里口径:%)	
	2000年	2010年	2000年	2010年	2000年	2010年
0~5公里	179.22	175.29	13.21	8.94	14.89	9.74
5~10公里	314.48	388.46	23.18	19.81	26.13	21.58
10~15公里	245.01	467.83	18.06	23.85	20.36	25.99
15~20公里	119.93	250.15	8.84	12.75	9.97	13.90
20~30公里	156.16	286.06	11.51	14.59	12.98	15.89
30~40公里	105.48	139.20	7.77	7.10	8.76	7.73
40~50公里	83.17	92.88	6.13	4.74	6.91	5.16
50~60公里	24.50	25.70	1.81	1.31	—	—
60~70公里	63.95	74.63	4.71	3.81	—	—
70公里以上	40.15	40.89	2.96	2.08	—	—

注：1. 表中"距离"按照各街道办事处、乡镇政府与天安门的直线距离计算得到。

2. 调整前人口比例是以全市人口为基数，显示了0~70公里以上10个分组的人口比例；调整后人口比例是以50公里圈内人口为基数，显示了0~50公里7个分组的人口比例。

① 以市中心为原点的城市圈层与北京城市环路尽管有相当的空间重合，但并不严格一致。

第三，30 公里圈层内（六环外围以内）人口占比不降反升，高达 87.11%。尽管 10 公里圈层人口占比有所下降，但 10～30 公里圈层人口占比上升幅度更大，所以 30 公里圈层内人口比例不仅没有得到有效控制，2010 年反比 2000 年上升了 2.78 个百分点（见表 7）。

2. 处于城市化稳定阶段的东京都市圈：由扩散到协同的“M 形”人口圈层分布

国家经济发展水平不仅能直接影响区域间的人口流动，而且能影响城市人口内部空间结构的变动。日本作为较早进入发达国家行列的国家之一，经济发展经历了 1955～1972 年激增、1973～1990 年减缓以及 1990 年以后相对停滞等阶段，而东京都市圈人口分布的空间模式也随之发生了重大变化。狭义的东京都市圈主要包括东京都、千叶县、埼玉县、神奈川县等区域，总面积约 1.34 万平方公里，占日本国土面积的 3.5%。1920～2010 年，伴随着经济发展，东京都市圈城市化经历了先慢后快、再趋于稳定的过程，城市化水平从 18% 增加到 90%，特别是 1950 年以后城市化进入加速期，东京人口空间分布变动很大。

第一，10 公里圈层内的人口占比显著下降。该比例从 1955 年的 30.8% 下降至 1999 年的 10.6%，而在 1999 年之后略有回升，直到 2011 年基本保持在 11% 的水平（见图 6）。当时的北京也具有此特点，但此圈层人口比例（31.32%）仍明显高于东京。

第二，10～30 公里圈层内人口占比表现出显著上升趋势，10～20 公里圈层是第一个人口高峰。尽管 10～20 公里圈层人口占比持续下降，但最终稳定在 28% 左右，依然保持较高比例；而 10～30 公里圈层内人口占比从 1955 年的 43.4% 增长到 2011 年的 51.5%，人口增长主要来自 20～30 公里圈层，其人口占比从 1955 年的 12.8% 连续增长到 2011 年的 23.7%，增长期主要从 1965 年开始（见图 6）。

第三，30 公里圈层内人口占比显著下降。该比例从 1955 年的 74.2% 下降至 2004 年的 60.4%，2011 年微升至 62.6%。下降的主要原因是 10 公里圈层人口占比的迅速下降，从 1955～2011 年下降了 19.7 个百分点，远远超过 20～30 公里圈层人口占比的增幅（见图 6）。

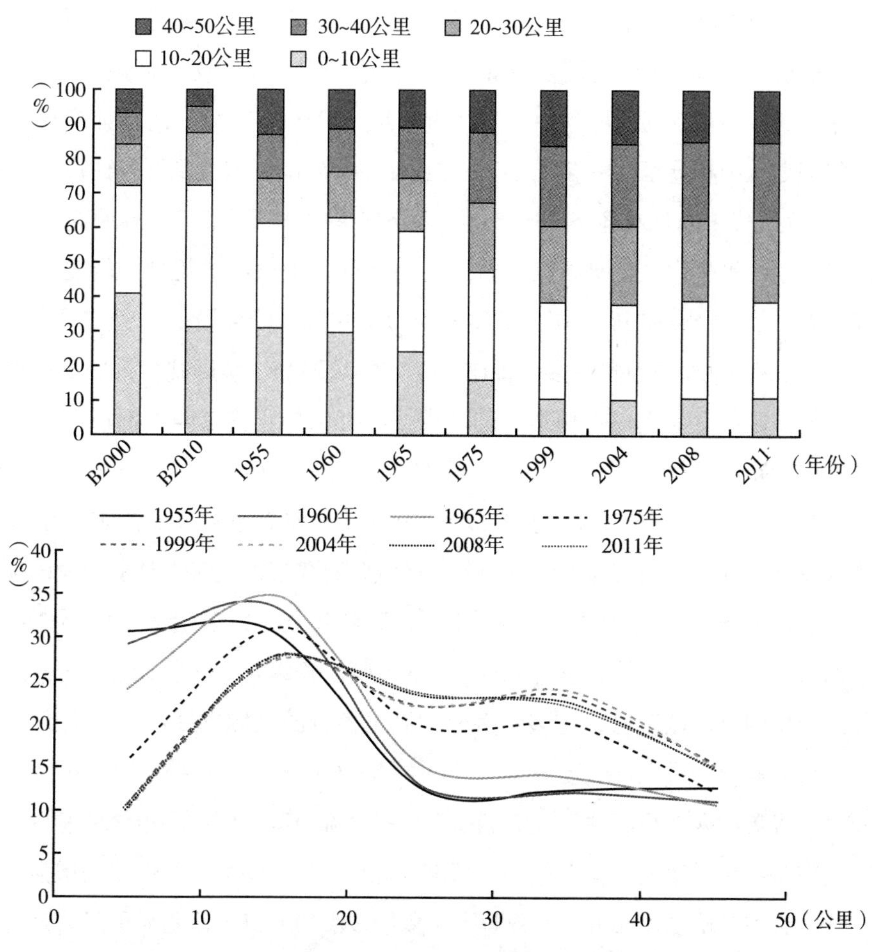

图 6　东京 50 公里人口圈层分布变动趋势（1955 ~ 2011 年）

说明：B2000 是指北京 2000 年的情况；B2010 是指北京 2010 年的情况。

第四，30 ~ 40 公里圈层人口占比显著上升，形成人口圈层分布的第二个小高峰。该比例由 1955 年的 12.7% 上升到 2004 年的最高值（24.1%），而后略降至 22%，并保持稳定（见图 6）。

可见，东京都市圈早期人口分布一直保持着典型的同心圆式城市空间结构，之后的人口分布由核心区开始出现波浪式向四周推动的特点，并最终形成以东京都为核心的多极重心。此外，东京都市圈人口增加的幅度、速度与到市中心的距离存在非线性关系，人口分布也呈现“M 形”的双峰曲线特征，这与不同时期的经济发展和城市化水平有关。1955 年以后，日本经济开启高速发展模式。规划中，东京都市圈被定位为国家经济中心，政府利用其聚集效益加速推动日本经济发展。随后，东京都的可利用空间严重不足，1968 年《第二次首都圈建设规划》将规划范围扩展至“一都七县”，这也使城市外围区域得到开发建设。随着 20 世纪 70 年代中期日本经济增速趋缓，经济发展模式开始稳定，东京都市圈也经历了由“一极集中”的地域结构向“多心多核”地域结构规划的转变，最终形成了人口集于分布在 10 ~ 20 公里和 30 ~ 40 公里的双峰格局。

3. 区域协同发展的多伦多大都市区：变中求稳的“全局式”人口城市群

多伦多是加拿大人口规模最大的城市，同时也是北美第四大都市区。多伦多大都市区除多伦多市外，还包括其他四个地级市，2011 年总人口规模为 657 万人，是加拿大人口密度最高的城市群。1950 年，安大略省政府制定多伦多大都市区发展规划，计划将地方政府划分为区域政府和市镇政府，分别管理相应公共事务。1970 年，安大略省政府进一步制定新的规划，以多伦多为核心分别向东、西、北三个方向延伸，涵盖 120 公里的范围，并建立了皮尔、约克、达拉莫和霍尔特姆四个区域政府，与多伦多分别制定各自的区域发展规划。直到 1996 年，安大略省政府成立金色委员会（The Golden Commission）统一研究多伦多大都市区的发展问题，重新建议成立涵盖多伦多大都市区的区域和市镇政府。尽管这一建议最后未能落实，但多伦多大都市区各个区域之间的关联性得到增强。

第一，在多伦多大都市区的视野下，多伦多市的人口占比明显下降。该比例由 1991 年的 53.7% 下降到 2011 年的 43.2%，下降了 10.5 个百分点（见表 8）。

表 8 多伦多大都市区人口基本分布情况（1991 ~ 2011 年）

	1991 年	1996 年	2001 年	2006 年	2011 年
多伦多大都市区	423.8	463.2	508.5	555.1	605.3
多伦多市	227.6	238.5	248.1	250.3	261.5
其他区域	196.0	224.3	260.0	305.3	343.9
霍尔特姆	31.3	34.0	37.5	43.9	50.2
皮尔	73.3	85.3	98.9	115.9	129.7
约克	50.5	59.2	72.9	89.3	103.3
达拉莫	40.9	45.9	50.7	56.1	60.8
多伦多市人口占 GTA 比例	53.7	51.5	48.8	45.1	43.2

第二，多伦多市10公里以内圈层人口的占比显著下降，从1951年的30.6%下降至2011年的15.4%（见图7）。多伦多大都市区依安大略湖而建，其整体空间结构呈扇形或半圆形分布，人口主要集中在多伦多市区，构成了半径为20公里左右的内部扇形区域。从长期趋势看，多伦多市区人口的增长主要集中在10～20公里圈层，10公里以内圈层的人口则持续下降。

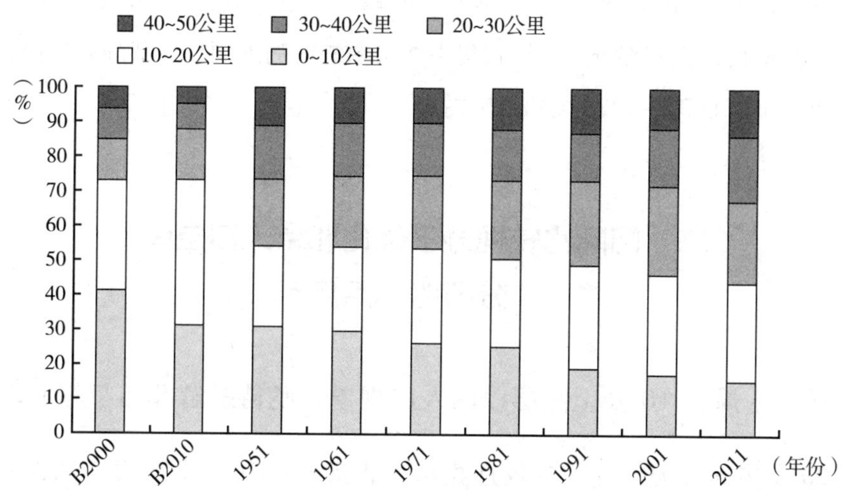

图7　多伦多大都市区50公里人口圈层分布变动趋势（1951～2011年）

注：B2000是指北京2000年的情况；B2010是指北京2010年的情况。

第三，10～30公里圈层内人口占比呈现显著上升态势，从1951年的42.2%上升至2011年的53.6%，增加了11.4个百分点（见图7）。1951～1961年，多伦多市中心区人口空间增长与2000年以前的北京非常相似，增长中心即几何中心。1981年以后的多伦多大都市区与2010年的北京人口空间分布特点一致，增长重心开始外移。第二次世界大战以后，加拿大城市化开始加速进行，直到20世纪70年代才开始放缓。尽管在70年代以后城市人口增加缓慢，但城市内部人口空间分布模式在发生剧烈变化，人口重心逐渐外移，稳定集中于10～30公里圈层范围内。

第四，30公里圈层内人口占比相对稳定，先由1951年的72.9%上升到

1971 年的 77%，之后下降到 70% 左右，并保持稳定（见图 7）。30 公里圈层人口占比稳定的主要原因是 10～30 公里圈层人口占比的迅速上升，抵消了 10 公里圈层内人口占比下降的影响。

第五，多伦多大都市区的人口增长主要集中在外围 30～40 公里圈层，呈现与东京相似的双峰格局。由于多伦多大都市区为扇形结构，半径为 50 公里左右，其人口圈层分布数据信息在图 7 中不能得到充分反映。然而，根据加拿大普查资料显示①的 2006～2011 年人口增幅，可以发现：市中心区人口几乎没有过快增长，仅有部分小幅增长集中在市中心区的外围，大部分人口增长集中于距离市中心 30～40 公里的范围内。

二　国际比较视野下优化北京人口空间分布的几点启示

（一）减少 10 公里圈层以内人口规模，亟待疏解非首都核心功能

2010 年第六次人口普查数据显示，北京 0～10 公里圈层（约四环以内）人口占比明显高于东京和多伦多，北京为 31.3%，东京仅为 11.1%，多伦多仅为 15.4%，这说明北京此圈层的人口占比有很大的下降空间，而加快推进四环以内非首都核心功能的疏解是带动此圈层人口转移的重要途径。

（二）人口空间分布格局需要由“单峰型”向“双峰型”转变，亟待推进周边卫星城建设

基于北京、东京和多伦多的发展演变，可以发现：城市化的早期阶段，城市人口在空间上呈线性分布，城市人口高度聚集于市中心，距离市中心越远，人口密度越低；城市化的中期阶段，城市人口在空间上呈“倒 U 形”分布，

① 数据来自《2011 年加拿大国家人口普查统计公报》，2012 年 2 月 8 日发布。

城市开始新区建设，人口重心随经济重心而转移，由市中心向外扩散；城市化的后期阶段，城市人口在空间上呈“M形”分布，形成人口双极或多极分布特点（见图8）。城市人口在由线性分布转向“M形”分布的过程中，人口重心呈波浪式外推趋势，经济重心也在外移。因此，对于我国京津冀地区而言，完善外围区域的城市功能，实现中心区与新城的功能对接，对于城市未来人口空间模式变动将产生积极影响。

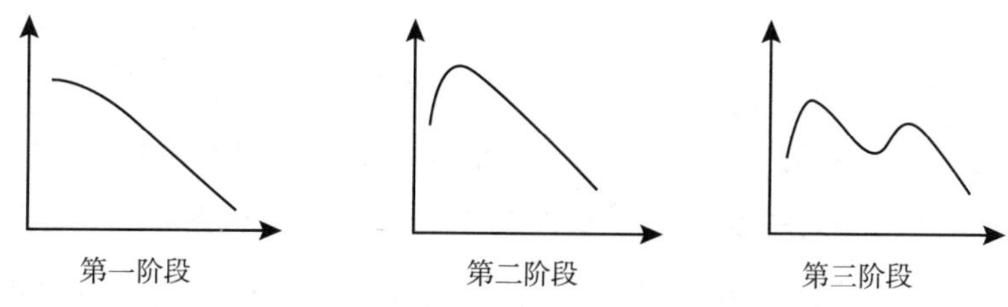

图8　人口空间模式的三个阶段（东京和多伦多）

处于城市发展高级阶段的东京和多伦多都市圈，其人口空间分布近些年已经呈现稳定的“双峰型”特征，即第一个人口聚集高峰位于距离城市中心10~20公里的圈层，两市此圈层人口占比约为28%；第二个人口聚集高峰圈层出现在距离城市中心30公里以外，东京此圈层人口占比为37.4%，多伦多为29.1%。2010年第六次人口普查数据显示，处于城市发展中期阶段的北京，人口空间分布格局表现出明显的“单峰型”特征，即以天安门为原点，半径10~20公里圈层（四环与五环之间）人口占比高达40.7%，而30公里（六环外围）以外人口占比仅为12.9%。因此，加快北京30公里圈层以外卫星城的建设，提升中心城至卫星城的交通便捷性迫在眉睫。

（三）明确30公里圈层人口分界线，亟待增设外围生态缓冲区

东京和多伦多都市圈的发展轨迹显示，国际大城市人口空间聚集特征稳定，半径30公里圈层是重要分界线。长期以来，东京、多伦多通过规划、改造和产业调整等多种手段，提升卫星城或新城的人口吸引力，并将30公里圈

层以内人口比例控制在60%～70%的水平（东京为63%、多伦多为70%）。而2010年北京30公里圈层（约六环外围）以内人口比例高达87%，甚至比2000年还提高了2.8个百分点。这表明北京亟须在六环外围增设生态缓冲区，以控制此圈层以内的城市开发强度。

（四）把握50年城市人口空间演变周期，优化人口空间布局不可操之过急

东京和多伦多都市圈的实践表明，城市人口空间分布从“剧烈变动”到“趋于稳定”大约耗时50年，且与全国的经济发展状况密切相关，即东京和多伦多基本从1950年开始起步，至2000年前后人口空间分布趋于稳定。日本和加拿大2000年人均GDP在3.5万美元左右，而2000年我国人均GDP仅为949美元，与1965年时的日本相近。从人均GDP近千美元到3.5万美元日本历时35年，据此估算，受我国经济发展水平的影响，预计北京人口空间分布模式可能要到2035年前后才能逐渐趋于稳定。虽然短期干预可以缩短周期，但难以完全改变阶段性特征，不可操之过急。

（五）由“单一城市”规划向“全局式”城市群区域发展规划转变，在协同发展中实现人口疏解和布局优化

多伦多大都市区通过成立金色委员会的方式消除区域规划的内部冲突，执行全都市区统一的基本建设规划，最终使多伦多大都市圈内，多伦多市人口占比由1991年的53.7%下降至2011年的43.2%，其经验值得京津冀地区借鉴，即京津冀地区“全局式”城市群协同发展规划对于首都人口疏解及京津冀城市群的孵化具有重要意义。

附录一　数据来源

1. 人口数据：中国数据主要来源于北京市“五普”和“六普”的分街道数据和统计年鉴；日本数据主要来自日本和东京市统计局以及《日本国势图绘》；加拿大数据主要来自多伦多统计局和多伦多大都市区的普查单元数据。

本文选择东京都市圈和多伦多大都市区作为比较对象，是综合考虑区域面积、经济水平和城市化阶段的结果。①

2. 坐标数据：本文以普查资料中的街道或单元为分析单位，使用 Geocoding 对 Google 地图的数据库进行地址解析，得到各个普查街道或单元的坐标数据，并依据坐标数据，分别计算各街道或单元与城市中心坐标的直线距离。

附录二　研究方法

1. 区域几何重心法：用于测量京津冀区域内人口和经济的空间分布状况以及人口重心和经济重心的坐标及空间变动趋势。经纬度具体计算公式分别为：$\bar{x} = \frac{\sum X_i W_i}{\sum W_i}$；$\bar{y} = \frac{\sum Y_i W_i}{\sum W_i}$。其中，$W_i$ 为区域内第 i 个基本单位的某一属性值，X_i 为该单位的经度坐标，Y_i 为纬度坐标。经计算后的（$\bar{x}$，$\bar{y}$）即为某一属性的区域几何重心。本文主要使用人口属性（人口数）测量人口重心，使用经济属性（地区生产总值）测量经济重心。

2. Gini 系数法和 Wright 系数法：洛伦茨曲线较早地被应用于城市土地空间利用的研究，② 使用洛伦茨曲线可有效反映城市人口的空间聚集状态。由于洛伦茨的具象化特点不适用于比较研究，因此需要使用洛伦茨曲线的数值指标进行比较分析。通过从右下角画一条 45°的对角斜线，将洛伦茨曲线分割为区域 A、B 和 C，Gini 系数和 Wright 系数的计算方法分别为：

$$\text{Gini 系数} = \frac{\text{area A} + \text{area B}}{\text{area A} + \text{area B} + \text{area C}} \tag{1.1}$$

$$\text{Wright 系数} = 1 - \frac{2(\text{area A})}{\text{area A} + \text{area B}} \tag{1.2}$$

① 从城市面积和人口数量上看，东京都市圈和北京市人口分别为 3680 万人和 2152 万人。两者在空间上具有可比性：东京都市圈面积为 1.34 万平方公里，小于北京市的 1.64 万平方公里，但北京的平原面积仅占 38%。选择多伦多作为比较对象主要是因为在城市规划方面加拿大与中国相似，上级政府对其所属辖区发展规划具有直接影响，多伦多大都市区经历多次城市规划，其人口空间分布受到政策的影响较大，其空间变动情况反映了城市发展和城市规划共同作用的结果。

② 参见 1946 年《户籍法》第 17 条第 3 款。

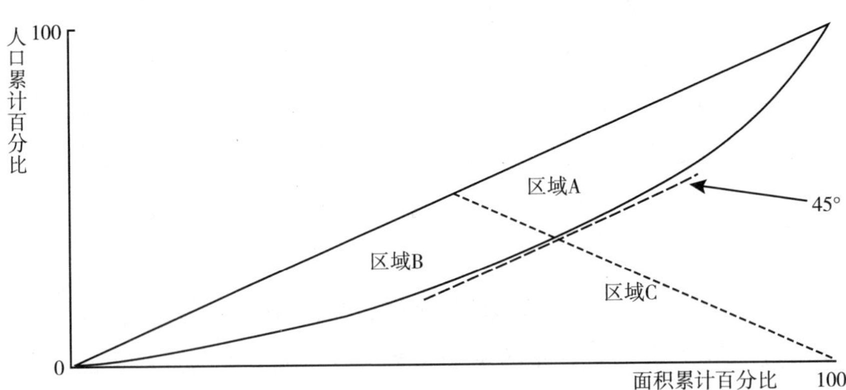

运用 Gini 系数可测量城市人口分布的分离程度，但不能用于测量人口分布的峰值不对称情况。因此，我们进一步使用 Wright 系数测量人口的相对集中度，取值范围从 -1 到 +1，取值越大表示峰值越倾向于高密度区域，取值为 0 则表示其为标准的洛伦茨曲线。在 Gini 系数既定的情况下，Wright 系数越高表示区域人口集中度越高。

3. 空间自相关分析：是指同一个变量在不同空间位置上的相关性，是空间单元人口聚集程度的一种度量。空间自相关性使用“全局”和“局部”两种指标，全局指标（Univariate Moran'I 指数）用于探测整个区域的人口空间模式，使用单一的值来反映该区域的自相关程度，其计算公式为：$I = \frac{n\sum_{i=1}^{n}\sum_{j=1}^{n}w_{ij}(x_i - \bar{x})(x_j - \bar{x})}{\sum_{i=1}^{n}\sum_{j=1}^{n}w_{ij}(x_i - \bar{x})^2}$。其中，$I$ 为 Moran 指数，n 为街道单位数，x_i 和 x_j 分别为 i 街道和 j 街道的人口数，w_{ij} 为标准化的空间权重矩阵。该指数的取值范围为［-1，1］：大于 0 表示各单元存在空间正相关，单位内观察值有趋同趋势；小于 0 表示各单元存在空间负相关，单位内观察值有不同趋势；等于 0 时表示各单位为独立随机分布，空间不相关。局部指标［Local Moran'I 指数（LISA）］用于计算每一个空间单元与邻近单元人口分布的局部自相关程度，即识别“热点区域”，其计算公式为：$I_i = z_i\sum_{i=1}^{n}w_{ij}z_j$。其中，$z_i$ 和 z_j 为 i 街道和 j 街道上人口数的标准化。依据 I_i 和 z_j 的正负取值差异，可将全部空间单位划分为四种类型的空间模式：“高－高”类型代表人口规模大的街道被相似街道所包围，“低－低”类型代表人口规模小的街道被相似街道所包围，“低－高”类型和“高－低”类型则代表某一街道被与其人口规模相差巨大的其他街道所包围。

4. 城市人口圈层比较分析：用于比较处于不同发展阶段的城市人口空间分布的规律性。数据来源有二：一是人口普查数据。加拿大和东京以普查区（census tarcts）为基本单位，而我国能够获得的最小单位为街道数据。二是利用普查区坐标数据产生距离变量，根据距离变量对普查区进行梯度分组，最后对各组人口数量和密度进行纵向比较，并与其他城市进行横向比较。

北京人口发展的新特点、新问题及其应对

尹德挺　高亚惠　耿月红*

随着时代的发展，人口问题已经成为事关北京市发展大局的重大战略性问题，是影响北京市经济社会发展的关键因素。本研究在总结提炼21世纪以来北京市人口发展轨迹的基础之上，着重探讨了当前北京市人口发展的新形势、新挑战和新设想，以期为北京市委市政府未来的决策工作提供参考依据。

一　北京人口发展的八大特点

（一）人口总量继续增长，增量略显下降端倪

进入21世纪，北京市常住人口①规模进入高速增长时期。1949年，北京市常住人口总量为420.1万人，1990年为1086.0万人，2000年达1363.6万人，2011年首次突破2000万人，2014年增至2151.6万人（见图1），2000～2014年15年人口净增788万人，年均增长52.53万人。

近两年来，北京市常住人口的增速出现下降趋势。与2010年相比，2011年人口年增量为56.7万人，自2006年以来首次出现增速放缓的趋势，2014年人口年增量降至36.8万人，与2013年相比，降幅为1.74%，为近8年来常住人口增量最少的一年。人口增速下降既与居留成本提升、限购政策出台等因

* 尹德挺（1978～），博士，中共北京市委党校社会学教研部副主任，北京市人口研究所副所长、副教授，硕士生导师；高亚惠（1987～），中共北京市委党校社会学教研部硕士研究生；耿月红（1990～），中共北京市委党校社会学教研部硕士研究生。

① 常住人口是指实际经常居住在某地区半年及半年以上的人口。常住人口＝常住户籍人口＋常住流动人口。

素有关，也与全市产业结构升级、经济增速放缓有关。

户籍人口总量稳步小幅增长。2000 年全市户籍人口规模为 1107.5 万人，2014 年增至 1333.4 万人（见图 1），15 年年均增长 15.06 万人，年增幅基本稳定在 14 万 ~20 万人。2011 年户籍人口年增量为 20.1 万人，创近十年来的最大值，而 2014 年为 17.1 万人，与 2011 年相比有一定幅度下降，这与北京市实行通过户籍指标调控人口规模等措施有关。

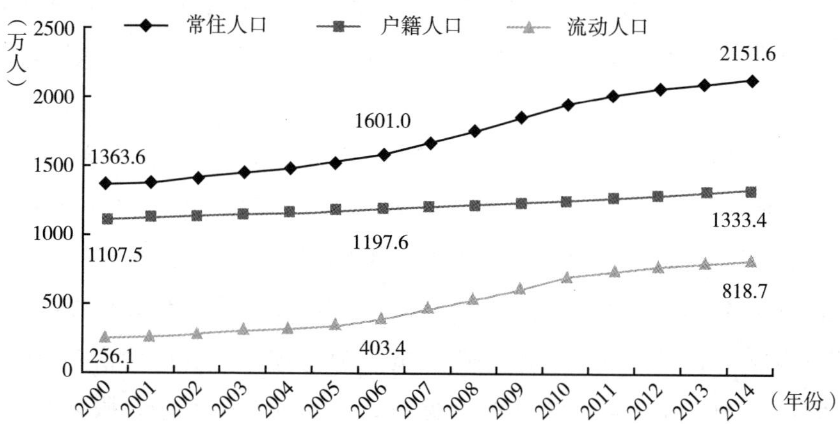

图 1　2000 ~2014 年北京市常住人口、户籍人口及流动人口变动趋势*

* 户籍人口数据由北京市公安局提供。由于统计口径不同，所以户籍人口与常住流动人口之和与市统计局公布的常住人口数据有略微差距。

资料来源：《北京统计年鉴 2015》。

（二）流动人口膨胀是常住人口增长主因，且依然聚集在传统行业

常住流动人口①（以下简称“流动人口”）规模突破 800 万人，占常住人口的比例升至近四成。从规模来看，2000 年以来北京市流动人口总量加速膨胀，2000 年为 256.1 万人，2010 年突破 700 万人，2014 年增长到 818.7 万人（见图 1），15 年增加了 562.6 万人，年均增加约 37.51 万人。

流动人口增量占常住人口增量的比例超六成，但增量近年来明显下降。2001 年流动人口年增量为 6.7 万人，2005 年为 27.5 万人，2008 年为 78.4 万

① “常住流动人口”，即在北京居住半年及以上的流动人口。

人，2010 年达到近十年来的峰值，为 90.5 万人，之后逐步下降，2012 年降为 31.6 万人，2014 年降为 16.0 万人，增速放缓。从增量所占比例来看，2000～2014 年 15 年，北京市流动人口总增量占常住人口总增量的 71.4%，2008 年、2009 年和 2010 年的年增量占比更是分别高达 82.5%、82.1% 和 88.8%，2011 年回落至 66.1%，2012 年降到 62.3%，2014 年降到 43.7%。

来京距离、流出地的人口规模以及剩余劳动力状况是影响北京市人口流入量的重要因素。从流动人口迁移原因来看，务工经商是主因，且家属随迁居第二。2000 年，流动人口“务工经商”的比例为 67.60%，2010 年该比例进一步上升至 73.9%，且男性占比明显高于女性。在务工经商的流动人口中，“乡—城”流动比例很大，2010 年为 76.10%，“城—城”流动比例为 23.90%。从职业构成来看，流动人口在流动后实现了职业构成的“非农化”。根据北京市第五次全国人口普查和第六次全国人口普查数据，“专业技术人员”的从业构成由 2000 年的 5.32% 上升到 2010 年的 13.10%。不过，在京外来从业人员的职业构成依然以“商业、服务业人员”为主体，从业比例由 2000 年的 43.16% 上升到 2010 年的 48.10%（见图 2）。如果把“商业、服务业人员”和“生产、运输设备操作人员及有关人员”两大职业领域汇总统计，则集中了约 327 万人外来从业人员，占流动人口从业人员总数的 72.90%。从行业结

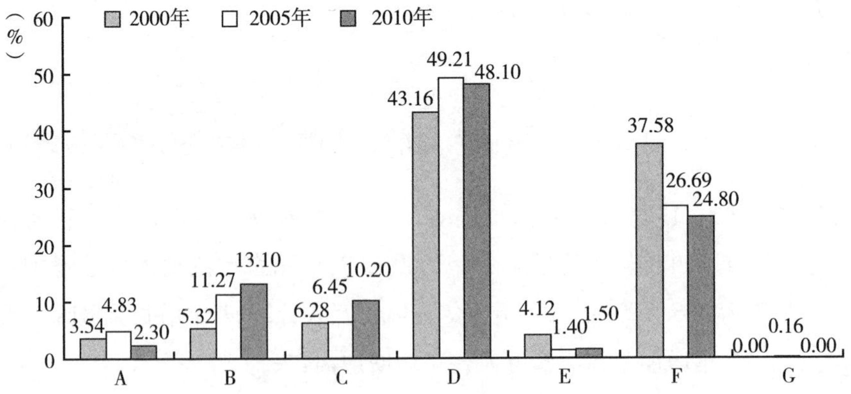

图 2　2000～2010 年北京市流动人口职业构成

说明：A 国家机关、党群组织、企业、事业单位负责人；B 专业技术人员；C 办事人员和有关人员；D 商业、服务业人员；E 农、林、牧、渔、水利业生产人员；F 生产、运输设备操作人员及有关人员；G 其他人员。

构来看，2010 年在第一、二、三产业就业的流动人口比例分别为 1.5%、27.5% 和 71.0%。从行业小类来看，流动人口主要分布在批发和零售业、制造业和建筑业，分别占 29.5%、17.7% 及 9.2%（见图 3）。这样的就业结构与北京市存在巨大的相关就业岗位需求和就业机会密切相关。

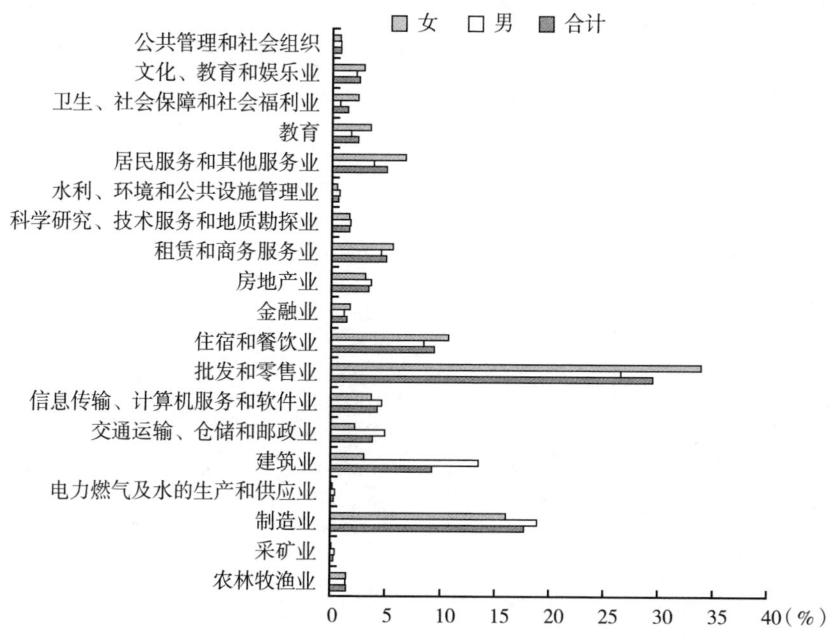

图 3　2010 年北京市流动人口分性别的行业分布

资料来源：2010 年北京市“六普”数据。

（三）常住人口出生率增长缓慢，超低生育水平格局未变

常住人口出生率达到 9‰左右，总和生育率[①]在 0.7 左右波动。在人口学研究中，一般把出生率在 10‰以下（总和生育率约在 1.3 以下）称为超低生育水平。2000 年，北京市常住人口总和生育率为 0.67，2005 年为 0.68，2010 年为 0.71。也就是说，在育龄期间，北京市每个常住妇女平均生育子女数可

① 总和生育率是基于假想生育队列估算出来的生育水平，并不能简单等同于终生生育水平。一般来讲，如果总和生育率小于 2.1，新生人口则不足以弥补生育妇女和其伴侣的数量。

能仅为0.7个左右。从出生率来看，2000年以来，北京市常住人口出生率一直低于9.1‰且低于全国的出生率，属于超低生育水平。不过，北京市从2007年开始正形成新一轮的生育小高峰，2011年出生率升至8.29‰，2012年达9.05‰，比2000年上升2.85个千分点，比2011年上升0.76个千分点（见表1）；而到2013年出生率略有下降，但2014年又上升到9.75‰。从常住人口出生数来看，2000年北京市仅出生8.08万人，2011年上升到16.50万人，2014年增至20.98万人（见表1）。

表1　2000～2014年北京市常住人口、户籍人口出生率及出生人数

单位：‰，万人

年份	常住人口		户籍人口		全国出生率
	出生率	出生人数	出生率	出生人数	
2000	6.20	8.08	6.50	7.2	14.03
2001	6.10	8.38	5.35	6.0	13.38
2002	6.60	9.26	5.28	6.0	12.86
2003	5.06	7.34	3.92	4.5	12.41
2004	6.13	8.99	5.68	6.6	12.29
2005	6.29	9.53	6.35	7.5	12.40
2006	6.22	9.76	6.43	7.7	12.09
2007	8.16	13.37	8.16	9.9	12.10
2008	7.89	13.59	8.62	10.6	12.14
2009	7.66	13.90	8.75	10.9	11.95
2010	7.27	13.90	8.11	10.2	11.90
2011	8.29	16.50	9.78	12.5	11.93
2012	9.05	18.49	11.18	14.5	12.10
2013	8.93	18.89	10.33	13.6	12.08
2014	9.75	20.98	15.53	17.2	12.37

资料来源：1. 北京市常住人口出生人数和出生率来源于相应年份的《北京统计年鉴》。2000和2010年数据为人口普查推算数，1995和2005年数据为1%人口抽样调查推算数，其余为人口变动抽样调查数。北京市户籍出生人口数源自《北京统计年鉴2015》，出生率根据出生人口与户籍人口总数计算得出。

2. 2000～2003年全国出生率来源于国家统计局国民经济综合统计司编《新中国55年统计资料汇编》，中国统计出版社，2005，第6页；2004～2009年数据来源于国家统计局人口和就业统计司编《2010中国人口和就业统计年鉴》，中国统计出版社，2011，第7页；2010～2014年数据来源于相应年份的《中国统计年鉴》。

户籍人口出生率总体先降后升，2013年略有回落，2014年户籍人口出生率升到2000年以来的最大值。2000年以来，户籍人口出生率由2000年的6.5‰降至2003年的3.92‰，创十余年的最低点，之后回升至2012年的11.18‰，比2011年上升1.4个千分点，出生率自2000年以来首次超过10‰，2014年，北京户籍人口的出生率升至15.53‰（见表1）。尽管如此，北京市户籍人口的生育状况仍属于超低生育水平。2001~2004年，户籍人口出生率略低于常住人口，2005年之后户籍人口出生率实现反超，直至2014年，这一反超现象仍然在持续。

（四）常住少儿人口和老年人口比例缓慢上升，常住劳动年龄人口比例有下降趋势

常住少儿人口比例整体性下降，近年来缓慢上升；老龄化因人口流入而得到部分缓解。从少儿人口比例来看，2000年以来，0~14岁人口比例在波动中下降，2000年为13.6%，2010年急剧下降为8.6%，之后略微回升，2011年升至9.0%，2012年达9.4%，2014年增至9.9%，但与2000年相比，仍下降了3.7个百分点（见表2）。国际上通常认为，0~14岁人口占总人口的比例在15%以下为“超少子化”。目前，“少子化”是北京市长期低生育水平造成的结果，预示着未来人口减少的内在趋势，这对北京市的社会经济发展将产生重大影响。

表2　2000~2014年北京市常住人口年龄构成

单位：%

年份	常住人口			
	0~14岁	15~64岁	65岁及以上	老少比
2000	13.6	78.0	8.4	61.8
2005	10.2	79.0	10.8	105.9
2006	10.0	78.8	11.2	112.0
2007	9.7	80.2	10.1	104.1
2008	9.7	80.1	10.2	105.2
2009	10.1	79.8	10.1	100.0
2010	8.6	82.7	8.7	101.2
2011	9.0	82.0	9.0	100.0
2012	9.4	81.5	9.1	96.8
2013	9.5	81.3	9.2	96.8
2014	9.9	80.2	9.9	99.7

资料来源：2000年数据来自第五次全国人口普查数据，2005~2014年数据来自相应年份的《北京统计年鉴》。

注：老少比=65周岁及以上人口数/0~14周岁人口数×100%。

常住老年人口比例有所下降，近三年来呈缓慢上升的趋势。从常住老年人口比例来看，2000 年以前，北京市就已进入老龄化社会，且老年人口规模大，增长速度快，人口老龄化程度一直高于全国平均水平。2000 年北京市 65 岁及以上老年人口为 114.29 万人，占总人口的比重为 8.4%，2005～2009 年徘徊在 10%～12%，2010 年降为 8.7%，2014 年 65 岁及以上老年人口为 212.3 万人，占总人口的比重升至 9.9%，比 2000 年上升了 1.5 个百分点，比 2013 年上升了 0.7 个百分点（见表 2）。2009 年之后北京市人口老龄化程度略微有所缓解，主要得益于户籍迁移人口和流入人口年龄结构的年轻化，北京市享受着来自全国的人口红利，但北京市人口老龄化程度仍有潜在的上升趋势。2010 年“六普”数据显示，60 岁及以上流动人口占流动人口总数的比例仅为 3.39%。

常住劳动适龄人口规模在增长，比例近年来有所下降。2000 年以来北京市 15～64 岁人口规模一直在增长。2000 年、2010 年、2011 年、2012 年、2013 年、2014 年北京市劳动适龄人口规模分别是 1058.3 万人、1621.6 万人、1653.2 万人、1684.4 万人、1720.1 万人、1727.0 万人，但劳动适龄人口占常住人口的比例，2000 年为 78%，2010 年达到峰值，为 82.7%，2011 年首降为 82%，2012 年再降至 81.5%，2014 年持续降至 80.2%（见表 2）。与全国相比，北京市劳动适龄人口的比重从 2011 年开始下降，比全国早 1 年，这可能与北京市低生育率、高老龄化以及流动人口回流等因素有关。

从家庭户规模来看，随着少子化和老龄化的加剧，家庭户的平均户规模日趋缩小。2014 年常住人口家庭户以二人户为主，占 30.6%，较 2013 年下降了 0.1 个百分点；其次是三人户，占 29.8%，较 2013 年增加了 0.1 个百分点；一人户占 21.3%，较 2013 年增加了 0.6 个百分点。家庭户的小型化和核心化将对家庭养老和照料护理等产生重大影响。

户籍人口老龄化程度不断加深，形势十分严峻。2011 年户籍人口中 65 岁及以上人口的比例为 14.1%，2012 年进一步上升到 14.6%，人数达到 187.9 万人，2014 年则继续上升至 15.3%，人数达到 204.3 万人。国际上通常认为，65 岁及以上人口占总人口的比例超过 14%，则进入“深度老龄化社会”，超过 20% 则进入“超级老龄化社会”。近些年，少子老龄化导致的养老问题逐渐由隐性转为显性，人口老龄化引发的社会经济问题逐步凸显。

（五）常住人口平均受教育年限突破11年，流动人口大专及以上比例接近1/4

常住人口受教育水平全国领先。2000年常住人口平均受教育年限为10.0年，每十万人中拥有大专及以上学历人数为16843人；2010年平均受教育年限是11.5年，居全国首位，每十万人中拥有大专及以上学历人数为31499人，而同期上海为21952人，北京比上海多出9547人；2010年，北京市文盲率为1.7%，比上海低1.04个百分点；2014年北京市平均受教育年限为11.7年（见表3），每10万人中拥有大专及以上学历人数达到36777人。

表3 6岁以上北京市常住人口受教育程度

单位：%，年

年份	小学	初中	高中和中专	大专及以上	平均受教育年限
2000	17.67	35.82	24.14	17.50	10.0
2005	13.77	30.96	24.20	23.58	—
2010	10.40	32.70	22.10	32.80	11.5
2012	11.06	32.49	22.34	32.06	11.4
2013	10.51	32.13	20.69	35.08	11.6
2014	10.71	28.52	21.91	36.78	11.7

资料来源：1. 2000、2010年数据来自历次人口普查。

2. 2005、2012～2014年数据来自相应年份的《北京统计年鉴》。“—”代表没有找到准确数据。

流动人口受教育水平迅速提高。2000年以来，6岁以上流动人口中文盲、小学、初中学历人口比例均呈稳步下降趋势，初中人口比例由2000年的53.16%下降到2010年的45.92%；而高中、中专、大专及以上学历人口比例则明显上升，三者合计由2000年的26.73%激增到2010年的43.90%，增长超过17个百分点，特别是大专及以上人口比例由2000年的9.88%迅速提升到2010年的24.35%（见表4）。流动人口学历水平的提升，折射出北京市吸纳高层次就业人口的能力在提升。

表4　北京市6岁以上流动人口受教育程度比较

单位：%，人

年份	不识字或很少	小学	初中	高中、中专	大专及以上	样本量
2000	3.05	17.06	53.16	16.85	9.88	2399227
2005	2.50	14.90	44.00	19.40	19.20	61989
2010	0.80	9.38	45.92	19.55	24.35	6808673

（六）户籍人口平均预期寿命升至81.81岁，恶性肿瘤居死因首位

户籍人口平均预期寿命居全国前列，与世界高收入水平国家齐平。2000年北京市户籍人口的平均预期寿命为77.46岁，2014年提高到81.81岁，15年提高了4.35岁，与全国其他地区相比，2014年北京市居民预期寿命略低于上海市的82.29岁。[①] 从性别差异来看，男、女的平均预期寿命差异在拉大，2000年男性的平均预期寿命为75.81岁，女性为79.15岁，二者相差3.34岁，而2014年男性为79.73岁，女性为83.96岁，二者相差4.23岁（见表5）。从死亡率的变化来看，户籍人口死亡率由2000年的6.16‰下降到2014年的5.70‰，常住人口死亡率由2000年的5.3‰下降到2014年的4.92‰。[②]

表5　2009～2014年北京市人口户籍人口平均期望寿命

单位：岁

	2009	2010	2011	2012	2013	2014
平均期望寿命	80.47	80.81	81.12	81.35	81.51	81.81
男	78.63	79.09	79.16	79.35	79.51	79.73
女	82.37	82.60	83.17	83.43	83.58	83.96

资料来源：《2014年北京市卫生工作统计资料简编》，http://www.phic.org.cn/tonjixinxi/weishengtongjijianbian/2013nianjianbian/qsjmcsjbsswyyqk/201405/t20140515_75404.htm。

户籍人口婴儿死亡率持续下降，孕产妇死亡率控制在10/10万以下。随着北京市医疗卫生状况的改善，北京市婴儿死亡率不断降低，从2000年的5.36‰降至2011年的2.84‰、2012年的2.87‰和2014年的2.33‰，远低于

① 数据来源于《2014年上海市卫生工作统计资料简编》。

② 数据来源于《北京统计年鉴2015》。

全国婴儿死亡率10.3‰的水平，且已低至发达国家水平。婴儿死亡率的降低，充分体现了北京市医疗技术的进步和卫生事业的飞跃。近十年来，孕产妇死亡率最高值出现在2008年，为18.52/10万，之后迅速下降，2010年降至12.14/10万，2012年低至6.05/10万，2013年显著回升至9.45/10万，2014年又降至7.19/10万（见表6）。

表6　2000～2014年北京市户籍人口婴儿死亡率、孕产妇死亡率

单位：‰，1/10万

年份	婴儿死亡率	孕产妇死亡率	年份	婴儿死亡率	孕产妇死亡率
2000	5.36	9.70	2008	3.7	18.52
2001	6.01	11.71	2009	3.49	14.55
2002	5.56	15.12	2010	3.29	12.14
2003	5.89	15.60	2011	2.84	9.09
2004	4.61	15.19	2012	2.87	6.05
2005	4.35	15.91	2013	2.33	9.45
2006	4.66	7.87	2014	2.33	7.19
2007	3.89	16.74			

资料来源：2000～2010年数据来源于《北京六十年（1949～2009）》，2011和2012年数据来源于《北京统计年鉴2013》，2013和2014年数据来源于《北京统计年鉴2015》。

死因顺序发生显著变化，生活方式方面的健康素养有待提高。2000～2002年，脑血管病是当时北京市居民的首要死因，心脏病和恶性肿瘤次之；2003～2006年，脑血管病和心脏病交替位列北京市居民死因首位，恶性肿瘤紧随其后；2007～2014年，恶性肿瘤跃居首位。2014年，恶性肿瘤、心脏病、脑血管病前三大死因的占比分别高达27.08%、25.37%和20.68%。北京市政府发布的《北京市2014年度卫生与人群健康状况报告》指出，2014年，北京市户籍人口死因前三位仍然是恶性肿瘤、心脏病和脑血管病，总占比为73.13%，其中恶性肿瘤已连续八年成为北京市居民的首位死因。居民恶性肿瘤发病率为168.90/10万，比上一年增长2.34%，并且仍在缓慢地持续上升。其中男性恶性肿瘤新发病例中肺癌居第一位，其次为肝癌、结肠直肠和肛门癌；女性死因排名前三的为肺癌、结肠直肠和肛门癌、乳腺癌。甲状腺癌发病率为15.74/10万，比2003年（3.19/10万）上升393.42%，年龄标化后，年平均增长

16.92%，说明甲状腺癌已成为北京市增长最快的恶性肿瘤。上述数据提示我们，既要加强对各类健康危险因素的防控，如吸烟，酗酒，高盐、高油饮食，引导居民改变不良的行为生活方式，同时也提示我们应更深入地开展病因流行病的调查研究。

（七）人口继续向城市发展新区转移，首都功能核心区人口密度继续上升

人口分布呈现由城市功能拓展区向城市发展新区、首都功能核心区以及生态涵养发展区梯次递减的分布特征。分功能区看，2014 年城市功能拓展区人口最多，达到 1055.0 万人，占 49.1%；其次是城市发展新区，常住人口为 684.9 万人，占 31.8%；首都功能核心区和生态涵养发展区人口相对较少，分别为 221.3 万人和 190.4 万人，所占比重分别为 10.3% 和 8.8%（见表 7）。北京市人口分布出现由功能核心区向发展新区转移的现象与北京市产业布局调整以及城市功能疏解等因素有关。近年来，为了缓解核心城区的交通和人口压力，北京市通过建设科技园区、新城区，把核心城区产业和人口逐渐向城市新区转移，再加上核心城区生活成本不断走高，人口随之流入新城区。

表 7　2005 ~ 2014 年北京市常住人口的分布

单位：万人，%

年份		2005	2006	2007	2008	2009
首都功能核心区	人数	205.2	206.1	206.9	208.3	211.1
	比例	13.34	13.04	12.67	12.29	12.03
城市功能拓展区	人数	748.0	773.6	805.4	835.6	868.9
	比例	48.63	48.93	49.32	49.30	49.51
城市发展新区	人数	411.6	424.7	446.2	470.8	491.7
	比例	26.76	26.86	27.32	27.78	28.02
生态涵养发展区	人数	173.2	176.6	174.5	180.3	183.3
	比例	11.26	11.17	10.69	10.64	10.44
年份		2010	2011	2012	2013	2014
首都功能核心区	人数	216.2	215.0	219.5	221.2	221.3
	比例	11.02	10.65	10.61	10.5	10.3
城市功能拓展区	人数	955.4	986.4	1008.2	1032.2	1055.0
	比例	48.72	48.87	48.72	48.8	49.1

续表

年份		2010	2011	2012	2013	2014
城市发展新区	人数	603.2	629.9	653.0	671.5	684.9
	比例	30.76	31.20	31.56	31.7	31.8
生态涵养发展区	人数	186.4	187.3	188.6	189.9	190.4
	比例	9.50	9.28	9.11	9.0	8.8

资料来源：历年《北京统计年鉴》。

市内人户分离现象加剧。2010 年“六普”数据显示，在全市常住户籍人口中，人户分离人口占常住户籍人口的比例为 27.5%，平均人户分离时间长达5.5 年。“户在人不在”的人口主要集中在东城、西城和海淀，而“人在户不在”的人口主要集中在丰台、昌平和朝阳。

常住人口密度增加，首都功能核心区人口密度最大且存在上升趋势。2000年以来北京市常住人口密度一直呈逐年攀升的态势，2008 年突破 1000 人/平方公里，2014 年达到 1311 人/平方公里（见图 4），中心过密、外围过重、整

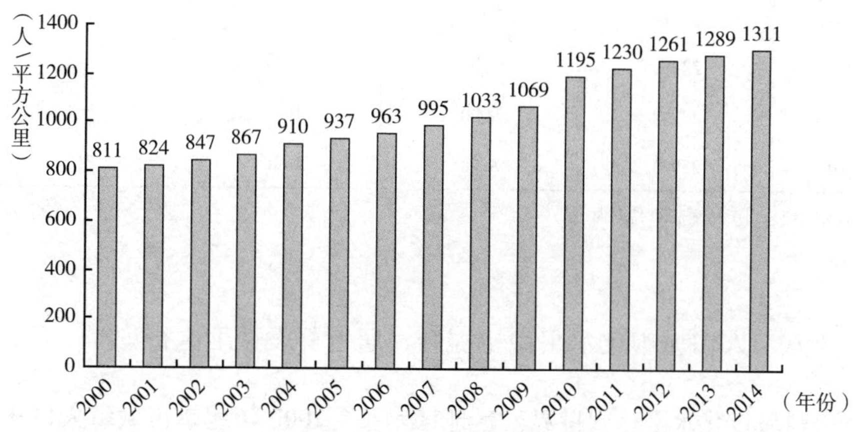

图 4　2000 ~ 2014 年北京市常住人口密度

资料来源：2000 ~ 2008 年数据来源于北京市统计局、国家统计局北京调查总队编《北京六十年（1949 ~ 2009）》，中国统计出版社，2009，第 73 页；2009 ~ 2012 年数据来源于历年《北京统计年鉴》；2013 年数据来源于北京市统计局、国家统计局北京调查总队联合发布的《北京市 2013 年国民经济和社会发展统计公报》；2014 年数据来源于《北京统计年鉴 2015》。

体失衡的空间格局并没有发生显著变化。城六区集中了近60%的常住人口，每平方公里为9327人，高于伦敦5437人/平方公里和东京5948人/平方公里，特别是首都核心功能区人口密度高达23953人/平方公里（见表8）。流动人口的快速聚集填补了因旧城改造而疏散出去的户籍人口，削弱了人口疏散的效果。

表8　2005～2014年北京市四大功能区常住人口密度

单位：人/平方公里

年份	首都功能核心区	城市功能拓展区	城市发展新区	生态涵养发展区
2005	22210	5862	654	198
2006	22308	6063	675	202
2007	22394	6312	709	200
2008	22546	6549	748	206
2009	22849	6810	781	210
2010	23407	7488	958	213
2011	23271	7731	1001	214
2012	23758	7902	1037	216
2013	23942	8090	1067	217
2014	23953	8268	1088	218

资料来源：历年《北京统计年鉴》。

（八）人口城市化水平稳步提升，居世界发达地区行列

人口城市化水平达到世界发达地区水平。2000年北京市城镇人口比例是77.54%，2005年首次突破80%，达到83.62%，2014年升至86.40%（见图5），15年增加8.86个百分点，城镇化水平已达世界发达国家的水平。北京市人口城市化的提速，前期源于县改区和乡改镇，之后郊区县户籍人口农村城镇化进程加速以及流动城镇人口数量增加等因素也起到了推动作用。

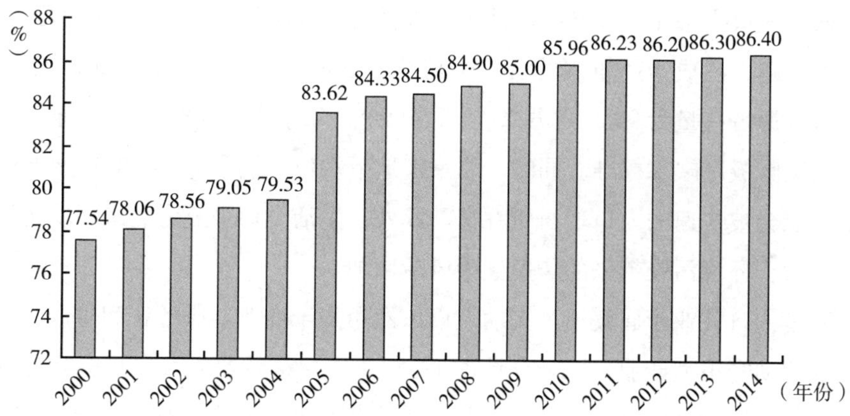

图 5　2000～2014 年北京市常住人口中城镇人口比例

资料来源：历年《北京统计年鉴》。

二　北京人口压力的七大表现

基于近十余年人口发展的轨迹，北京表现出七大人口压力。

一是人口规模激增。2000～2014 年，北京常住人口年均增加约 52.53 万人，远超日本东京 1945～1970 年年增 32 万人的历史最高水平。十余年来，北京流动人口增量一直占常住人口增量的七成左右。

二是人口结构失调。北京常住人口生育率极低，平均一对夫妻生育约 0.7 个孩子。0～14 岁常住少儿人口比例降至 9.9%；65 岁及以上老年人口占户籍人口的 9.9%，进入深度老龄化社会。目前，“四二一”的家庭结构形成了以社会服务业为核心的刚性需求，一旦出现“用工荒”，则会影响城市的正常运转。

三是人口分布失衡。北京中心过密、外围过重、整体失衡的人口空间格局未发生显著变化，流动人口的快速聚集填补了因旧城改造而疏散出去的户籍人口，削弱了人口疏散的效果。此外，职住分离、人户分离加剧通勤压力，“城业联动”的同步性有待提高。2010 年“六普”数据显示，人户分离人口占常住户籍人口的 27.5%，平均人户分离时间达 5.5 年。

四是人口生态压力加剧。以沙尘、雾霾危害及水资源短缺为核心的区域生态环境问题，已成为严重制约首都可持续发展的重大问题。如，2014 年北京人均水资源占有量为 94.9 立方米（《北京统计年鉴 2015》），明显低于 500 立方米的国际极度缺水标准。同时，北京市地下水位持续下降，未来南水北调的水量可能会被快速的人口增长所吞噬。此外，生活类污染成为北京环境污染的主要因素，环境污染带来的居民健康风险增加。

五是人口就业矛盾突出。流动人口依然聚集于商业、服务业和生产运输业等传统劳动密集型产业，三者合计占 72.87%；户籍就业人口在具有某种资源独占性或层次较高的公共事务管理行业等占据优势，但其就业创业动力不足，存在明显的择业现象。

六是人口服务管理推进艰难。区域发展不平衡加剧北京的“高地”效应，公共服务和城市管理严重受困于人口压力。

七是人口信息不实。北京现有人口基础信息底数不准、情况不明、部门责任不清，导致有效的人口预警机制难以构建。

三　疏解北京人口压力的四大要素

缓解北京人口压力的“堰塞湖”，必须坚持“跳出人口看人口”“跳出北京看北京”两大原则，基于首都圈及京津冀一体化的视野，从生产、生活、生态、生机“四位一体”的角度，探索人口压力疏解的统筹之道。

第一，生产：圈层规划与人口的统筹。

打造“圈”“点”结合的区域规划格局，明确未来首都圈人口分流的流向与流量。根据国家赋予环渤海地区为“优化开发区”的战略部署，淡化行政界限，深入研究首都圈整备规划，尝试划定过密限制圈、成长管理圈、自然保护圈，打造多个区域节点并明确其发展规模，在产业、土地、交通、法律等规划合力下，为北京人口减压。

重塑首都圈国际高端产业链，推动部分传统服务业人口分流。未来可在首都圈内打造具有国际竞争力的高端产业链，以新能源、通信、生物工程等高新技术产业为主导，发展新型生产性服务业的产业集群，以产业链带动人口链：

将北京打造成国际科技创新中心，加快高耗能、高污染和聚人多产业的退出速度，推进研发、科技人才聚集；将天津打造成国际物流中心，以促进北京生产运输业流动人口的分流；将河北打造成现代化高端制造业和服务业中心，以推动北京劳动密集型产业人口向外轻移。

第二，生活：服务管理与人口的统筹。

推进首都圈公共服务的均等化和均衡化，引导北京增量人口和部分存量人口的区域转移。建立与城市功能定位、人口压力疏解相挂钩的政府投资和公共资源分配机制，将北京教育、养老、医疗、公交、文娱等服务资源向周边地区转移，探讨并试行首都经济圈内社会福利、社会保障以及医疗教育设施与政策的对接，加快形成内部联系紧密的城市群和人口集聚群。在此过程中，打造环首都异地养老生活圈、环首都大学城、环首都休闲度假和会展综合体，加快医疗资源区域转移，探索建立“飞地”型产业园区共建机制等措施，是分流北京人口的重要途径。

第三，生态：生态考核与人口的统筹。

建立生态硬约束目标下的人口格局优化机制，推广人口行为与生态共赢的绿色行动计划和社会参与机制。在政府层面，需要发挥绩效考核的指挥棒作用，以首都圈为视野，探索首都圈“人口聚集”“经济聚集”“生态文明”三者的协同性考核机制，提高恢复生态、保护环境等约束性指标的考核权重，建立生态文明责任制、问责制、终身追究制及补偿机制；在社会层面，需要分解人口规模、人口行为对生态环境的交互影响，提倡节俭理性的绿色生活方式和消费方式，引导公众参与碳补偿活动，培育生态公民。

第四，生机：城市活力与人口的统筹。

把握人口压力疏解与城市活力的平衡点，打造生机焕发的城市人口圈层结构。北京人口压力疏解既不能将人口一推了之，影响首都圈层内不同节点城市的活力与创造力，更不能伤害北京自身城市发展对劳动力的刚性需求。2010年“六普”数据表明，流动人口已经成为北京黄金年龄段的就业主体，如在北京16～19岁、20～24岁、25～29岁的常住就业人口中，流动人口分别约占92%、70%和54%。可见，北京迫切需要深入研究城市发展所必需的产业及其劳动力需求，探索就业人口与非就业人口的“人口生态链”数量关系，明确北京人口调控“适度增速”和“适宜结构”的“双适”目标，避免重蹈底特律之覆辙。

总之，北京人口压力疏解应减少“运动式”行为，避免过度行政化，减少短视行为和表面化措施，紧紧围绕“经济利益”“发展机会”“服务需求”三大人口流动的驱动因素，开展人口压力疏解工作。可综合多方力量，走“四位一体”的发展之路，其中，生产是主线，生活是辅线，生态是外围，生机是内核，而建立区域之间、部门之间的协调机构和机制，则是实现北京人口压力疏解的重要保障。

京津冀协同发展视域下的三地流动人口比较研究

胡梦芸　马小红*

摘　要：

本文利用国家卫生计生委2013年全国流动人口动态监测数据，①描述分析了京津冀三地跨省流动人口的人口学特征、社会经济状况以及流动特征。结果显示，京津冀三地跨省流动人口在性别年龄结构、受教育水平、就业行业和流入地来源等方面存在较大差异，反映出京津冀在社会、经济、文化等方面发展水平的不平衡。随着京津冀协同发展成为我国的一个重大国家战略，了解和掌握京津冀流动人口在各方面的差异，有助于该地区协同发展战略的更好实施。

关键词：

京津冀　特征比较　流动人口

一　研究背景

近年来，京津冀协同发展备受关注。2015年4月30日中共中央政治局审议通过了《京津冀协同发展规划纲要》，使得京津冀协同发展成为一个重

---

* 胡梦芸，中共北京市委党校社会学教研部研究生；马小红，中共北京市委党校社会学教研部副主任、副教授。

① 本文数据来源于2013年国家卫生计生委流动人口动态监测数据。感谢国家卫生计生委流动人口服务中心提供的数据支持。

大国家战略。这不仅为该地区带来前所未有的协同发展机遇，也有助于京津冀三地优势互补、互利共赢，有序疏解北京非首都功能，真正实现京津冀地区在交通一体化、生态环境保护、产业升级转型等方面的协同发展（张云、窦丽琛、高钟庭，2014；程恩富、王新建，2015）。

京津冀作为我国人口流动的主要活跃区域，长期以来吸引了大量的流动人口。它包括北京、天津两个直辖市和河北省全境。与长三角、珠三角地区不同的是，京津冀内部各方面差异都比较显著，其中流动人口高度集中在京津两地，而河北又是京津两地流动人口的主要来源地之一（叶裕民，2008）。以往对于京津冀三地的流动人口研究主要以单一地区的流动人口分析为主，对北京的研究占绝大多数。翟振武等（2007）利用2006年“北京市1‰流动人口调查”数据分析了北京市流动人口的结构、分布状况以及经济状况；李鸥（2003）利用人口普查数据分析了天津市流动人口的自然构成、社会构成以及迁移原因；包书月等（2012）将北京市划分为四个区域，从户籍人口、流动人口的角度对比分析了北京市流动人口空间分布状况。

而以京津冀地区为分析框架的研究，主要以京津冀人口迁移的影响因素分析为主。李培等（2007）在对京津冀地区人口迁移活跃程度及空间分布特征进行描述之后，分析得出京津冀地区人均GDP差距为影响人口迁移的首要因素；王文录（2008）则从劳动力市场供给的角度分析了北京劳动力供求变化对京津冀人口流动的影响。在涉及京津冀三地流动人口特征比较的文章中，王勇（2009）利用“四普”和“五普”数据、京津冀三地各自的经济社会统计年鉴以及全国分区县人口统计数据，比较了三地流动人口的迁入－迁出规模、迁移方向以及迁移原因等特征，分析得出京、津两地以省外流动人口迁入为主，而河北主要以省内迁移、人口迁出为主，三地流动人口迁移的主要原因都是务工经商。

可以看出，以往的研究较少关注京津冀三地的流动人口比较，对于流动人口特征的分析不够系统、全面，亦缺乏近几年的流动人口特征数据分析。王勇（2009）的研究则存在京津与冀的流动人口统计口径不统一的问题。因此，采用新的数据，统一口径，对京津冀三地的流动人口特征进行比较分析是十分有意义的。同时，随着《京津冀协同发展规划纲要》的审议通过以及各项发展规划的陆续展开，了解和掌握京津冀流动人口现状，对京津冀三地流动人口特征进行系统的比较，有助于我们更深入地了解该地区的社会经济状况与差异，也有助于京津冀协同发展工作的更好进行。

二　京津冀三地流动人口特征比较

（一）概念界定和数据来源

国内学者对于人口流动有着这样的定义，即“人们所经历的超过一定时间长度、跨越一定空间范围的、没有相应户口变动的空间位移过程”（段成荣，1999），经历这一变动过程的人口即为流动人口。对于流动人口在时间、空间上的把握，依据不同的数据来源有不同的统计口径。目前多数学者认为较为合适的流动人口定义是从 1995 年 1% 人口抽样调查中开始采用的“住在本乡、镇、街道，户口在外乡、镇、街道，离开户口登记地半年以上”的定义，同时还对其中的市内人户分离人口进行了区分。尽管这一定义在流动人口的时间和空间上做了界定，但为了结果的真实性和完整性，学者同样强调不能忽略半年以下的流动人口，短期的流动人口分析同样重要。

本文所采用的数据来源于国家卫生和计划生育委员会“2013 年全国流动人口动态监测调查”，其中调查的总体为调查前一个月来本地居住、非本区（县、市）户口且 2013 年 5 月年龄在 15 ~59 岁的流入人口。基本抽样框为 31 个省份和新疆生产建设兵团 2012 年全员流动人口年报数据，使用分层、多阶段、与规模成比例的 PPS 方法抽样，总样本量为 19.6 万人，涉及流动人口约 45 万人，其中京津冀三地的样本规模分别为 8000 人、6000 人、8000 人。由于数据中北京和天津的流动人口仅包含跨省流动人口，为保持统计口径的一致，本文对河北省流动人口进行了分类，仅提取河北省中的跨省流动人口与北京、天津做比较分析，并用数据中提供的权数对三地的样本进行了加权，加权过后京津冀三地样本量分别为 13849、3114、1422。因此，本文所指的京津冀三地流动人口为年龄在 15 ~59 岁的“住在本乡、镇、街道，户口在外乡、镇、街道，离开户口登记地一个月以上”的跨省流动人口，所进行的流动人口特征比较涉及人口学特征、社会经济状况以及流动特征。

（二）京津冀三地流动人口的人口学特征比较

1. 性别结构

从图 1 可以看出，2013 年北京市流动人口性别结构不同于天津和河北，表现为“女多男少”，所占比例为男 44.9%、女 55.1%，性别比只有 81.5。天津表现为“男多女少”，所占比例为男 53.9%、女 46.1%，性别比为 117，与全部流动人口的性别比（115.9）接近。而河北省跨省流动人口性别结构差异比较显著，男性流动人口占 64.3%，远远高于女性所占的 35.7%，性别比达到 179.9 的高水平。

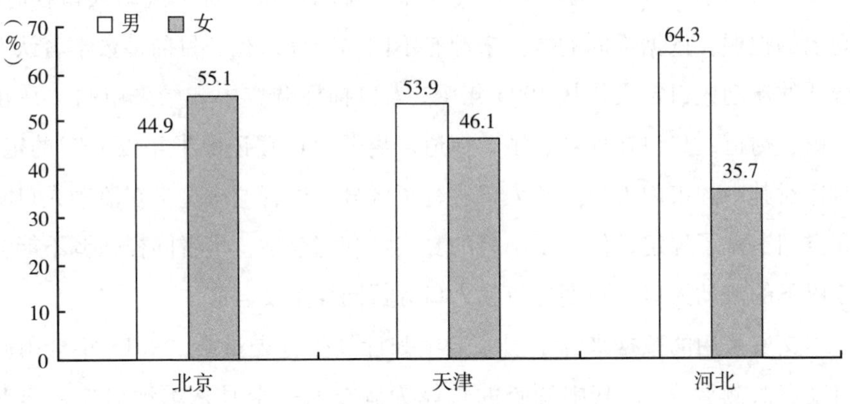

图 1　京津冀流动人口性别结构比较

资料来源：2013 年国家卫生计生委流动人口动态监测数据。若无特别说明，本文数据来源同此，不再赘述。

说明：北京 $N=13849$，天津 $N=3114$，河北 $N=1422$。

由于北京的流动人口性别结构出现了较为特殊的“女多男少”现象，我们进一步将流动人口的年龄划分为 10 岁一组，分析了北京流动人口的性别-年龄结构，结果如图 2 所示。北京流动人口的“女多男少”现象主要集中在 15～44 岁，以 25～34 岁女性所占比例最高，45 岁以后“女多男少”的现象不再出现。

2. 年龄结构

京津冀三地流动人口年龄结构的差异主要表现在河北与京、津两地之间。

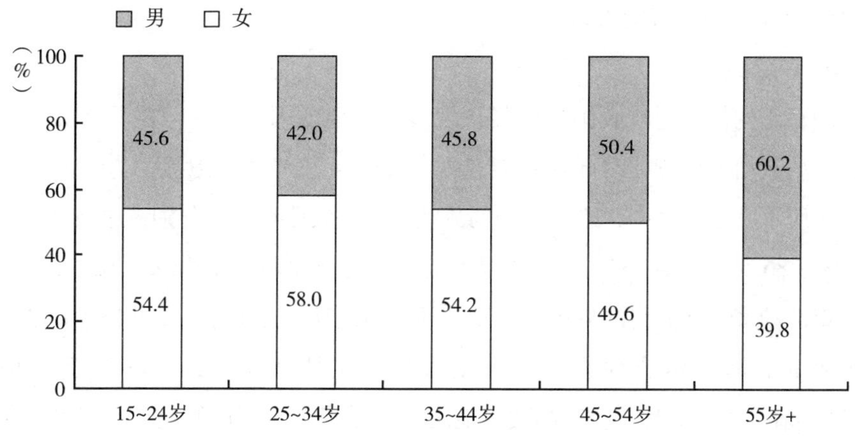

图 2 北京市流动人口性别－年龄结构

从图 3 来看，京津冀三地的流动人口年龄主要集中在 20 ~ 45 岁。其中京、津两地所占比例最高的均为 30 ~ 34 岁年龄组，北京为 20. 8%、天津为 21. 6%；而河北所占比例最高的为 40 ~ 44 岁年龄组。我们进一步计算了京津冀三地流动人口的平均年龄以及年龄中位数，结果显示三地流动人口的平均年龄分别为 32. 8 岁、33. 1 岁、34. 5 岁，年龄中位数分别为 32 岁、33 岁、34 岁。可见，京津冀三地的流动人口年龄结构以北京最为年轻，天津居于中间位置，河北最老。从另一个角度来看，这种年龄结构的差异在一定程度上也反映了三地社会经济发展活跃程度不同，京津两地的社会经济发展活跃度较河北更高，因而能

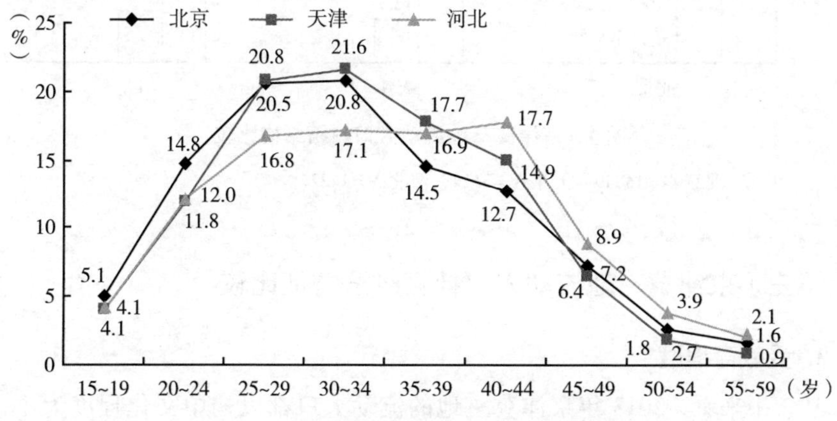

图 3 京津冀三地流动人口年龄结构比较

说明：北京 $N = 13849$，天津 $N = 3114$，河北 $N = 1422$。

吸引到较为年轻的流动人口。

3. 户籍结构

户籍结构作为影响我国社会经济发展最重要的因素之一，在分析和比较京津冀三地流动人口特征时同样不能忽视。2013 年京津冀三地流动人口户籍结构如图 4 所示。三地之中，绝大部分的流动人口是农业户口，分别占总流动人口的 74.7%、86.5%和 84.9%，因而从人口流动的方向来看，京津冀三地之中所发生的人口流动多为从农村向城市的流动，即乡城流动。这也印证了我国人口流动的一大特征，即乡城流动人口是流动人口的主体（马小红、段成荣、郭静，2014）。值得注意的是，在京津冀三地之中，尽管农业户口的流动人口都占绝大多数，但北京的非农业户口流动人口要比津、冀两地高出近 11%，可见北京在三地之中具有更高的社会经济发展水平，同时其“首都”区位优势能够比津、冀两地吸引到更多的城市人口。

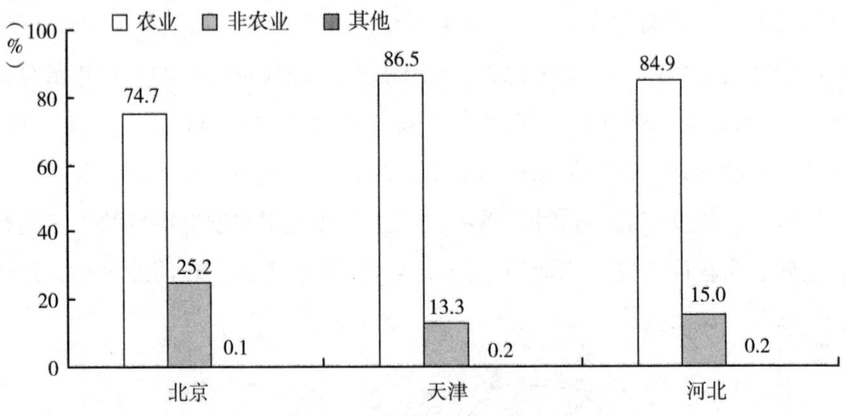

图 4　京津冀三地流动人口户籍结构比较

说明：北京 $N=13849$，天津 $N=3114$，河北 $N=1422$。

（三）京津冀三地流动人口社会经济特征比较

1. 受教育程度

从表 1 来看，2013 年京津冀三地的流动人口都以初中文化程度为主，但天津和河北所占的比例要远高于北京；在初中以上文化程度的流动人口中，北京所占的比例高于天津和河北两地，且这一优势明显表现在北京拥有较多的大学专科、大学本科以及研究生学历的流动人口。京津冀三地的流动人口平均受教育年限分别为10.8年、9.7年、9.3年。可见京津冀三地之中，北京的流动人口文化水平相对较高，拥有较多的高学历流动人口以及较高的平均受教育年限；而河北的流动人口文化水平相对较低，其初中以下文化程度的流动人口在三地之中所占比例最高。从另一方面来看，京津冀流动人口在受教育程度上的差异也是三地在经济、社会、文化发展上差异的体现。

表1　京津冀流动人口受教育程度比较

单位：%，年

受教育程度	北京市	天津市	河北省
未上学	0.8	0.7	2.2
小学	7.6	11.4	12.5
初中	46.4	62.1	62.1
高中/中专	24.3	17.1	17.0
大学专科	10.1	5.9	3.6
大学本科	9.5	2.6	2.3
研究生及以上	1.3	0.2	0.3
合计	100.0	100.0	100.0
平均受教育年限	10.8	9.7	9.3
N	13849	3114	1422
卡方检验	Chi - square = 708.682	df = 12	p = 0.000

2. 流动人口就业身份

从图5可看出，2013年京津冀三地流动人口就业身份均以雇员为主，且所占比例均高于60%，分别为北京66.4%、天津64.2%、河北62.0%。排在第二位的流动人口就业身份是自营劳动者，其中河北所占比例最高，北京最低。值得注意的是，三地之中北京的雇主所占比例最高（9.0%），这说明北京在三地之中社会经济发展水平较高，流动人口文化水平较高，因而有相对较多的流动人口选择自主创业。相比之下，河北的社会经济发展水平较低，流动人口的文化程度也较低，因而拥有相对较多的自营劳动者，这些自营劳动者多从事个体经营。

3. 流动人口就业行业

从表2京津冀三地流动人口就业的行业结构可以看出，北京市的流动人口

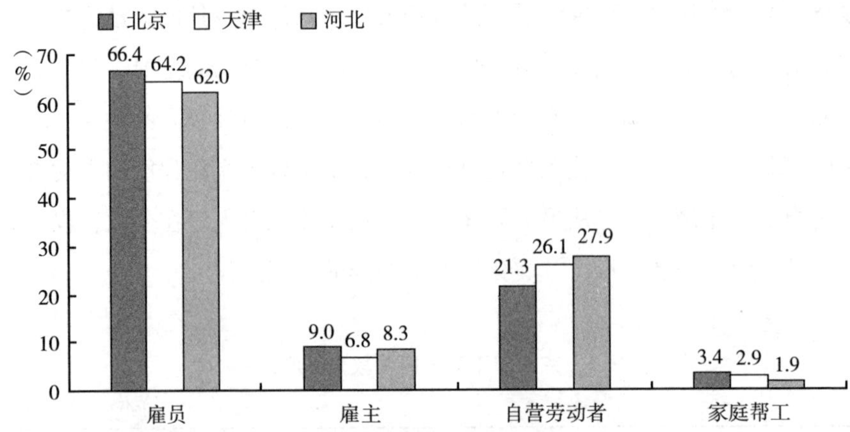

图5　京津冀流动人口就业身份比较

说明：北京 $N=12315$；天津 $N=2784$；河北 $N=1320$。

以从事批发零售业、住宿餐饮业和社会服务业等传统服务行业为主，三者相加占到50.1%，反映了北京流动人口就业行业的附着性，即流动人口是为北京市户籍人口和城市发展服务的，显示了当地人口对流动人口的刚性需要；天津市和河北省的流动人口就业行业排在第一位的均为制造业，分别占到23.9%和26.0%，2014年，天津和河北的第二产业所占比例分别为49.4%和51.1%，而北京只有21.4%，流动人口的就业行业和三地的产业结构是同频共振的。同时，结合本文前述对京津冀三地流动人口性别－年龄结构所做的分析，北京的流动人口之所以会出现女性比例偏高的现象，一个可能的解释就是其在就业行业上以传统服务业为主，而这些行业多为女性所从事。

表2　京津冀三地流动人口就业行业比较

单位：%

排序	北京		天津		河北	
	行业	百分比	行业	百分比	行业	百分比
1	批发零售	20.3	制造业	23.9	制造业	26.0
2	住宿餐饮	16.3	批发零售	17.9	住宿餐饮	16.7
3	社会服务	13.5	住宿餐饮	13.4	批发零售	15.8
4	制造业	7.9	建筑	9.5	建筑	10.1
5	建筑	6.3	社会服务	9.0	社会服务	9.5

（四）京津冀三地流动人口的流动特征比较

1. 流动原因

从表3中可以看出，2013年京津冀三地流动人口的流动原因均以务工经商为主，所占比例分别为91.6%、88.3%、92.0%。第二位的流动原因是随迁，其中天津的随迁比例最高（7.8%），最低的是北京（4.6%）。京津两地第三位的流动原因都是投亲，分别占1.4%和1.3%，河北则是婚嫁和投亲并列，且京津的投亲比例明显高于河北。综合来看，京津冀三地的人口流动行为多是出于人们对更好的经济生活条件的追求，另有少部分人是由于随迁和投亲，这也是人口流动不可忽视的原因。值得注意的是，北京的学习比例在三地之中最高（1.2%），这说明北京的教育资源相当丰富，吸引力较强。

表3　京津冀三地流动人口流动原因比较

单位：%

流入原因	北京	天津	河北
务工经商	91.6	88.3	92.0
随迁	4.6	7.8	5.6
婚嫁	0.2	0.6	0.5
拆迁	0.0	0.3	0.0
投亲	1.4	1.3	0.5
学习	1.2	0.7	0.2
出生	0.0	0.2	0.0
其他	0.9	0.8	1.2

2. 流动人口来源地

表4中列出了京津冀三地前5位的流动人口来源地。其中北京的流动人口主要来源于河北、河南和山东省，三省所占全部流动人口比例达到了49.3%，河北所占比例最高（22.4%），也就是说，在北京的河北籍流动人口占到北京流动人口总数的近1/4；天津的流动人口主要来源于山东、河北以及河南省，三省所占比例之和为54.4%，河北占18.2%，接近1/5；河北的流动人口主要来源地较为分散，前3位为河南、黑龙江以及山东省，三省所占比例之和为

37.8%，其中河南所占比例最高（14.7%）。三地的流动人口主要来源地比较相似。值得注意的是，在北京和天津的主要流动人口来源地当中，河北省分别位居第一、第二，这充分显示出京津冀地区不同于珠三角、长三角的特点，即河北是京津两地流动人口的主要来源地，京津冀内部差异显著，社会经济发展水平差距较大。

表4　京津冀三地流动人口来源地比较

单位：%

排序	北京		天津		河北	
	省份	百分比	省份	百分比	省份	百分比
1	河　北	22.4	山　东	25.1	河　南	14.7
2	河　南	14.7	河　北	18.2	黑龙江	13.4
3	山　东	12.2	河　南	11.1	山　东	9.7
4	安　徽	6.8	安　徽	8.1	安　徽	7.3
5	山　西	5.3	黑龙江	8.0	四　川	7.1

三　结论与思考

（一）主要结论

通过对京津冀三地跨省流动人口进行人口学特征、社会经济状况以及流动特征的比较，可以总结出以下结论。

（1）在人口学特征方面，京津冀跨省流动人口在性别结构上显示出较大差异，北京表现为女多男少，性别比只有81.4，河北跨省流动人口性别比显著偏高，达到179.9，天津居中，与全国平均水平相当；在年龄结构上，北京的流动人口年龄结构最年轻，其次为天津，河北平均年龄最高，但三者差异不大，平均年龄分别为32.8岁、33.1岁和34.5岁；在户籍结构上，三地都以农村户籍流动人口为主，但北京城市户籍流动人口（即城城流动人口）要显著高于津冀两地，达到25.2%，显示了北京作为首都和发达城市对其他城市人口的虹吸效应。

（2）在社会经济特征方面，三地流动人口的受教育程度呈现京、津、冀的排列顺序，北京显著高于天津、河北，平均受教育年限达到10.8年，天津和河北之间差距较小，分别为9.7年和9.3年；就业身份上三地差异较小，都以雇员和自营劳动者为主，北京就业身份为雇主的所占比例最高；三地流动人口就业行业差异较大，北京的就业行业虽以第三产业为主，但多为传统服务行业，而津冀则以第二产业中的制造业为主。

（3）在流动特征方面，京津冀三地流动人口选择流动的最主要原因都是务工经商；投亲占据第二位，显示了流动人口家庭化的趋势；北京因其教育资源丰富，流动原因为学习的显著高于天津和河北。在流动人口主要来源地上，河北省分别占据北京和天津流动人口的主要来源地第一位和第二位。

（二）讨论

京津冀三地一直以来呈现的都是“京津占优”的结构模式，京津地位举足轻重，这既是形成三地之间人口流动特征较大差异的起点，也是它区别于珠三角、长三角地区的主要方面。

随着京津冀协同发展战略的展开，京津冀三地于近日先后审议通过了各自的京津冀协同发展实施方案，明确了各自的功能定位、产业分工。三地之间要实现统筹规划、结构调整，流动人口的数量、结构也必将随之发生改变。可以预见的变化包括以下几个方面。

（1）北京非首都功能疏解带来的北京流动人口数量和结构的变化。疏解非首都功能主要包括两个方面：一是疏解相对低端、低效益、低附加值的经济部门；二是调整由非市场因素决定的公共部门。以往研究发现，北京流动人口流动轨迹与户籍人口的迁移轨迹高度相关（马小红，2005）。随着北京行政机关东移和央企、医疗及教育机构外迁，以传统服务业为就业行业的流动人口将会追随户籍人口的变动轨迹而变动，呈现与功能布局相一致的流动人口新的分布态势。

（2）京津冀交通一体化率先实现所带来的流动人口变化。交通一体化不仅将缩短三地之间的距离，提高三地之间人口流动的效率，还使京津冀三地联系更紧密。这一交通优势将促使三地成为相互之间人口流动的优先选择地。随着津冀逐步成为京津冀的“双港”而吸引更多的优质投资，三地之间往来的交通优势也将为三地经济效益的极大增长做出巨大贡献。而人口流动作为经济活动的反映之一，将体现为京津冀三地人口流动更加紧密频繁，京津冀三地将作为一个日益联系在一起的整体吸引外来人口。

（3）京津冀协同发展的关键在于河北的发展。尽管河北现在仍然是京津两地流动人口的主要来源地之一，但随着京津冀的协同发展和产业结构调整升级，河北的功能定位明确为全国现代商贸物流重要基地、产业转型升级试验区、新型城镇化与城乡统筹示范区、京津冀生态环境支撑区，河北将重点打造现代产业园区，把京津的服务需求转化为河北的服务产业优势，支持京津的发展，以生态科学的方式使河北农村贫困地区脱贫致富。这一定位将给河北带来极大的发展潜力。随着就业机遇的增加，那些原本打算流向北京、天津以寻求更好发展的河北人可能会改变其流动意愿；更进一步，河北的城镇也可能变成吸纳其他地区流动人口的主要地区，甚至相当一部分的北京、天津城市人口会通过居住、工作等方式变为河北的跨省流动人口。这些都会引起京津冀三地流动人口的数量和结构的变化。

（4）这些变化要在切实落实京津冀发展战略的基础上才能完成。虽然20世纪80年代中期中央就提出了京津冀战略规划，在21世纪初，为配合北京市新的功能定位和天津滨海新区大规模建设，又通过著名的“廊坊共识”，提出了在公共基础设施、资源和生态环境保护、产业和公共服务等方面加速一体化进程的愿望，但是由于种种原因，这些规划没有得到顺利推进，京津冀地区一直没能像珠三角和长三角那样在市场力量的推动下得到很好的均衡发展。现在看来，只有破除阻碍区域人口和要素自由流动的体制壁垒和制度障碍，才能切实推进这一战略的实施，也才能真正改变三地流动人口数量、结构和布局，使之更适应经济社会的发展。

参考文献

包书月、张宝秀：《北京市流动人口空间分布特征及变化趋势研究》，《首都师范大学学报》（自然科学版）2012年第2期。

程恩富、王新建：《京津冀协同发展：演进、现状与对策》，《管理学刊》2015 年第 2 期。
段成荣：《我国的“流动人口”》，《西北人口》1999 年第 1 期。
段成荣：《我国流动人口统计口径的历史变动》，《人口研究》2006 年第 4 期。
李鸥：《天津市人口迁移情况的研究与思考》，《天津行政学院报》2003 年第 3 期。
李培、邓慧慧：《京津冀地区人口迁移特征及其影响因素分析》，《人口与经济》2007 年第 6 期。
马小红、段成荣、郭静：《四类流动人口的比较研究》，《中国人口科学》2014 年第 5 期。
马小红：《新城市规划下的北京市迁移流动人口》，《中国人口科学》2005 年第 S1 期。
王文录：《北京劳动力市场供求变化与京津冀人口流动》，《人口学刊》2008 年第 4 期。
王勇：《京津冀流动人口研究》，硕士学位论文，首都经济贸易大学，2009。
叶裕民：《京津冀都市圈人口流动与跨区域统筹城乡发展》，《中国人口科学》2008 年第 2 期。
翟振武、段成荣、毕秋灵：《北京市流动人口的最新状况与分析》，《人口研究》2007 年第 2 期。
张云、窦丽琛、高钟庭：《“京津冀协同发展：机遇与路径学术讨论会”综述》，《经济与管理》2014 年第 2 期。

北京市人口疏解风险及其规避对策分析*

闫萍　尹德挺**

摘　要：

人口疏解风险预警的意义在于将风险及时反馈应用于整个政策制定、调整过程，使人口疏解政策具有前瞻性、有效性。本研究认为北京市人口疏解面临五大风险：人口发展趋势主观臆断风险、疏解效果减弱风险、人治思维风险、城市衰微风险、福利匹配失衡风险，并提出规避风险的建议。

关键词：

人口疏解　人口政策　风险预警

北京市2014年常住人口达2151.6万人，庞大的人口聚集在中心城区，造成交通拥堵、环境恶化和资源紧张等大城市病，因此，做好中心城区人口疏解工作，使北京市人口规模与资源环境相适应、人口结构和分布与城市功能定位相吻合是当务之急。人口发展惯性大，对社会经济的影响滞后，因此人口疏解政策的实行和调整会带来风险，而且其风险一旦累积到一定的程度，很容易形成积重难返的局面，需要漫长的过程来解决和调整，所以具有前瞻性的人口疏解风险研究价值重大。本研究对人口疏解面临的主要风险进

* 基金项目：国家社会科学基金青年项目“农村失能老人家庭的现实需求、发展困境及应对策略研究”（项目编号：14CRK006）、北京社会科学基金研究基地项目“北京市失能老人家庭照护者的社会支持研究”（项目编号：14JDSHB009）、北京市委党校校级学科建设课题“北京市养老机构发展研究”。

** 闫萍，中共北京市委党校社会学教研部、北京市人口研究所讲师，法学博士；尹德挺，中共北京市委党校社会学教研部副主任、副教授，法学博士。

行了识别，初步提出了人口疏解风险的应对策略，为制定具有前瞻性的人口疏解政策提供依据。

一　特大城市经历很长的人口增长期几乎是铁律，需打造人口信息动态监测平台，规避人口发展趋势主观臆断风险

北京市在2000年进入人口高速增长期，2000～2014年年均增量约为56万人。东京、伦敦、纽约也分别经历了30年、50年和60年的人口快速增长期，其间人口年均增量分别是27万人、7万人、11万人，纽约、伦敦、东京等特大城市人口增长阶段遵循“缓慢增长—加速增长—人口减少—人口稳步增长”的规律。纽约1830～1950年、伦敦1750～1940年的人口加速增长期与西方两次工业文明的同步性，表明特大城市经历人口快速增长期是政治稳定、经济发展、社会安全的“晴雨表”。但北京市跟东京、伦敦和纽约相比，人口增长变化“速度快、时间短”，面临的矛盾更加显性，需要更长的时间来解决和缓解人口增长的惯性。因此，北京市人口调控不能急于求成，要尊重特大城市人口增长的规律。

伴随中国城市化进程及经济发展，未来北京市人口仍将处于高速增长期。据测算，“十三五”期间，北京市GDP每增长1%，常住人口年均增加10万人左右。传统劳动密集型产业每提供一个就业岗位，就有1.8个人滞留在该区域，反之却未必能减少1.8个滞留的低端人口。由于政府无法准确掌握人口流量、流向、生存发展状况，区域性的产业结构调整和对流动人口的管理效果不佳，导致人口从一个区域流动到另一个区域，人口疏解实际效果堪忧。政府行为可以影响但无法做到对已经成型的趋势和人口结构进行快速有效的调整，因此，政府不易短时期内采取力度过猛的人口疏解强刺激政策，未来要着力打造人口信息动态监测平台，以居住证为载体，加强人口流量、流向、生存发展状况的动态监测，实现资源均等化、管理精细化，控制开发强度，科学认知人口发展大逻辑，分阶段、多

层次地制定人口疏解的短期措施、长期规划，阶段性微调人口疏解政策内容及力度，防止人口快速萎缩。

二　规划协同性差导致共振效应不强，需打造区域基本建设协同规划平台，规避疏解效果减弱风险

第一，京津冀需着力提高三地疏解和接纳配套政策的协调性和规划共振效应。北京市的人口规模、产业布局、交通组织及社会服务等要放在京津冀城市群的背景下设计，与相邻城市发展规划有效对接。发达国家人口迁移的经验表明，当中小城市发展起来并能提供足够中高收入职位后，大城市人口就会出现回落。借京津冀协同发展之力疏解首都非核心功能，使人口梯次向周边分散，短期内可能不解“近渴”，但长期看必将发挥重要作用。河北省人口集聚和吸纳能力的提升需要漫长的过程，劳动力尤其是农业劳动力向北京、天津等大城市集聚的特征短期内亦无法改变。2014 年北京市居民人均可支配收入为 44489 元，是天津的 1.5 倍，河北的 2.7 倍，经济发展水平决定了河北、天津集聚和吸纳人口需要一个过程。北京的收入、就业等吸引力，会继续吸引周边城市人口的流入；而河北、天津接纳进程缓慢，人口集聚和吸纳能力的提升需要漫长的过程，相关优惠政策及规划滞后，疏散和接纳共振效应差。因此，要从京津冀协同发展背景下考虑，疏散和接纳进程相配合：一方面要通过调整完善财税体制、绩效考核体制、人口信息化建设以及人口服务管理体系等体制机制，逐步提升人口疏解的有效性；另一方面要通过调整城市功能和产业定位、转移优质资源、培育其他区域的城市品位等多种手段，将对接地建设好，使其具有足够的吸引力。

第二，产城互动和规划统筹影响人口布局的合理化。尤其在高端产业发展园区以及新城建设中，人口的居住、就业以及公共服务配套尚未实现基本同步，带来“钟摆式”的人口交通问题以及职住分离等矛盾。以商业办公用地为例，商业办公用地过于集中会带来人口集聚的风险，同时也会带来人口的潮汐式流动，增加交通拥堵的风险。北京在金融街、国贸周边以及中关村西区等

都配备了办公用地面积，而纽约市办公用地主要集中在曼哈顿和郊区，以分散办公空间。

第三，人口疏解的配套规划滞后。人口疏解后靠瓦片经济生存的京郊户籍人口的未来发展问题，原有空间如何规划、布局、建设的问题，目前产业发展定位只明确规定了产业禁限而未明确需要发展和升级的产业等问题仍然存在。

因此，应重视规划对人口调控的引领作用，打造区域基本建设协同规划平台，注意解决规划和建设的两张皮问题，避免在以前的规划布局造成的存量问题未解决的情况下，对未来产业结构调整、功能和人口疏解等方面的规划布局又尚不明朗，带来增量问题。增强规划的前瞻性、严肃性和强制性，防止“一刀切”的同时，做好系统间、部门间、区域间、组织间、个人间的平行性社会协同，以及中央与地方、地方与基层、中央与基层之间的垂直性社会协同。

三　疏解工作的法治精细化有待提高，需打造法制工作统筹平台，规避人治思维风险

依法治理是国际大城市人口治理的共性做法。国际特大城市广泛使用法律手段来疏解和管理人口：英国立法规定房屋建筑总面积以及人均最低居住面积，来调控人口规模；韩国制定《工业布局法》《人口登记法》来引导人口合理分布；美国颁布《住房和城市发展法》，为中低收入者提供低租金水平住房，以实现人口有序管理。

北京人口疏解和服务管理的法治精细化建设有待完善。如房屋租赁管理和群租房的处置及直管公房的管理缺乏法律依据，取证难，存在立法漏洞；政府审批居住用地时从法律上无法控制后期商住两用用途，造成新的职住分离；人口疏解与义务教育法的下位法与上位法的衔接存在问题；“限权立法”，即在一定程度上存在人口准入门槛、特别许可和收费等；在执法方面，与人口管理相关的公检法力量和行政执法力量不足，法治队伍建设问题突出。因此，政府需打造法制工作统筹平台，改变“人治思维”，超越

传统管制型执法、践行服务型执法，将人口疏解的全过程纳入法制轨道：既要依法监督政府、法院，使执法人员在人口疏解中树立法治意识；又要引导群众，使他们面临劳动权、社会保障权、子女平等受教育权等权利的缺失时，使用合规、合法手段维权，摒弃“信访不信法”“越法、违法维权”的旧观念。

四　“三期叠加”+“一期攻坚”，需打造政府决策平台，规避城市衰微风险

在适应经济“三期叠加”的新常态下，人口疏解攻坚期需把握“适度增速”和“适宜结构”，以保障供给侧改革的顺利推进。

“内部超少子化”、“外部供给萎缩”和“劳动适龄人口老化”将掣肘北京未来劳动力供给市场，影响经济发展的活力和可持续性。2000～2014 年，北京市 0～14 岁人口比例由 13.6% 降至 9.9%，超少子化（低于 15%）加重。根据国际经验，总和生育率低于 1.5 的警戒线后便难以回升，因此，虽已普遍放开二孩，但早在 20 世纪 90 年代总和生育率就已经低于 1 的北京，很难改变超少子化现状。“六普”数据显示，16～34 岁常住流动人口占常住人口的比例为 52%，而 2010～2020 年，15～64 岁劳动人口除河南会增长 80 万人外，河北、山东、安徽和黑龙江四个人口流出大省都将减少，这必然影响北京流动人口的规模和结构，如人口疏解在家庭养老和照料能力减弱的背景下可能会带来照料护理市场劳动力供给不足的“养老风险”。2013 年北京市 65 岁及以上常住老年人口占总人口的比重达 9.3%，京籍人口中 65 岁及以上人口的比例达 14.9%，人口疏解使北京在未来可能会面临劳动适龄人口老龄化、劳动力人群缺乏弹性和可塑性及经济发展失去活力和动力的风险，威胁经济增长潜力和可持续发展。2014 年北京市常住人口中劳动力/老人是 5，从日、美、韩的经验看，当该比例低于 7.5 时，经济将从 8% 以上的高速增长逐渐转为 4% 左右的中速增长，当低于 4.8 时，经济增长将进一步减速。因此，北京人口疏解需打造政府决策平台，不能简单地将人口挤走，需探索就业人口与非就业人口的“人口生态链”数量关系。

五　疏解与服务管理交融错杂，需打造居民服务统合平台，规避福利匹配失衡风险

北京市公共服务对人口的“高地”效应明显，“引导”效应不够。目前，北京存在人口到哪儿，公共服务就被动跟到哪儿的“被动适应逻辑”。据测算，常住人口每增加100万人，将增加约30家幼儿园、1所小学、2345张医院床位、39549万元医疗卫生支出。居住证和积分落户的重要目的是对流动人口提供均等化的公共服务，但这种强福利吸引可能会起“固化”或“吸引”生活移民的作用，带来供给失衡风险，陷入福利陷阱，这与调控首都人口规模存在一定的内在矛盾。因此，需打造居民服务统合平台，在保障民生与适度人口之间，探索适宜的“福利梯度供给”之路，规避福利供给过高或过低带来的失衡风险。

总之，应对人口疏解的以上风险，需要在宏观上进行统筹设计，打造集人口信息化平台、区域基本建设协同规划平台、法制工作统筹平台、居民服务统合平台为一体的居民基本台账系统和政府决策平台系统。由居民基本台账系统供给服务、约束个人行为，政府决策平台系统统一协调各部门间政策。

参考文献

陈功、王瑜、武继磊、程云飞：《京津冀“新首都圈”人口疏解战略方向和路径选择》，《光明日报》2015年3月25日，第16版。

冯晓英：《城市人口规模调控政策的回顾与反思——以北京市为例》，《人口研究》2005年第5期。

李铁、范毅、王大伟：《北京人口疏解该往哪走?》，《光明日报》2014年5月27日，第11版。

穆光宗：《独生子女家庭本质上是风险家庭》，《中国社会科学报》2011年第235期。

秦宏宇、刘昂：《北京市流动人口的现状、特点、趋势与政策应对》，《北京政法职业学院学报》2014年第2期。

宋迎昌、裴雪姣：《特大城市人口疏解的国际经验》，《新重庆》2014 年第 2 期。
王增杰：《推进基层治理法治化的思考》，《中共山西省直机关党校学报》2015 年第 1 期。
尹德挺、闫萍、杜鹃：《北京人口发展研究报告（2013）》，《新视野》2013 年第 6 期。
尹德挺、张洪玉、原晓晓：《北京人口红利的结构性分析和形势预判》，《北京社会科学》2014 年第 1 期。
尹德挺：《首都人口疏解的理论思维和现实应对》，《人口与计划生育》2015 年第 8 期。
尹德挺：《首都人口疏解难点在哪里?》，《北京日报》（理论版）2014 年 12 月 29 日。
郑毅：《农村转移人口市民化的法律保障机制构建》，《贵州农业科学》2014 年第 2 期。

特大城市人口调控政策下的浦东人口分布与流动*

杨艳文　王拓涵**

十八届三中全会指出要完善城镇化健康发展的体制机制，推进以人为核心的城镇化，严格控制特大城市人口规模。2013 年 12 月，中央城镇化工作会议指出，必须严格控制特大城市人口规模。2014 年 6 月 6 日，习近平总书记主持中央全面深化改革领导小组第三次会议，会议审议了几个文件，其中一个就是《关于进一步推进户籍制度改革的意见》；7 月 30 日，国务院印发《关于进一步推进户籍制度改革的意见》，再次强调严格控制特大城市人口规模。

上海作为全国特大城市之一，长期以来一直面临人口问题的困扰。人口的急剧增长和无序流动，以及人口结构和空间分布的不合理，使上海的环境资源、社会秩序、管理、公共安全和服务都面临难以承载的巨大压力，因此，如何通过人口调控政策实现上海人口与经济社会的协调发展和可持续发展，提升上海常住人口的生活品质，成为上海社会治理创新中的重要内容。在中央严格控制特大城市人口规模的政策要求下，自 2013 年以来上海市开始了新一轮人口调控。2014 年“两会”，上海市政府首次将控制人口规模写进了政府工作报告，要求积极贯彻守住 2480 万常住人口的调控红线，严格落实以积分制为主体的居住证制度，切实控制人口规模，优化人口结构。上海市市长杨雄表示，上海人口总量和结构问题越来越严峻，建设用地规模接近极限，公共设施和环境承载能力也接近极限，因此，必须摆脱传统发展路径，严格落实以积分制为

* 本文是浦东发改委委托清华大学社会学系“快速城镇化背景下社会治理创新——以张江高科为例”课题的阶段性成果。

** 杨艳文（1984～），湖南人，清华大学社会学系博士后；王拓涵（1984～），吉林人，清华大学社会学系博士后。

主体的居住证制度，严格控制人口规模。

为了积极响应党中央的号召和贯彻落实市政府的要求，上海全市 17 个区县均成立了人口工作领导小组，按照总量控制目标，研究制订推进计划。“其中，闵行、浦东等区更是将人口作为街镇领导干部绩效考核的重要指标；宝山则根据街镇特点，针对人口集聚区、城乡结合部区和城市化区域，分别设定了下降 10%、8% 和 5% 的年度考核目标。”① 在严格落实居住积分制，调整产业结构，更新城市规划，拆建菜市场，整顿民工子弟学校和民办幼儿园，整治群租房等 15 项行政、市场与社会手段多管齐下的人口调控措施下，上海市统计局、国家统计局上海调查总队 2015 年 2 月 28 日发布的《2014 年上海市国民经济和社会发展统计公报》显示：上海人口调控政策初见成效，人口结构更趋优化，至 2014 年末，全市常住人口为 2425.68 万人，比上年增长 0.4%，其中，外来常住人口为 996.42 万人，增长 0.6%，增幅同比下降 2.5 个百分点。

那么，在近两年来的人口调控政策下，浦东人口实况如何？本报告采用浦东 2013 年以来的“实有人口”数据，② 对浦东各街镇人口分布及其流动情况进行了细致分析。

一 总量构成及人口密度变化

2013 年 11 月底，浦东实有人口总数为 5830082 人，其中户籍常住人口 2833545 人，占实有人口总数的 48.6%，境外人员 79669 人，占实有人口的 1.37%；而截至 2015 年 7 月，全区实有人口为 5883613 人，较 2013 年增加

① 《申城来沪人员增速明显下降　今后逐步减少直接落户人数》，东方网，2014 年 11 月 20 日，http：//sh.eastday.com/m/20141120/u1a8452206.html。

② “实有人口”数据是“两个实有”（实有人口和实有房屋）数据的重要组成部分。以“两个实有”数据采集为核心的人口管理和服务工作最早在上海市虹口区试点。为加强上海市实有人口服务和管理工作，推进实施居住证制度和居住房屋租赁管理制度，上海市政府决定自 2008 年 10 月～2009 年 2 月在虹口区凉城街道、新湾镇率先开展实有人口、实有房屋的全覆盖管理工作。2009 年 5 月，浦东新区召开全面推进实有人口信息采集工作动员部署会议，也开始在全区推进“两个实有”全覆盖工作。

53531人，全区实有人口增长0.92%，其中户籍常住人口有2895551人，较2013年增加62006人，增长约2.2%，但实际居住户籍人口有3140109人，占实有居住人口的53.37%，境外人员有70515人，占实有人口的1.2%，较2013年减少9154人。由此可见，浦东近两年来沪人员（也即外来人口）得到了有效控制，但户籍人口较大规模向浦东新区流入——实际居住户籍人口比在册登记户籍人口多约24.46万人。①

从人口密度上来看，2013年全区实有人口平均密度为4243人/平方公里，2015年全区实有人口密度为4282人/平方公里，两年来浦东人口平均密度增加约40人/平方公里。人口密度高于20000人/平方公里的街镇有10个，从高到低分别是浦兴路街道、潍坊新村、南码头路、周家渡、东明路、金杨新村、塘桥、洋泾、陆家嘴和沪东新村。在这10个高密度的街镇中，两年来，实有人口密度下降较为明显的是沪东新村、陆家嘴、金杨新村、潍坊新村和塘桥，周家渡和洋泾也有所下降，而浦兴路、南码头路和东明路街道人口密度基本保持不变。

人口密度在10000~15000人/平方公里的街镇有4个，分别为上钢新村、北蔡、三林和花木，其中前两个街镇实有人口密度有所降低，三林和花木实有人口密度在增加。实有人口密度在5000~10000人/平方公里的街镇有4个，分别为康桥、高行、张江、高桥，其中除了张江实有人口密度在较快增加外，其余三个街镇人口密度在降低。

人口密度在2500~5000人/平方公里的街镇有9个，从高到低依次为惠南、周浦、曹路、唐镇、金桥、川沙、合庆、高东和航头。其中周浦、唐镇、川沙、合庆、高东和航头实有人口密度增加，且航头和唐镇实有人口密度上升较快。其余9个街镇人口密度在2500人/平方公里以内，分别为新场、宣桥、祝桥、大团、泥城、万祥、老港、书院和南汇新城。其中除了南汇新城和泥城实有人口密度有所增长，万祥和大团人口密度有所降低外，其余5镇人口密度保持不变。

① 2013年相关数据显示，浦东新区向外区流出户籍人口有12万人，如果考虑到这部分流出的户籍人口，那么近两年至少有近36万户籍人口流入浦东，占2013年户籍人口总数的12.7%，占2013年实有人口总数的6.18%。

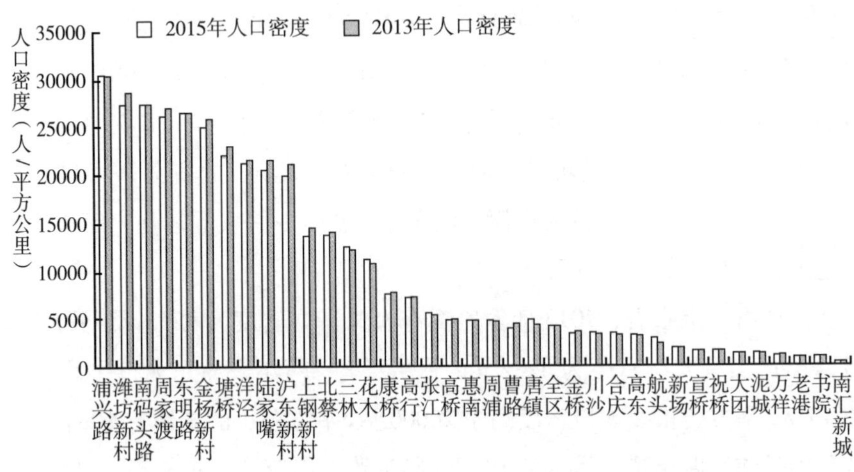

图 1　2013 年与 2015 年浦东各街道人口密度

图 2 是用 2015 年实有人口密度减去 2014 年实有人口密度所得到的统计图。从中可以清楚地看到，近两年来，航头、花木、唐镇、三林、张江、合庆、川沙、周浦 8 个中等密度的街镇实有人口密度增长迅速，两年内实有人口密度增加 200 人/平方公里以上，基本上形成了以张江为核心的新的人口聚集点。而沪东新村、潍坊新村、陆家嘴、塘桥、金杨新村、上钢新村、周家渡 7 个高密度的街镇，两年以来人口密度下降超过 600 人/平方公里；其次是中等密度的曹路，两年来实有人口密度下降超过 400 人/平方公里。

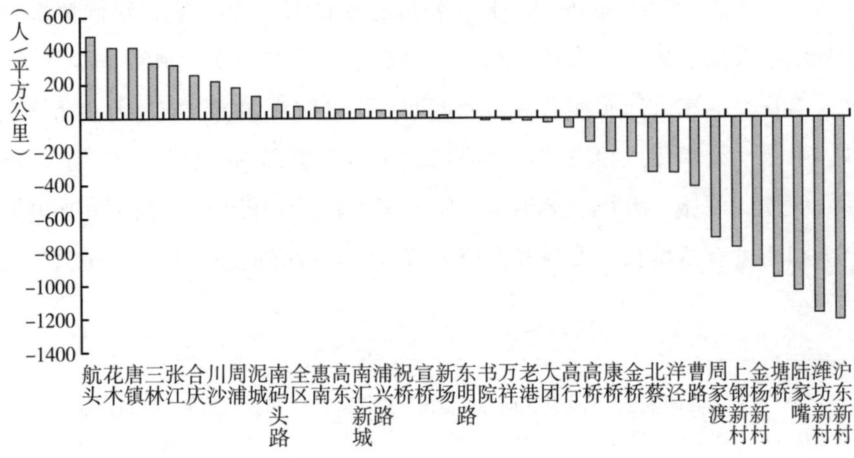

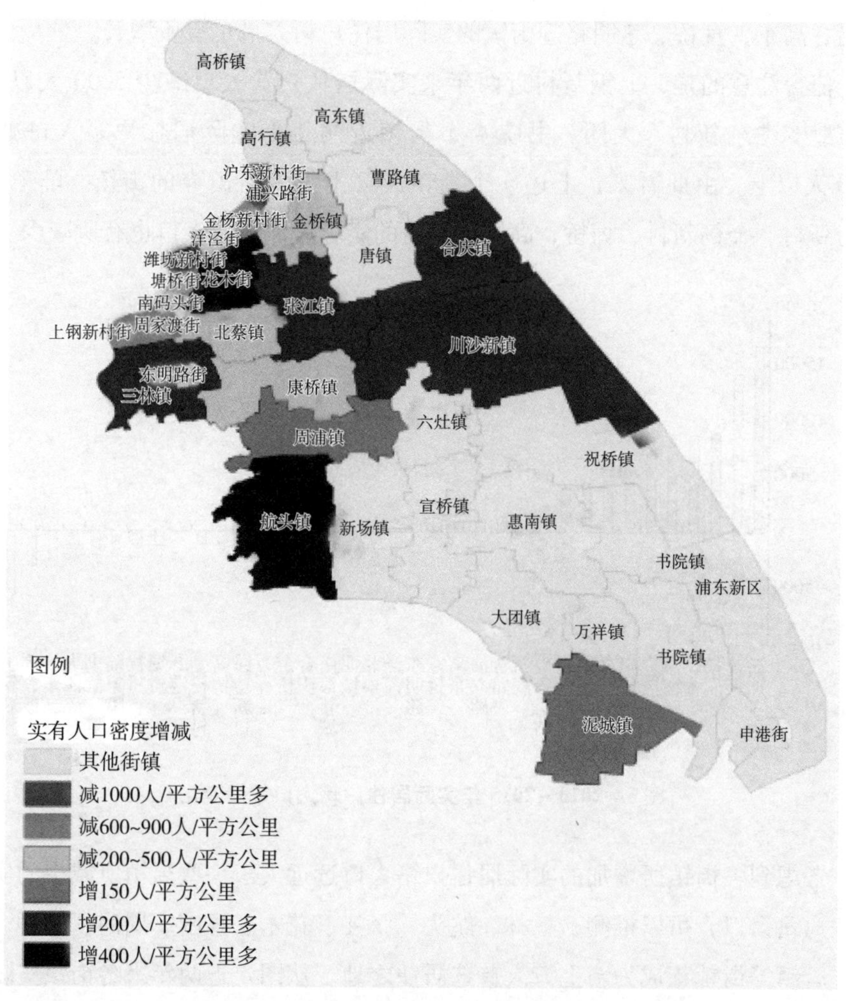

图2　2013～2015年浦东新区各街镇实有人口密度变动

二　户籍人口分布及其流动

图3是用2015年各街镇实际居住户籍人口减掉2013年各街镇实际居住户籍人口所得到的浦东新区各街镇实际居住户籍人口增减图。从中可以看到，近两年，三林、航头两个街镇实际居住户籍人口增量在1万人以上，而张江、花木、惠南、周浦和康桥5个街镇实际居住户籍人口增量在5000人以上，高行、唐镇、川沙实际居住户籍人口增量在2500人以上，南码头、新场、曹路、浦

兴路、高东、宣桥、东明路等街镇的实际居住户籍人员也有所增长。

值得注意的是，上钢新村近两年来实际居住户籍人口减少 5000 人以上，周家渡、沪东新村、大团、书院 4 个街镇近两年来实际居住户籍人口减少 2500 人以上。由此看来，上述 5 个街镇成为上海人所离弃的街镇。陆家嘴、潍坊新村、金杨新村、塘桥、高桥等街镇的实际居住户籍人口也有所减少。

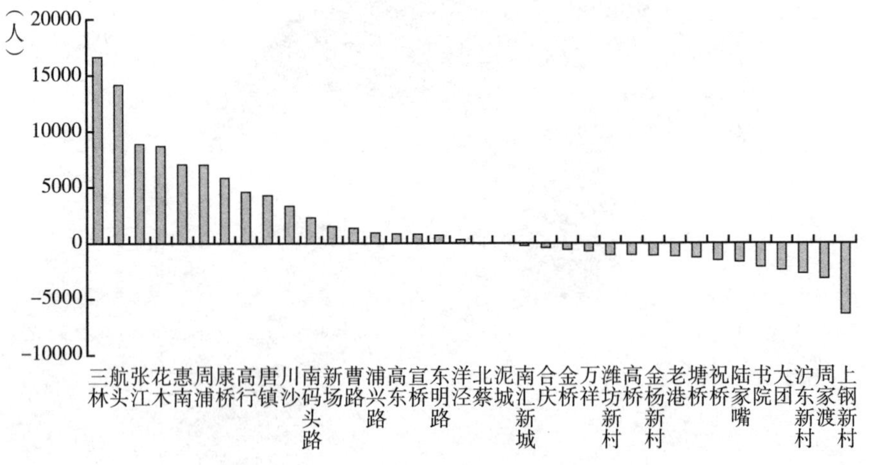

图 3　2013 ~ 2015 年实际居住户籍人口数量变化

考虑到各街镇所增加的实际居住户籍人口远远大于一些街镇所减少的实际居住户籍人口，可以推测，三林、航头、张江、花木、惠南、周浦、康桥、高行、唐镇等街镇正成为新上海人首选居住之地。从图 4 近两年来各街镇实际居住户籍人口数量变化率曲线可以更加清晰地看到，航头、张江、唐镇、三林、周浦、花木、康桥、惠南、新场等街镇成为最吸引户籍人口居住之地，而上钢新村、书院、大团、老港、万祥等成为上海人所离弃之地，这些地区也正是浦东一些征地拆迁的集中地带，基本上集中于临港一带。

从图 5 街镇户籍人口流动率来看，康桥、惠南、周浦、三林、高行、航头、唐镇 7 镇成为最富流动性和开放性的街镇，户籍人口流动率在 100% 以上，也就是说，流入流出的户籍人口总量超过了常住户籍人口总量。总体上看，浦东新区户籍人口在各街镇流动较为频繁，绝大多数街镇 2015 年户籍人口流动率在 60% 以上。

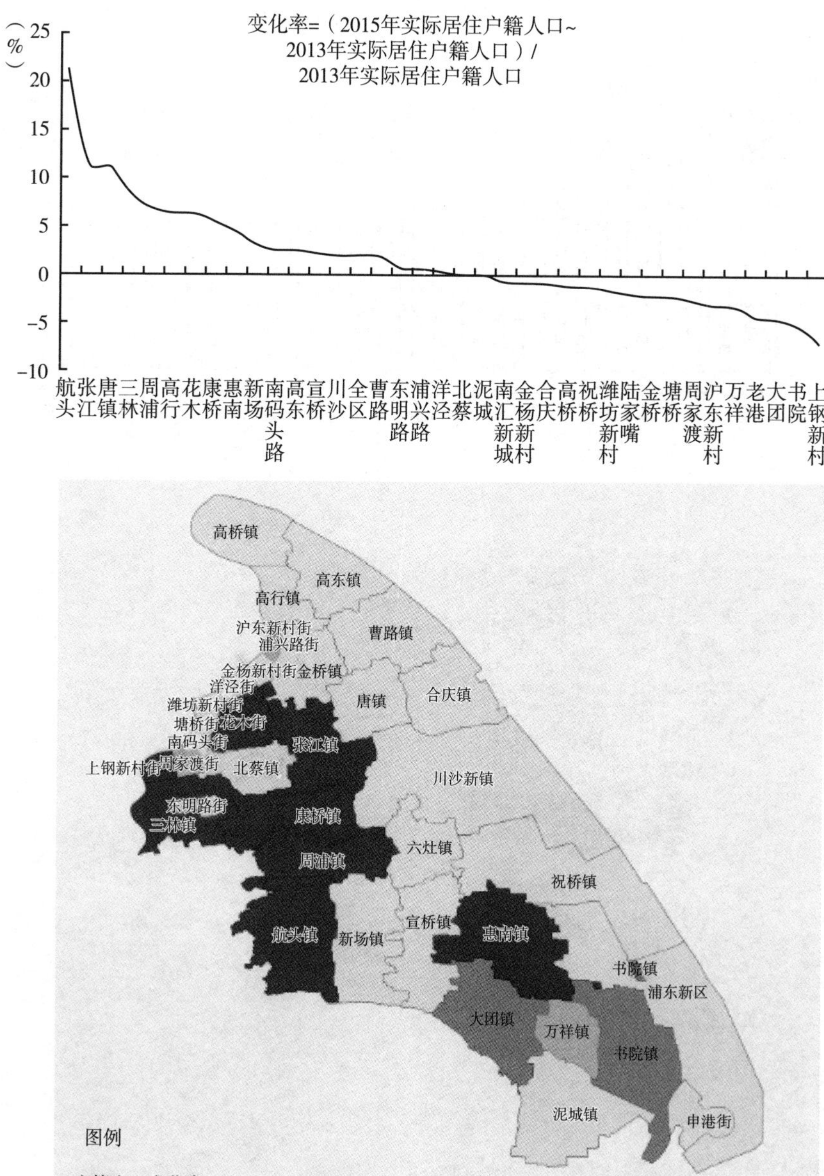

图 4　2013～2015 年实际居住户籍人口数量变化率

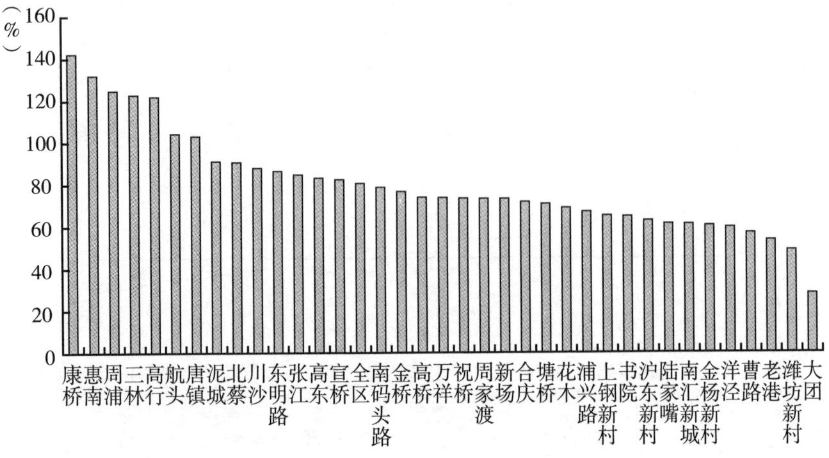

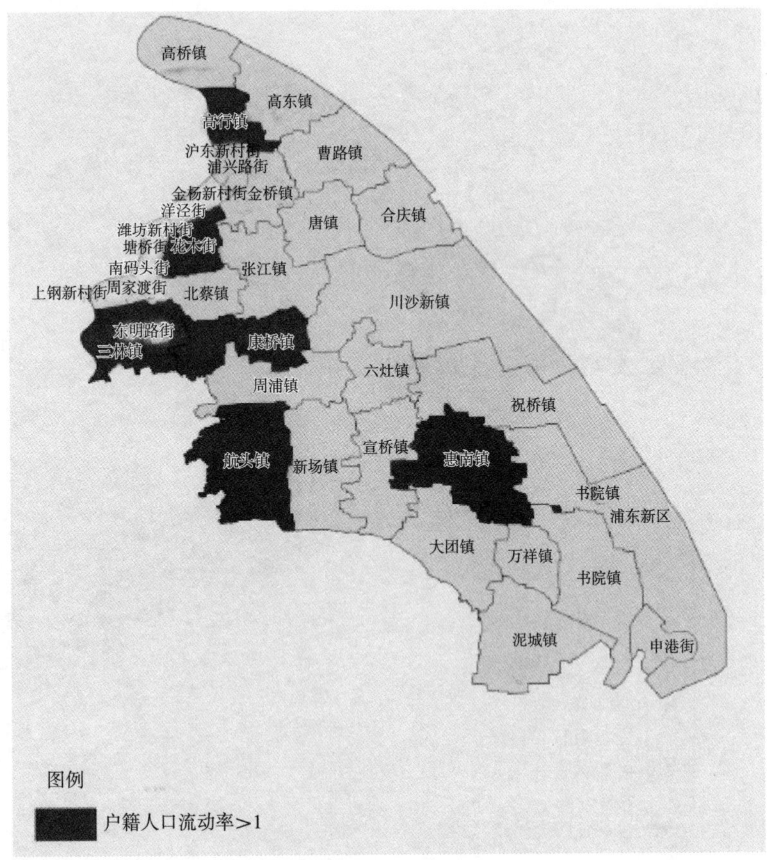

图5　2015年浦东各街镇户籍人口流动率

说明：计算方法：户籍人口流动率 =（人在户不在 + 户在人不在）/户在人在。

三　来沪人员分布及其变化

在这里，来沪人员特指没有取得上海市户籍的外来人口。2015 年浦东新区来沪人员约为 267.3 万人，主要集中在三林、康桥、川沙、北蔡和张江，上述 5 镇集中了外来人口总数的约 1/4（见图 6）。从外来人口与实际居住户籍人口的比值上看，唐镇、高东、金桥、合庆、康桥、张江、曹路 7 镇外来人口比值在 1.5 以上，远远超出了当地居住的户籍人口（全区均值为 0.85），由此可见，上述 7 个街镇成为目前浦东最吸引外来人口的街镇；而航头、南汇新城、高桥、高行、川沙、祝桥、新场、三林、宣桥、周浦、北蔡 11 个街镇成为吸纳外来人口的中间梯队，来沪人口比值在 0.9 以上（见图 7）。

此外，从图 8 外来人口比值的变化（用各街镇 2015 年外来人口比值减掉 2013 年的外来人口比值）可以看到，近两年来，南汇新城、合庆、泥城、川沙、祝桥、书院、老港、大团、万祥、上钢新村 10 个街镇外来人口比值上升，这些街镇基本上位于偏远的临港新城一带；其余街镇外来人口比值有所降低，特别是曹路、康桥、高行、三林、金桥、张江 6 个街镇外来人口比值下降较快，新场、唐镇、周浦、惠南、北蔡、高桥等街镇外来人口比值也在降低。

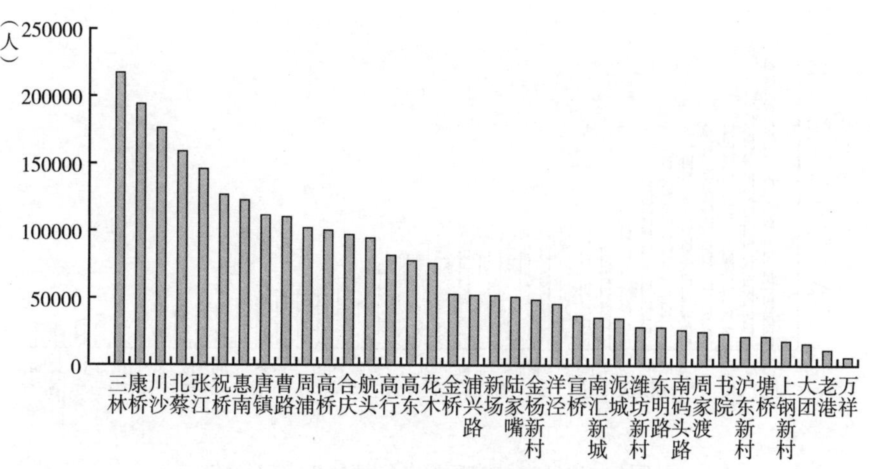

图 6　2015 年浦东新区各街镇外来人口分布

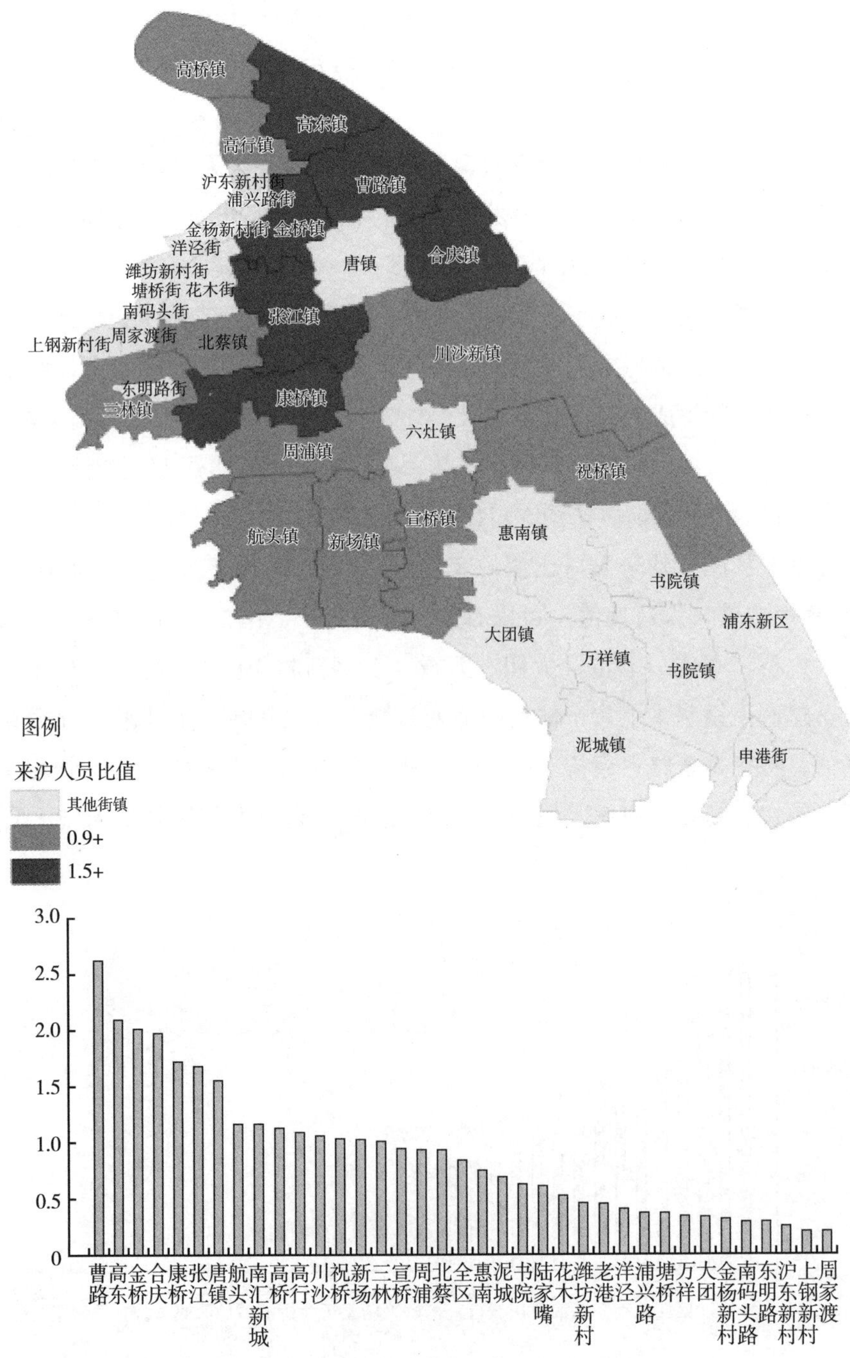

图 7　2015 年浦东新区各街镇外来人口比值

说明：外来人口比值 = 来沪人员/实际居住户籍人员。

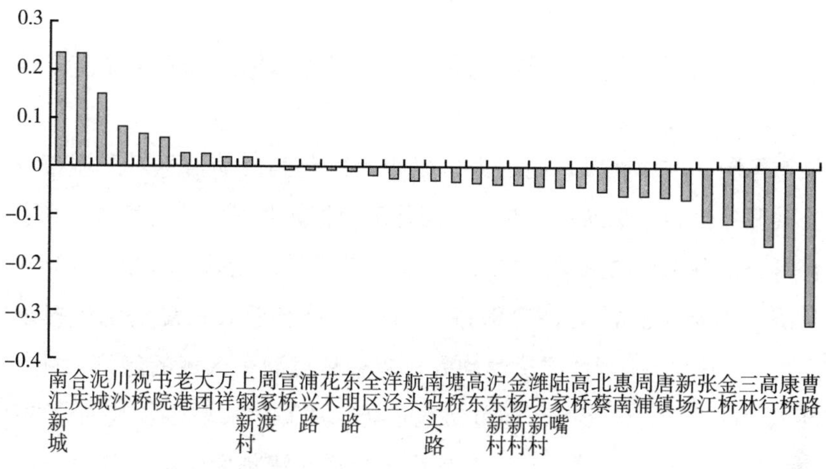

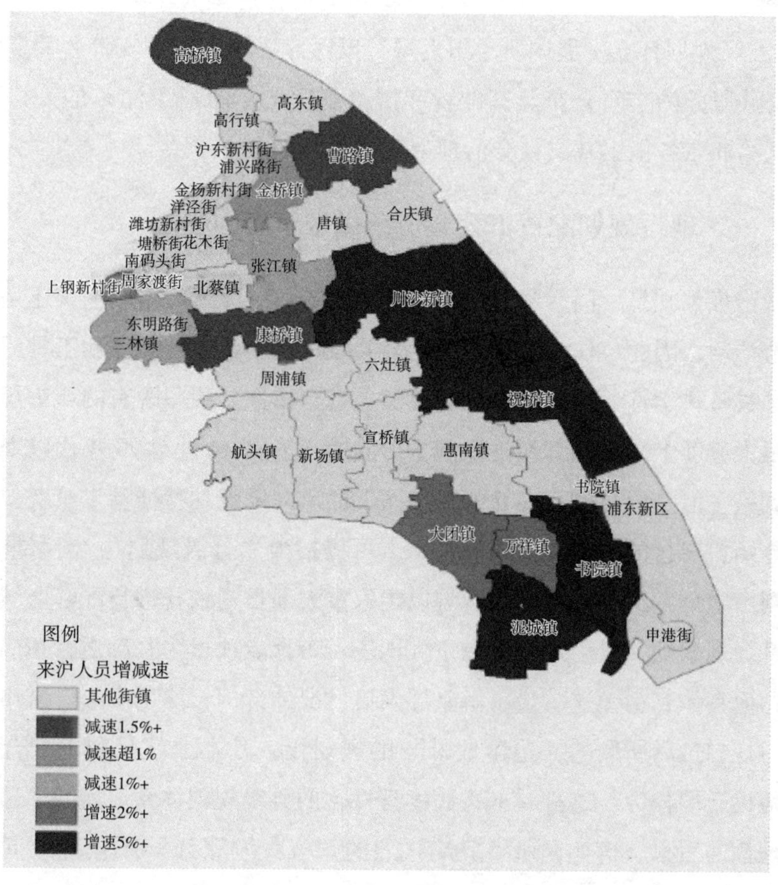

图8　2013～2015年浦东新区各街镇外来人口比值变化

四 小结：浦东人口变动对于社会发展规划与治理的影响

城市不同区域和地段之间的人口分布特征及其变动信息对于城市发展规划、公共服务供给、交通运输改善、居住环境提升甚至灾害防御和紧急救援行动等都具有十分重要的意义。在人与物都快速流动的现代社会里，城市中心区域的经济活力维系和社会秩序保持已不仅仅局限于依靠常规统计报表中的“户籍人口”或“常住人口”，流动人口越来越对浦东区域的经济、社会、文化和环境等产生全方位影响。通过实地走访张江高科技园区及其周边的张江、川沙、北蔡、唐镇、康桥、三林以及花木街道，清华大学社会科学学院浦东“十三五”规划社会发展调研小组发现，以医疗、教育和治安等公共资源为核心的公共服务的空间分布及其配置和供给制度严重滞后于浦东的人口分布状况，这给浦东各街镇基层社会治理带来了无穷压力。

（一）现行规划配置下公共资源供求矛盾加剧

城市规划既是一门科学，也是一项重要的政府职能，本质上讲还是一项社会改造活动。因此，作为政府重大的公共政策实施落地的载体和工具，城市规划必须具备科学性、公共性和治理性三项基本属性。我国既有的城市规划制定体制很大程度上是在计划经济体制下形成的，虽然20世纪90年代以来已经进行过调整，但是以政府为主导的自上而下的单向度规划特征基本没变。据相关部门介绍，现行的地区发展规划基本上可概括为“分级规划”：国家重大项目的规划由中央部门决定；市级规划以国家重大项目为依托进行配套区域发展规划；区级规划则又以落地本地的重大国家、市重点项目为基础进行相应的发展规划；而具体到街镇这一最了解基层发展情况的部门，除了中央、省市和区政府部门规划过后所剩的“边角地带”的规划权，基本上就只剩下配合上级部门征地拆迁的权力。这种看上去高度理性化的分级规划体系，实际上造成了许多非理性的后果，例如调研中反响强烈的“五龙闹张江”不仅导致同一个镇内东西南北中的区域发展极度不均衡，而且导致区域之间的边角地带公共安全、环境卫生、道路维护领域的权责不清和治理缺席。

不仅如此，在公共资源的空间布局和配置上，现行规划体制沿袭着传统静态社会的思维逻辑，以常住人口和户籍人口或住宅建筑面积为依据来配置医院、学校和自来水管道等公共基础设施。而从浦东新区各街镇人口分布来看，实有人口远远超过了常住人口，因此，在外来人口大量聚集的川沙、康桥和三林等地，本地人对外来人口挤占本地公共资源的情况充满了反感。

我们镇当年在做规划的时候，才一半人口不到，现在5楼以上的自来水管都不出水了，实有人口还在不断增加……

很久以前三甲医院都不用排队，前些年，去三甲医院看个病也就排队半个小时，现在吧，得两个小时。看五分钟的病，排了两个小时的队……因此，好些人现在办卡，200元一个号。

（二）人口倒挂街镇基础教育的尴尬处境

从上文对浦东新区各街镇的人口分布特征中可以看到，许多街镇，外来人口已经远远超过上海户籍人口。为了贯彻落实《中华人民共和国义务教育法》和《国务院办公厅转发教育部等部门关于做好进城务工人员随迁子女接受义务教育后在当地参加升学考试工作意见的通知》（国办发〔2012〕46号），让外来务工人员子女在城市接受更多更好的教育，近些年来上海市以“合法稳定就业、合法稳定居住”为基本条件，不断完善权责对等、梯度赋权的随迁子女公共教育服务制度。因此，越来越多的外来务工人员将子女带到上海接受基础教育。由此带来的一个奇特现象是：本外地学生之间的“教育区隔”现象愈演愈烈。

“区隔”一词是法国著名社会学家布迪厄在分析法国各阶层的文化趣味时提出来的社会学概念，意指阶层之间的区分和隔阂。教育、文化、资本、家庭出身和社会地位等是形塑阶层品位和进行阶层再生产的重要因素。调研小组在访谈时发现，在浦东一些外来人口倒挂严重的街镇，本地人与外地人之间的教育区隔不断加剧。

> 由于外来生源人数越来越大，且层次参差不齐，本地居民不愿让他们的子女与外地学生一起就学，比如现在的唐镇有3所小学，其中唐镇中心小学和金桥中心小学是公立，另有一所外国语小学，是民办学校，教育质量很好。现在本地人的子女基本上都去上外国语小学，公立小学90%都是外来户子女。本地家长们让孩子择校不仅仅是因为相互攀比，还在于一方面老师们对外地生源的教育方式是不犯错、不出乱子就行，教育质量下降，另一方面，家长们也担心孩子被带坏……我们唐镇中心小学，以前可是本地极为有名的小学，老校长是人大代表，以前可是好多人托人拉关系找老校长要求进唐镇中心小学，现在是老校长求爷爷告奶奶找本地家长，可想多要几个本地生源还是很难……

类似的现象在张江、北蔡、花木等街镇也普遍存在。

（三）特大型城市人口调控政策下的治安压力

外来人口的聚集，给社会治安带来了很大压力，各街镇派出所均反映，绝大多数案子是由外来人口所为。在川沙，85%的作案外来人口住在本地，亦有85%的作案外来人口没有进行登记，这无疑给当地的治安和社会秩序带来了许多隐患。在康桥，由于还有一部分低端制造业存在，使来沪人员层次较低，主要从事劳动力密集型工作，流动性强。企业员工住在厂外的接近一半，大量低端消费，带来了无证摊贩、违规住房等，因此基层政府在环境卫生、社会治安等方面感到工作压力很大。

如前文所述，在特大型城市人口调控政策下，上海给各个区都下派了人口调控指标。人口调控的主要目标是控制城市人口规模，优化城市人口结构，主要路径则是缩减低层次外来务工人员。在上海，人口调控工作的主要执行部门是综治办，所采取的主要措施是对外来人口聚集地区进行治安整治，整顿群租房，拆除违章建筑和取缔违法违规经营摊点，整治菜市场，提高外来务工人员子女上学的门槛，等等。

这些措施绝大部分需要街镇派出所、城管及相关基层执法队伍的参与和配合。而这些执法队伍和资源的配置，基本上也是按照当地的户籍人口或住宅面积总量来安排的，因此在外来人口集聚而又高速流动的张江及其周边街镇，治安资源尤其紧张。例如在张江镇与张江高科技园区，尽管原来有镇派出所和张江治安派出所两个公安机关，但随着2013年长泰商业广场的开业，一下子400多家商铺经营起来，带来1.2万多的从业人员，每月吸引周边街镇顾客数十万人，导致现有的警力资源配备严重不足。在接受调研小组的访谈时，张江镇和张江高科技园区派出所的领导都叫苦连天，希望能多增加一些警力。

在其余一些街镇，负责人口调控工作的综治办领导在工作中都充分认识到，当下“一刀切”式的人口调控工作给基层政府带来了巨大的工作压力，也导致资源的巨大浪费。

第二编　流动人口研究

北京市农民工城市文化融合状况调查*

洪小良**

一　研究背景

关于文化融合或文化适应（acculturation），研究者历来有不同的理解。得到多数学者认同的定义是人类学家雷德菲尔德（Redfield）、林顿（Linton）和赫斯科维茨（Herskovits）在1936年给出的界定：文化融合是“由个体所组成，且具有不同文化的两个群体之间，发生持续的、直接的文化接触，导致一方或双方原有文化模式发生变化的现象”。

加拿大文化心理学家贝瑞（Berry，1990）认为，完整的文化融合应包括两个层面：群体层面和个体层面。群体层面的文化融合是指，在文化接触之后，相关群体在经济基础、风俗习惯、政治组织、意识形态等方面发生的相互

* 基金项目：国家社会科学基金一般项目（项目编号：12BSH020）、北京市哲学社会科学规划研究基地重点项目（项目编号：13JDSHA003）。

** 洪小良（1966～），中共北京市委党校北京人口与社会发展研究中心教授，中共北京市委党校社会学教研部主任。

改变和适应；个体层面的文化融合是指，在文化接触之后，个体在行为方式、工作生活态度、价值观念以及心理认同方面发生的相互改变和适应。人类学家和社会学家大多从群体层面研究文化融合；心理学家则更关注个体层面的文化融合。人类学家和社会学家由于强调对文化进行广泛和整体的研究，其文化融合概念往往宽泛，可操作性不强，有失于对文化融合的心理机制的研究；心理学家则沉浸于研究文化融合的心理机制，忽略了整体文化对于个体文化适应的促进或制约作用。因此，贝瑞强调，文化融合研究要寻找个体层面和群体层面的联系。

文化融合研究还存在单向和多向之争。单向的文化融合即同化。同化论的典型代表是“熔炉论”。同化论强调不同文化影响的此消彼长作用，强调移民融入主流文化的过程伴随着对原有文化传统的抛弃。因此，同化论完全排除了移民在融入移居地主流文化时保留原有文化元素的可能性。多向的文化融合观念则强调不同文化元素之间的相互作用，关注移民学习当地主流文化的自主性和选择性，认为移民在学习和适应主流文化的同时，也对主流文化的发展产生自己特有的影响。多向文化融合观念的自然发展是“多元论”。多元论秉持文化相对论观念，认为不同文化没有优劣之分，多元文化现象是社会群体适应不同社会经济环境和多种文化相互影响的自然结果。

当今的研究者大多从文化多元论观点和群体层次角度研究文化融合现象，但我们不能因此否认同化现象以及从个体层次研究文化融合的重要性。例如，萨姆和贝瑞（Sam and Berry，2006）把同化看作个体在文化适应过程中所使用的四种策略中的一种。特别是，在实际生活中，一些群体的文化融合现象主要体现为同化，体现为个体适应主流文化的过程。

文化融合是农民工城市融入的核心。农民工从熟悉的乡村来到陌生的城市，面临来自经济、社会和文化等多个层面的挑战和冲击。经济层面的适应是立足城市的基础，社会层面的融合反映的是参与城市生活的广度，而只有文化和心理的适应，才能使农民工完全融入城市社会。现代城市文化是以城市生产方式为基础的一整套思想、行为和生活方式。农民工要顺利融入城市生活，就必须找到一份工作，就必须学习与城市工作相适应的思想、行为和生活方式。

因此，与不同民族和不同国家的文化融合不同，农民工的城市文化融合主要体现为农民工个体学习和接受城市主流文化的过程。

目前，国内学者的相关研究或者集中于对农民工城市适应的状况、过程和影响因素进行定性分析，或者对农民工城市适应的某个方面进行定量研究，对于城市文化融合的各个维度进行完整的定量分析的研究并不多见。本文以北京市农民工为例，通过设置一系列结构测量指标，力图系统、准确地把握当前农民工城市文化融合的不同侧面，为进一步探索农民工城市文化融合的内在结构打下基础。

二 研究设计

（一）结构测量指标

文化融合是一个综合性的概念，由相互联系的多个维度构成。为了探索农民工城市文化融合的内在结构，我们尝试根据城市文化的构成要素，建立包括休闲、消费、社会参与、社会交往、城市适应、城市认同及现代性价值七个方面的结构测量指标。其中，休闲维度由“下班有最经常从事的活动”和“今年以来分别从事旅游、培训或进修，到现场看体育比赛，到现场看商业演出的次数”等指标构成；消费维度由“是否有信用卡”“喜欢使用信用卡的程度”“使用网购经历”“喜欢网购的程度”以及对八大类时尚品牌/物品的认知和购买情况、智能手机功能使用情况等指标构成；社会参与维度由今年以来分别参加十类集体活动的次数等指标构成；社会交往维度则由一道社会网络提名问题测量，要求被访者列举不超过五位在北京关系较好的人，并说明所列举人的居住地、户籍地以及与被访者的关系、认识时间等内容；城市适应包括被访者对居住地饮食习惯、作息时间、劳动强度、竞争环境、工作生活节奏、与北京本地人相处、与其他流动人口相处的适应情况；城市认同维度则由 7 个社区认同问题和 4 个城市认同问题构成；现代性价值则由分别代表乐观进取、开放创新、重视科技资讯、守时有计划及自主自立的 13 个问题构成的量表测量。

（二）数据来源与样本构成

本项目研究的抽样总体是调查时点（2014 年 7 ~ 8 月）居住在北京，从事非农劳动，有就业收入，户籍性质为非京籍农业的流动人口（下文简称农民工）。据《北京市 2014 年国民经济和社会发展统计公报》显示，2014 年末北京市常住外来人口有 818.7 万人，按 70% 的比例估算，外地农民工的人数大约为 573 万人。农民工大多居住在城市功能拓展区和城市发展新区，两者合计占比在 80% 以上。① 其中，北京 79 个城乡结合部地区的乡、镇、街道聚集了六成以上的农民工。② 从社区形态看，农民工的居住地类型主要可以分为三类：居（村）社区、机关事业单位、工作场所的临时工棚。这三类居住形态直接影响农民工内部的社会交往和与外界的社会接触。基于上述考虑，本项研究分别选择了位于城乡结合部的肖家河社区、位于西城区的北京市委党校合同制职工宿舍、位于朝阳区的北京市第五建筑工程集团有限公司的一处建筑工地作为样本点，抽样方式采用以特定区域为起点的控制规模的整群抽样，调查方式采用入户调查，共获得有效问卷 493 份。其中农民工 408 人，非农户籍流动人口 85 人；居住在城乡结合部社区的被访者有 221 人，居住在建筑工地的被访者有 100 人，居住在单位社区的被访者有 172 人。调查时点为 2014 年 7 月初至 8 月中旬，调查员为北京市委党校社会学专业和公共管理专业的研究生。农民工调查样本的具体构成情况见表 1。

表 1　在京农民工调查样本的基本构成（$N=408$）

指标		百分比(%)
性别	男	57.9
	女	42.1
文化程度	未上学	2.0
	小学	7.6
	初中	38.8
	高中、中专	37.9
	大学专科	8.6
	大学本科以上	5.2

① 据北京市统计局发布的流动人口相关数据估算。

② 资料来源：《北京市人口、空间、功能及规划实施综合分析报告》（内部资料）。

续表

指标		百分比(%)
年龄(岁)	<20	12.1
	20~29	39.4
	30~39	25.4
	40~49	15.5
	50+	7.6
婚姻状况	未婚	36.8
	有配偶	61.0
	离异	1.0
	丧偶	0.7
	其他	5.2

三　调查结论

第一，在休闲方式上，多数农民工的休闲方式已初步城市化；但在休闲活动的文化内涵和消费层次上，与城市户籍流动人口相比，存在较为明显的差距。

从下班后经常从事的活动来看，农民工与城市户籍流动人口已无明显差异。在看书学习、锻炼身体、玩电子游戏、上网浏览各类信息等带有明显城市色彩的活动上，农民工的选择比例虽然比城市户籍流动人口低，但除看书学习外，都没有统计显著性（$p=0.05$）。统计表明，大多数（64.5%）的农民工至少经常从事一项城市性业余活动（见表2）。这说明，多数农民工的日常业余活动已初步城市化。

表2　下班后在京农民工最经常从事的活动（最多选三项）

单位：%，人

	农民工	城市户籍流动人口
看书学习*	14.6	25.6
锻炼身体	24.6	15.4
玩电子游戏	15.6	16.7
上网浏览各类信息	35.2	39.7

续表

	农民工	城市户籍流动人口
小计:从事以上任何一项活动	64.5	66.2
去电影院看电影	4.7	3.8
遛狗养花	1.5	1.3
逛街*	28.0	15.4
看电视	58.8	64.1
串门	9.2	12.8
朋友聊天	31.3	32.1
做家务	24.6	29.5
打牌(麻将)	10.4	3.8
照看孩子	13.4	17.9
听广播	3.2	1.3
其他	2.2	1.3
合计	100.0	100.0
样本数	403	78

*结果基于双侧 t 检验，显著性水平为 0.05。

但在参加具有较高文化内涵和消费层次的休闲活动的频率上，农民工与城市户籍流动人口尚有明显差距。调查数据显示，在郊游或室内景点旅游、国内或国外旅游、培训或进修、到现场看体育比赛、到现场看商业演出等方面，农民工参加频率均低于城市户籍流动人口。特别是在国内或国外旅游和到现场看商业演出这两项具有较高文化内涵和要求有一定经济能力的休闲活动上，农民工与城市户籍流动人口的差距尤为明显（见表 3）。

表 3　在京农民工参加具有较高文化内涵和消费层次活动的情况

	农民工(平均次数)	城市户籍流动人口(平均次数)
郊游或室内景点旅游	1.17	1.34
国内或国外旅游*	0.19	0.39
培训或进修	0.35	0.44
到现场看体育比赛	0.06	0.14
到现场看商业演出*	0.14	0.34
合　计*	1.90	2.64

*结果基于双侧 t 检验，显著性水平为 0.05。

第二，在消费方式上，很大一部分农民工已习得和接纳现代化的消费方式；但在现代化消费方式的使用率上，与城市户籍流动人口相比，仍然存在比较明显的差距。

表 4　在京农民工信用卡和网络购物的使用情况及喜欢程度

单位：%

		农民工	城市户籍流动人口
您有信用卡吗？*	有	23.4	38.0
	没有	76.6	62.0
您喜欢用信用卡消费吗？	喜欢	44.8	46.7
	无所谓	28.1	30.0
	不喜欢	27.1	23.3
您有网购的经历吗？*	有	50.2	76.3
	没有	49.8	23.8
您喜欢网购吗？	喜欢	56.4	56.7
	无所谓	34.8	36.7
	不喜欢	8.8	6.7

* 结果基于卡方检验，显著性水平为 0.05。

可见，已有很大一部分农民工使用并喜爱使用信用卡消费和网络购物。调查数据显示，大约有 23.4% 的农民工拥有至少一张信用卡，其中 44.8% 的农民工表示了对这一消费方式的喜爱。在网络购物方面，一半以上（50.2%）的农民工有网购经历，其中 56.4% 的农民工表达了对网购的喜爱之情（见表 4）。从农民工与城市户籍流动人口的对比情况看，尽管在拥有信用卡和有网购经历的比例上，二者有较为明显的差距，但是在对信用卡消费和网购的喜爱比例上，二者差别不显著。信用卡消费和网络购物是我国近年来兴起的消费方式，在城市白领和年轻人中广为流行，是便捷时尚的消费方式。农民工对信用卡消费和网络购物的使用和喜爱程度在很大程度上反映了他们对城市消费文化的接受。

农民工对时尚品牌/物品有较高的认知程度，但实际购买水平较低。在我们列举的八项时尚品牌/物品中，被访农民工的平均知晓率达到 50.1%，但平均购买率仅为 12.6%。与此相比，城市户籍流动人口对时尚品牌/物品的平均知晓率为66.4%，平均购买率为21.6%（见表5）。上述数据说明，尽管农民工对城市消费时尚的认知达到了较高水平，但受购买能力的限制，在消费时尚品牌/物品的实践能力上与城市户籍流动人口相比，仍有较大差距。

农民工对消费时尚品牌/物品的追求，在手机功能的使用上得到了体现。调查数据显示，约75.2%的农民工使用智能手机上的功能（短信除外）（见表6）。与城市户籍流动人口相比，在智能手机功能的使用率上，差距并不明显。

在消费观念上，“节衣缩食”的观念在农民工中已不占主流。调查数据显示，已有54.8%的农民工认同“量入为出”的消费观念。尽管仍有40.9%的农民工认同“节衣缩食”的消费观念，但与城市户籍流动人口相比，差距已不明显（$p=0.123$）（见表7）。

表5 在京农民工对时尚品牌/物品的认知和购买情况

单位：%

时尚品牌/物品	听说过		购买过	
	农民工	城市人口	农民工	城市人口
LV(Louis Vuitton)	45.0	71.4	1.5	0.0
暇步士	12.0	28.6	2.3	2.6
优衣库	24.6	48.1	4.0	10.5
卡西欧手表	47.0	73.1	8.0	22.1
香奈儿香水	37.5	58.4	5.5	6.6
耐克	77.0	87.3	38.4	62.3
iPhone手机	79.7	91.0	20.3	36.4
平板电脑	82.7	88.5	22.4	38.5
平均值	50.1	66.4	12.6	21.6

表6 在京农民工使用智能手机功能情况

单位：%

	农民工	城市户籍流动人口
发短信	82.9	84.8
手机QQ	65.8	74.7
微信	48.9	72.2
浏览网页	48.4	50.6
玩游戏	44.7	38.0

续表

	农民工	城市户籍流动人口
微博	32.3	36.7
视频聊天	29.0	25.3
收发电子邮件	17.4	22.8
其他	8.7	8.9
没有手机	2.0	0.0
智能手机功能使用率(短信除外)	75.2	83.7

表7 在京农民工的消费观念

单位：%

	农民工	城市户籍流动人口
节衣缩食	40.9	30.4
量入为出	54.8	62.0
分期付款	3.5	7.6
贷款消费	0.7	0.0

注：Pearson 卡方 =5.789，df =3，p =0.123。

第三，在社会参与方面，大多数农民工游离于单位、社区、社团和自组织的集体活动之外，特别是对于政治性和公益性的集体活动，参与率非常低。

调查数据显示，有65.7%的农民工半年以来未参加过任何形式的集体活动。农民工参加的集体活动，以晨练（10.8%）、节日庆祝活动（20.0%）、唱歌（20.4%）等文体娱乐活动为主，对于社区选举（0.5%），社区意见征询、反映会（1.5%），社区公益活动、讲座（3.0%）等政治性和公益性集体活动参与率很低（见表8）。这说明大多数农民工在社会参与方面，游离于城市社会公共生活之外。

与同为外来人口的城市户籍流动人口相比，农民工的社会参与并没有明显差距。这说明，社会参与不足与农民工与城市户籍流动人口的外来者身份有关。从集体活动的组织者看，农民工参加的集体活动主要由单位（43.1%）和自己（65.0%）组织，由社区（12.4%）、社团（2.2%）组织的集体活动很少（见表9）。这说明，社区和社团未能在促进外来人口的社会参与方面发挥应有作用。

表8　在京农民工参加集体活动情况

	农民工		城市户籍流动人口	
	参加过(%)	参加次数平均值(次)	参加过(%)	参加次数平均值(次)
节日庆祝活动	20.0	2.24	28.2	2.09
唱歌	20.4	3.06	22.1	6.63
跳舞	5.5	5.30	2.6	3.00
书法	1.8	2.43	2.6	2.00
晨练	10.8	12.77	10.3	8.63
儿童青少年活动	2.0	2.63	2.6	3.50
社区选举	0.5	0.0	2.6	1.00
社区意见征询、反映会	1.5	1.83	2.6	1.00
社区公益活动、讲座	3.0	1.67	5.1	1.25
社区培训活动	2.0	1.88	7.7	2.20
未参加上述任何活动	65.7	—	62.5	—

表9　在京农民工所参加的集体活动的组织者

单位：%

集体活动组织者	农民工	城市户籍流动人口
单位	43.1	51.7
社区	12.4	24.1
社团	2.2	6.9
自组织	65.0	55.2
其他	7.3	13.8

第四，在社会交往方面，大部分农民工已着手在城市社会建立新的社会关系网络，但其社会关系网络仍然带有明显的乡土特征。

为了了解农民工在移居城市的社会关系网络情况，在调查中，我们让被访者列举不超过5位在北京关系较好的人。

调查数据显示，在农民工平均列举的2.79人中，来京后认识的有1.40人，占50.2%。

从网络构成看，农民工的社会关系网络带有明显的群内选择性和乡土特点。在其社会关系网络中，所在城市本地户籍的人仅占11.1%，明显低于城市户籍流动人口的相应比例（25.0%）；同为外来人口（包括外地城市户籍和外地农村户籍人口）的人合计占88.1%，其中外地农村户籍人口的比例高达65.9%；基于血缘、亲缘和地缘的初级关系（包括亲戚、老乡、同学[①]）的比例高达47.8%（见表10）。

表10　除共同居住的家人外，在京农民工列举的在北京与其关系较好的人

	农民工		城市户籍流动人口	
	平均人数(人)	占比(%)	平均人数(人)	占比(%)
列举总人数	2.79	—	2.70	—
来京后认识的人	1.40	50.2	1.40	51.9
本地户籍	0.31	11.1	0.68	25.0
外地城市户籍	0.62	22.2	1.13	41.7
外地农村户籍	1.84	65.9	0.84	31.0
亲戚	0.44	15.8	0.31	11.6
老乡	0.60	21.5	0.41	15.3
同学	0.29	10.5	0.45	16.7
朋友	0.53	18.9	0.46	17.1
同事	0.57	20.5	0.54	19.9
邻居	0.27	9.7	0.39	14.4
房东	0.07	2.6	0.13	4.6

第五，在城市适应方面，农民工的适应状况整体良好，但在适应城市的竞争环境、工作生活节奏以及与本地人相处方面，面临较大压力。

调查数据显示，农民工城市适应量表各项指标的平均得分均在3分以上，回答不太适应和很不适应的比例均在14%以下（见表11）。

从各项适应指标的具体情况看，农民工对于城市的饮食习惯和作息时间以及在与其他流动人口相处方面最为适应，回答不太适应和很不适应的比例在6%左右；而在城市的竞争环境、工作生活节奏和与本地人相处方面面临较大压力，回答不太适应和很不适应的比例均在10%以上（见表11）。

① 鉴于农民工的文化程度绝大多数在高中以下，农民工的绝大多数同学同时也是其老乡。

表11　在京农民工对北京各方面的适应情况

	非常适应(%)	比较适应(%)	一般(%)	不太适应(%)	很不适应(%)	平均得分(分)
饮食习惯	26.8	41.8	25.0	3.8	2.8	3.86
作息时间	22.0	45.5	27.3	4.5	0.8	3.84
劳动强度	15.0	41.0	35.8	6.3	2.0	3.61
竞争环境	10.8	30.6	44.9	11.0	2.8	3.36
工作生活节奏	12.3	38.3	36.6	9.5	3.3	3.47
与北京本地人相处	16.8	38.3	33.8	8.5	2.5	3.58
与其他流动人口相处	19.5	43.9	30.6	5.5	0.5	3.76

注：各项平均得分是该项适应状况赋值的平均值。各项适应状况的赋值，从非常适应到很不适应分别为5分、4分、3分、2分、1分。

第六，在城市认同方面，多数农民工对所在社区和城市持有积极的认知和情感，但归属意识相对薄弱。

多数农民工对所在社区和城市持有较积极的评价和情感，只有少数农民工对所在社区持消极态度。对于“本社区成员对我和我的家人很好”“本地人和外地人相处融洽”“如果要搬家我会对现在的社区感到留恋”“当社区的集体利益受损时，我会参加社区居民的联合行动”持否定态度（包括不太同意或很不同意）的农民工比例分别为19.2%、20.9%、22.9%和23.2%，项目平均得分均在3分以上（见表12）。在城市认知和情感方面，28.5%的农民工对“我对北京很熟悉”持完全肯定态度，47.1%的农民工持部分肯定态度；58.9%的农民工明确表示“我喜欢北京这座城市”，29.5%的农民工对此持部分肯定态度；38.7%的农民工表示“如果条件许可，我打算长期在北京居住”，31.9%的农民工部分认同该项说法。上述三项态度的平均得分均在3分以上（见表13）。

但是，农民工对于所在社区和城市的归属意识相对薄弱。在社区归属感上，对于“我感觉自己属于这个社区”持肯定态度，包括非常同意和比较同意的农民工分别只有14%和11%，项目平均得分仅为2.90分，低于中性态度（见表12）。在城市归属感上，对于“我觉得自己已经是北京人了”持完全肯定态度的只有14.1%，持否定态度的比例高达53.7%，项目平均得分仅为2.21分（见表13）。

表12　在京农民工对所居住社区（包括单位社区）的态度

	非常同意（%）	比较同意（%）	一般（%）	不太同意（%）	很不同意（%）	平均得分（分）
本社区成员对我和我的家人很好	21.0	17.2	42.7	8.6	10.6	3.29
本地人和外地人相处融洽	19.6	21.2	38.3	9.1	11.8	3.28
如果要搬家我会对现在的社区感到留恋	20.9	19.1	37.0	10.1	12.8	3.25
当社区的集体利益受损时，我会参加社区居民的联合行动	16.7	18.2	41.9	9.6	13.6	3.15
作为这个小区的一员，我感到骄傲	16.0	11.8	45.1	9.5	17.5	2.99
居委会、村委会对我的生活有帮助	14.4	14.7	36.7	14.7	19.5	2.90
我感觉自己属于这个社区	14.0	11.0	45.1	10.8	19.0	2.90

注：各项平均得分是该项态度赋值的平均值。各项态度的赋值，从非常同意到很不同意分别为5分、4分、3分、2分、1分。

表13　在京农民工的城市认知和情感状况

	符合（%）	部分符合（%）	不符合（%）	平均得分（分）
我对北京很熟悉	28.5	47.1	24.4	3.08
我喜欢北京这座城市	58.9	29.5	11.6	3.95
如果条件许可，我打算长期在北京居住	38.7	31.9	29.4	3.19
我觉得自己已经是北京人了	14.1	32.2	53.7	2.21

注：各项平均得分是该项态度赋值的平均值。各项态度的赋值，从符合、部分符合到不符合分别为5分、3分、1分。

第七，在现代性价值上，大多数农民工的现代性程度处于中等或中等偏上水平，乐观进取、开放创新的倾向比较突出，但自主自立意识相对不足。

从现代性量表的综合得分情况看，大多数农民工的综合现代性程度处于中等或中等以上水平。38%的农民工现代性项目的平均得分为3～4分，55.4%的农民工现代性项目的平均得分在4分以上，两者合计比例达93.4%

（见图 1）。

从现代性量表的不同维度看，乐观进取、开放创新的精神状态是当代农民工群体的突出特征。调查数据显示，在代表乐观进取倾向的所有项目上，农民工群体的平均得分均在 4.5 分以上；在代表开放创新的多数项目上，农民工群体获得了 4.3 分左右的较高得分。以上情况突出反映出大多数农民工重视教育、培训，积极肯干，乐观向上，思想开放，愿意接受新经验和了解不同观点，富于创新精神。

重视科技、资讯，守时、有计划，正在成为多数农民工的重要品质。调查数据显示，在反映重视科技、资讯的所有项目上，农民工群体的平均得分均在 3.5 分以上；在反映守时、有计划的项目上，农民工群体获得了 4 分左右的较好成绩。这说明，随着时代的进步和城市生活的历练，农民工的科技意识、资讯意识、时间意识以及计划性和条理性等现代化品质正在进一步加强。

同时，调查数据也反映出，农民工的自主自立意识相对不足。在宿命论色彩很重的项目“我相信命由天定”上，近一半（47.1%）的人做出了符合和部分符合的回答（分别为 19.4%、27.7%），人均得分（赋值已正向化）为 3.67 分。在反映对上级指示盲目遵从的项目“我认为对上级老板的指示，照着做就可以，没必要了解为什么要这么做”上，人均得分（赋值已正向化）也有 3.15 分。

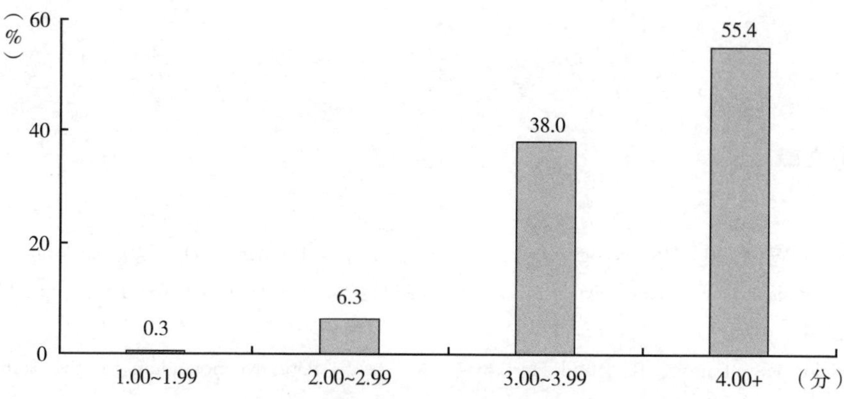

图 1　在京农民工现代性量表项目平均分分布情况

表 14　在京农民工现代性量表各项得分情况

现代性维度		农民工平均值(分)	城市户籍流动人口平均值(分)
乐观进取	如果条件许可,我愿意接受更高程度的教育	4.50	4.41
	如果有机会我会参加职业培训,学习更多技能	4.51	4.31
	只要我继续努力,我会生活得越来越好	4.67	4.66
开放创新	我愿意尝试新技术和新方法	4.26	4.38
	如果一家餐馆推出了一道新菜肴,我乐于尝试	3.53	3.77
	在我坚信自己观点的情况下,我也会倾听其他不同意见	4.30	4.49
重视科技、资讯	我几乎每天都看新闻和信息,了解各种资讯	3.72	3.97
	我对与科学技术有关的报道和话题很感兴趣	3.53	3.69
	有些科学家在研究宇宙是怎样形成的,政府应该支持这样的基础性科研项目	3.62	3.59
守时、有计划	对于朋友的约会我从来不会迟到	4.00	3.96
	在很多事情上我喜欢事先做好计划	3.99	4.15
自主自立	我相信命由天定(赋值已正向化)	3.67	3.59
	我认为对上级老板的指示,照着做就可以,没必要了解为什么要这么做(赋值已正向化)	3.15	3.26
所有项目平均分		3.96	4.02

注：1. 各项平均得分是该项态度赋值的平均值。各项态度的赋值，从符合、部分符合到不符合分别为5分、3分、1分。

2. 表中农民工与城市户籍流动人口之间的各项平均值均没有显著性差异，统计检验基于双侧t检验，显著性水平为0.05。

参考文献

Berry, J. W. 1990. "Psychology of Acculturation," in J. J. Berman (ed), *Nebraska Symposiumon Motivation* 1989: *Cross-cultural Perspectives.* Lincoln: University of Nebraska Press, pp. 201 - 234.

Redfield, R., Linton, R., and Herskovits, M. J.. 1936. Memorandum for the Study of Acculturation. *American Anthropologist* 38, pp. 149 - 152.

Sam, D. J. and J. W. Berry. 2006. *The Cambridge Handbook of Acculturation Psychology.* Cambridge: Cambridge University Press.

城乡结合部社区转型、变迁与治理的初步研究

——新社会生态的个案考察*

王雪梅**

摘　要：

本文以人类生态学为理论基础，将城乡结合部转型社区看作社会生态系统，探寻新社会生态的形成机制以及组织特点，即社区转变和功能变迁。本文以 B 市 HD 区 XJH 社区为个案，进行实地研究。研究发现，聚居区当地农民与流动人口共同形成租房市场、消费市场，进而建构起完整的社区经济系统，实现社区功能替代与生态变迁。从城市社会学的视角来看，流动人口聚居区在侵入－接替的城市社会生态运动下，社区变迁的表现——社区内部的人口、自然、社会等结构与功能已经发生变化，并形成新社会生态，侵入－竞争－替代的社区变迁模式可修正为侵入－迎合－替代模式。

关键词：

城乡结合部　社区转型　社区变迁　新社会生态

一　研究背景

在大都市快速城市化背景下，大量流动人口进入城市，逐渐聚集到城市内

---

* 基金项目：北京市委社会工作委员会政府购买资助项目（2015 年）。

** 王雪梅，北京人口与社会发展研究中心、北京行政学院、中共北京市委党校社会学教研部副教授，博士，硕士生导师。

部特定的空间区域——城乡结合部，形成流动人口聚居区。流动人口聚居引致城乡结合部地区原有社区发生结构与功能上的转变，即社区转型。规模庞大、增长迅猛、高度聚集的流动人口给大都市的经济社会带来了巨大的影响，也对城市的社会管理和社会服务提出了新的要求。多年来，流动人口聚居区始终是大都市管理的一大难题，流动人口聚居引发的城乡结合部社区转型则是城市社区建设与管理的新课题。也就是说，迫切需要回答以下问题：流动人口聚居引致的城乡结合部社区转型是怎样发生的？如何在理论与实践层面，创新城乡结合部转型社区的建设与治理？为此，一方面，针对新问题，需要借助新的理论分析工具来拓展研究视野；另一方面，则需要对政府的相关政策与行为深入分析、评估，并做出理论上的反思，进而提出创新社区治理的对策建议。

二　研究回顾

从20世纪90年代以来，流动人口聚集在大都市边缘（城乡结合部）城中村并形成聚居区的社会空间现象，持续地激发了人类学、社会学、人口学、地理学、规划学、管理学等多学科学者的研究兴趣。

人类学和社会学学者同时展开了两种意义上的社区研究：一是“本体论”意义上的，将流动人口聚居区作为一个客观实在的研究主体和对象，对之进行社区类型学的研究；二是“方法论”意义上的，将聚居区作为研究我国城乡社会流动现象和流动人口群体问题的一个具体而独特的场域（本质上并不是在研究“社区”）。以地理学、规划学和管理学学科为背景的学者，大多进行的是城市本位主义的研究，关注流动人口聚居区所处的城市地理空间位置——城乡结合部，探索聚居区在此形成的机制；或者从城市管理规划的角度，评判流动人口聚居给城市带来的积极或消极影响，特别是引致的管理问题，如流动人口管理问题、城乡结合部管理问题、城中村改造问题等。人口学学者主要基于流动人口在大都市的空间分布特点，以及城市人口宏观调控状况，来关注流动人口聚居区。下面综合各学科的研究，本文着重回顾学者在流动人口聚居区的形成与变迁、影响和作用，社区内部结构与功能及其互动关系，以及聚居区问题和治理等方面取得的研究成果。

（一）流动人口聚居区的形成与变迁

1. 有关聚居区形成的六种解释

为什么聚居区的空间指向是大都市边缘区即城乡结合部？聚居区形成的机制是什么？是否可以用某种既有的理论对其进行解释？已有学者尝试对这些问题做出解答。

第一种解释：城市化论。它强调城乡流动是聚居区形成的宏观背景。在农村地区大量剩余劳动力溢出的推动效应与城市更多就业机会和比较利益的拉动效应共同作用下，大量流动人口进入城市尤其是大都市。城市自身的发展与扩张是中观动力。在城市化背景下，城市近郊区快速扩张，城市边缘区土地功能与生产方式发生转变，形成城乡结合部（千庆兰、陈颖彪，2003）。城乡结合部具备影响流动人口聚居区区位选择的诸多因素：经济因素、交通因素、心理因素、管理因素。有学者指出，外来人口在北京城乡结合部聚居的真正原因在于北京市自身的近域扩展（宋迎昌、武伟，1997）。城市边缘村庄多为流动人口聚居区的事实表明，有条件成为流动人口聚居区的地域，在城市土地级差地租的排序中处于相对比较低的位置，无论是在房屋租金上，还是在城市生活的综合成本上，都是比较低廉的。此外，在社会制度与公共管理上也具有相应特点，即需要相对宽松的社会制度与公共管理氛围（如制度与管制过于严厉，难以与社会转型期充满自发性、变动性与灵活性的流动人口这一独特群体活动方式相容）（顾朝林等，1993；轩明飞，2005）。

国外关于流动人口聚居区的理论与经验研究，往往比较集中体现在对城市边缘区的研究上［城乡结合部并不是一个我国独有的概念，作为一个区域概念，在国外也有城市边缘区、城市蔓延区（the area of urban sprawl）等多种称谓］。我国学者对国外的城乡边缘区称谓更习惯以城乡结合部来替代。这种关注本身多少说明流动人口居住生活的需求满足与城市边缘区的特点之间，存在比较高的契合性关系（冯晓英，2003；宋国恺，2004）。

虽然国内外研究比较表明，流动人口聚居在城乡结合部是某种共同的特性，但聚居区以城中村的形态存在，则是由中国特有的城市化道路决定的。所谓“城中村”，是指在城市高速发展、农村村落城市化进程中，由于农村土地全部或大部分被征用，滞后于时代发展步伐、游离于现代城市管理之外的农民仍在原村居住而形成的村落，亦称为“都市里的村庄”。流动人口聚居是城中村的重要表现。

第二种解释：城市居住空间分异论。它借鉴城市社会学的空间理论，提出转型中国城市居住空间分化或分异，除受权力和资本两大因素影响外，还受到社会群体的亚文化、风俗习惯、个人兴趣等社会因素影响。在一个城市中，遵循共同的风俗习惯、共同认可的价值观，保持同一种亚文化的同质人群会选择聚居在同一社区。大城市中的流动人口聚居区即“城中村”的存在，便说明了居住空间分化的社会逻辑（李怀，2010）。

第三种解释：生态过程论。它认为流动人口聚居区在大城市的形成和发展经历了三个生态阶段：入侵、竞争、同化或隔离。流动人口聚集在大城市，形成带有浓厚地方色彩的异质社区，异质社区的文化对大城市原有人文生态结构的渗透不断延续，通过越来越复杂的生态竞争过程，最终形成社区同化与社区隔离两种存在形式（刘贵利、顾朝林，2000）。

第四种解释：理性选择论。它强调聚居区形成的微观机制层面，需用个体的理性选择来解释。流动人口聚居区的形成，是一种流动人口基于谋生营利目的而做出共同区位选择的被动性结果。在经济学上，一般假定每一个做出选择的人都是理性人，他的选择是要使他的利益最大化。翟振武、侯佳伟研究了流动人口聚集北京形成混居型聚集地的过程，强调其遵循如下微观机制：外来人口在考虑他们在京的住所时，通常会围绕他们的就业状况，权衡租金、房源供应、交通条件、管理状况等因素，最终做出一个使他们利益最大化的决定。来京的每一个外来人口都会做出这样理性的选择，当共同的选择积累到一定的数量并得以实现时，就会出现聚集。于是，在某一地域范围内，就会有来自不同地方、从事不同职业的外来人口聚集，形成混居型聚集地（翟振武、侯佳伟，2010）。

第五种解释：就业中心核与生物链论。人口学和经济学的观点认为，某一地区要成为外来人口聚集区首先要有一个中心核，这个中心核一般是大型的就业场所，其既可在该地区范围内，也可在能辐射到该地区的空间范围内，而且中心核通常具有四通八达的交通网。起初，这个中心核吸引了几个或者一批外来人口来此地区居住，而后如滚雪球一般，通过地缘、业缘的引带作用使人员越聚越多，当外来人口数量达到一定规模时，便形成一个聚集地。外来人口数量的增多，又培育出这条生物链的下一端——为外来人口服务的体系。在外来人口聚集区，常可以看见为农民工在京生活需要提供服务的餐馆、服装市场、理发店等一系列场所（翟振武、侯佳伟，2010）。

第六种解释：类贫民窟与贫民窟形成理论。对照国际通行的贫民窟定义（联合国居住规划署的界定，指以低标准和贫穷为基本特征的高密度人口聚居区；另一经常援引的是巴西地理统计局的界定，即指拥有 50 户以上人家、房屋建筑无序、不具备主要公共设施与服务的人口聚居区），我国大都市边缘城中村在自我强化的演化中，形成了非正式廉租屋与外来流动人口集中，以相对低成本与低生活质量为主要特点的城市居住生活区，单个村内建筑密度高、容积率高、公共空间与设施匮乏。如放置到城市整体的空间结构状态中，则以不协调的“孤岛”形式存在，可见，诸多社会层面均具有国外城市贫民窟的基本特征，蓝宇蕴（2007）称之为“类贫民窟”。由此可以尝试运用国外贫民窟形成的有关理论来解释城中村等。袁媛、许学强等（2007）总结了贫民窟形成的“结构文化”双解释框架，把贫困阶层在特定地理空间聚居的原因归纳为两种作用力：结构解释的视角倾向于把贫困聚居归因为外部作用力，包括经济重组、制度变迁和公共政策引导等，即外部环境的隔离（segregation）；文化解释的视角倾向于把贫困聚居归因为内部组合力，表现为在外部的压力和歧视下，贫困阶层基于文化和心理作用的自我集聚（congregation）。

2. 有关聚居区变迁的讨论

千庆兰、陈颖彪（2003）通过比较北京“浙江村”与广州“石牌村”发展变迁经历的不同阶段，提出影响聚居区变迁的两个因素：一是聚居区形成发展的时期、面临的社会大背景不同；二是深受城市管理政策的影响和制约。周大鸣、孙庆忠等从纵向的社会变迁的视角分析了一个“都市里的村庄”的由来，并讨论了它彻底走向城市化的不易。李培林与蓝宇蕴从横向的视角讨论了“村庄共同体”的内部结构、行动逻辑、存在的合理性以及走向“终结”的艰难。

（二）聚居区的影响和作用

流动人口及其聚居区对城市生态环境具有两极化作用。刘贵利、顾朝林（2000）分析流动人口在入侵－竞争－同化的变迁过程中，对北京市人类生态系统和生活环境产生了不同程度的影响，有利有弊，但总体上促进了整个城市生态系统的新陈代谢。此外，流动人口加重了城市全方位的负荷，激化了一定的社会矛盾。总之，流动人口及其聚集区是一个长期影响大城市生态环境的重要因素。

吴晓（2001）强调流动人口聚居区虽然在打破以城乡隔绝为特征的二元结构和吸纳农村剩余劳动力方面发挥了一定的作用，但在更多的情况下，它还是给城市的各个领域，如社会文化、政治政策、物质形态空间等带来了不可忽视的负面影响。

包路芳（2011）认为“城中村”的存在，使城市包容性增强，应该正视“城中村”的存在，以降低城市化的成本，从而加快中国城市化进程，使各个阶层最大限度地从城市化的积聚效应中获益。

郭向彤（2005）的观点是，城中村通过向广大的低收入流动人口提供城市居住和生存的环境，在我国城市化进程中起了助推和缓冲的作用。城中村降低了农村人口流向城市的门槛，是一个低成本进入城市的切入点。从这种意义来理解，城中村是农村剩余劳动力进入城市的“跳脚板”，是农民进城的第一个台阶，是我国城市化过程中必然会出现同时也是必需的产物。

国内学者认为流动人口的社会资本在一定程度上阻碍了他们对城市的认同和归属，因为其加强了流动人口亚社会生态环境，保持了传统观念和小农意识（朱力，2002）。这一结论与国外学者关于移民聚居区研究的结论不尽相同。Kaplan 认为移民社区有利于移民对新环境的适应和融入主流社会，但 Zhou 认为移民社区依赖的社会资本有碍于他们融入主流社会。

狄雷、刘能（2013）侧重考察流动人口聚居给当地社会带来的多重影响。北京沙村个案研究表明，外来流动人口的增加，给整个社区的发展带来了极大的促进作用，增加了村民的收入，发展壮大了集体经济，活跃了整个租赁市场。租房事业的兴起，在改变沙村村民经济生活的同时，也改变了他们的生活方式，比如说作息时间的改变等。同时其也带来了一些消极影响，如增加了村集体在基础设施、社会治安等方面的投入，特别是随着逐步转变成为一个外来流动人口聚居区，沙村作为一个边界清晰的本土社会的地位，已经受到冲击：社区异质性加大，村民之间的传统连带关系在不断减弱，高度聚合的传统社区发生了改变，村民团结程度逐渐降低，甚至出现了对沙村的认同感和归属感危机。

（三）聚居区内部结构与功能分析

社区的结构与功能分析，即系统－功能分析。流动人口聚居区内存在住宅、商店、加工厂等多个子系统，可对其进行横向模式分析与纵向模式分析。前者分析各子系统之间在功能上的横向联系，后者分析社区子系统与社区外的系统在功能上的纵向联系。刘海泳、顾朝林（1999）通过对北京“浙江村”“河南村”等的个案研究，发现流动人口聚居区在结构－功能上的共同特点是纵向联系复杂且密切，横向联系比较简单，内部的功能基本上合并在一个或几个结构部位上。

社区类型比较研究揭示出，不同内部结构的社区，其功能也不同。有学者根据流动人口聚居区的内部结构，区分出缘聚型和混居型（或者同质型与异质型）两大类社区。在缘聚型社区中，大多数或占据主导地位的外来人口之间具有亲缘、地缘和业缘中的一种或多种关系，社区为他们提供居住场所、生活服务资料和大量的就业机会，并为之建构了相应的产业体系。社区土地利用以居住用地为主，同时交织混杂了相当规模的工业用地、商业用地或是服务用地。混居型社区尽管在局部区域内，可能会形成小规模的缘聚型群体组织，但从居民的总体构成上看，他们来自不同地域，从事不同职业，没有形成明确的主导性纽带或是产业体系。混居型社区为外来人口提供的仅仅是一片集中的居住场所，满足了他们的生活需求（刘海泳、顾朝林，1999；吴晓、吴明伟，2004）。

翟振武、侯佳伟（2010）进一步提出，聚居区地域范围越小，缘聚型社区形成的概率越大，地域范围越大，混居型社区形成的可能性越大，即社区结构类型－功能与社区规模存在相关性。他们沿着纵向模式分析的路径，根据聚集地存在的行业依托情况将聚集地分为三种类型：完全依托型、半依托型和无依托型。完全依托型内部又可细分为依托工地型和依托市场型两种，据此可把聚集区流动人口划分为三类：拥有一定人力资本期望在京将其转化为金融资本的人口，拥有少量金融资本期望将其转化为下一代人力资本的人口，以及一无所有靠出卖廉价劳动力赚钱的人口。第一类人口多居住在无依托型聚集区中，后两类人口往往居住在依托型聚集区中。

（四）有关聚居区互动关系研究的六个结论

1. 社区的内聚性与聚合性

根据流动人口的构成情况，可将聚居区分为同质型聚居区和异质型聚居区两种类型。同质型聚居区是指以地缘、亲缘、业缘等关系为纽带而自发形成的流动人口聚居区。其区内人员多为同村、同乡、同族，语言相通，习惯相似，从事相同或相关的产业，区内联系交流广泛，表现出很强的内聚性。异质型聚居区区内人员和产业联系交流少，环境更为开放。

穆易进一步提出聚合性概念，并把它归结为三个指标：一是在社区内部人和人互动频次的高低及深度；二是社区内部分工程度和服务专业化水平的高低；三是在主观意识上，有没有形成关于自己社区较强的概念，以及认同程度的高低。

2. 流动人口聚居区形成亚社会结构

王波（2007）认为在城市中所形成的流动人口聚居区实质上是城市中的乡土社会，是在城市社会中依赖原有的血缘、亲缘关系所建立的亚社会结构。

3. 社区产业导致同质性社区流动人口的分化和异质性

唐灿、冯小双（2000）以北京“河南村”为例，描述并分析了流动农民在向市场转型和城乡户籍身份制度的共同作用下出现的二次分化，包括横向的职业流动和纵向的等级分化，指出在流动人口进入城市的过程中，其内部结构已经发生变化。

一方面，在横向上，他们在不同职业位置间的流动相当频繁，新的职业位置不断被创造；另一方面，在纵向上，其内部出现了在资本占有、经济收入、社会声望、价值取向等方面有很大差距的等级群体，原群体内部的同质性已被打破。

4. 流动人口聚居区内本地人与外地人的隔离与分层

流动人口聚居区内本地人和外地人之间形成了二元社区。周大鸣（2000）考察珠江三角洲的外来工时发现，外来工在分配制度、职业分布、消费娱乐、聚居方式和社会心理五个方面都与本地人截然不同，形成了两个不同的系统，即二元社区。

与城乡二元结构基于不同空间的区域性分割状态不同，“二元社区”是基于同一城市内部不同群体的社会性分割。在目前的“二元社区”结构中，流动人口和城市居民在隔离中主要采取相互对立、相互防范的负向互动方式。根据赫什曼（Hirschman）的“隧道理论”，二元城乡分割是城市居民和农民分别行走在两条不同的隧道内，自我评价的参照系是“我”群体。而“二元社区”则是城市居民和流动人口行走在同一条隧道内，自我评价的参照系延伸到“他”群体，这是更容易产生相对剥夺感的“行走”过程。

“城中村”存在社会分层结构。在城中村的社会群体结构方面，李培林通过对广州市“城中村”的调查发现，“城中村”存在社会分层结构：首先是身份上“有村籍”和“无村籍”产生的分层；其次是“有村籍”者内部由于拥有“组织权力”的不同而产生的分层；再次是“无村籍”的外来人员因“有资本”和“无资本”而产生的分层；最后是“打工族”因拥有“知识技术”的差异而产生的分层。

在流动人口聚集的村委会型社区中，形成了不同于居委会型社区的本地人口与外来人口之间的分割与分层。张展新、郭菲（2005）对北京等五城市流动人口社区进行调查，将城中村、城边村、郊区新村和独立新城等实行村委会体制的社区和没有村委会、部分实行村委会体制的社区统称为村委会型（城市）社区。村委会型社区的一个重要特点是吸引了大量的进入城市的流动人口，特别是农业户籍流动人口，并成为他们的聚集地。由于村委会型社区同时保留了一些农村社区的体制遗产，主要是排他性的农村集体经济、福利制度和个人住房制度，导致本地人口与外来人口之间出现分割与分层。

5. 社区内部当地人与外地人关系形态演变的三个阶段：二元社区、敦睦他者、社区融合

童星、马西恒（2008）在上海市 Y 社区的个案调查中发现，新移民与城市社区的二元关系正在发生变化，即从相互隔离、排斥和对立转向理性、兼容、合作的新二元关系，用中国传统文化的概念称为敦睦他者。在此基础上，他们提出新移民与城市社会融合经历三个阶段的构想，这三个阶段分别是二元社区、敦睦他者和社区融合。

6. 本地人与外地人的经济互动与利益关系

其一，房屋租赁市场中的房东与房客关系。刘能在对北京城乡结合部沙村的个案研究中发现，外来流动人口的不断涌入，让当地的房屋租赁市场有了很大的发展空间，很多村民因此成为职业房东。本地人与外地人的互动转变为房东与房客的互动。他进一步研究还发现，居住状态的差异决定了房东与房客之间在交往频率、交往程度以及互动内容上的差异，房东与房客间的空间格局，也会对双方的互动产生一定的影响。

其二，本地人与外地人形成社区利益链。在流动人口聚居的转型社区中，以租房的经济互惠为纽带，逐渐形成外来人口－本地居民－社区经济（尤其是“非正式经济”）－“经济联社”或“经合社”的社区利益链（黄锐、文军，2012）。

其三，当地居民与外来人口利益一体化关系。唐灿、冯小双（2000）认为当地居民（农民）与外来人口之间的关系，不能仅仅放在二元结构的框架中加以描述，同时也不能用简单的市场交换关系加以解释，他们之间呈现一种更加复杂而多元的关系模式：一方面，彼此间在一定程度上仍保持有隔膜、反感，甚至对立的情绪；另一方面，彼此在经济和社会互动的过程中越来越形成一种相互依赖、利益共享、风险共担、共存共荣的关系，即利益一体化关系。

（五）理解聚居区问题的两大视角：群体本位与城市本位

1. 从群体本位的视角来看，聚居区问题就是流动人口的城市融入与排斥问题，城乡二元体制的壁垒是聚居区农民城市融入的障碍

“浙江村”农民通过“产业－社区型进入”的方式实现了社会时空延伸，嵌入城市第二、三产业。但是在城乡二元结构的体制下，这种看得见的城乡壁

垒和看不见的乡里人和城里人的隔膜，使已实现了社会时空延伸并且比其他许多农民工以及北京市民都富裕得多的“浙江村”村民很难真正融入城市生活当中去（严新明、孙景珊，2002）。

王春光（2001）指出，以户籍管理制度为标志的城乡分割制度是农民流动的最大制度成本和城市化及城市融入的最大障碍。户籍制度被认为是一种“社会屏蔽”制度，即它将社会上一部分人屏蔽在分享城市的社会资源之外。

张江龙、章晓（2010）的观点是：融入社区是流动人口最终融入整个城市的前提。他们通过对流动人口聚居区社区融合中涉及的角色逐一进行分析，认为这一融合过程是主体间的互动过程，流动人口和城市居民都是社区融合的主体，主张以主体间性理论指导流动人口的社会工作，建立流动人口与城市居民交往的支持体系，以便推进流动人口聚居区社区融合的进程。

张友庭（2008）通过分析一个流动人口聚居区的社区实践过程，肯定了流动人口在面对污名化及其制度性排斥的社会情境时，所显示的自主选择性和社会实践主体的能动性——在城市适应的不同形态下，运用同化适应策略、关系性适应策略和发展性适应策略来化解生存风险，并由此带来流动人口聚居区的社区整体结构变迁。

2. 从城市本位的视角来看，聚居区问题既是大城市流动人口管理的重点问题，又是城乡结合部治理的关键问题，更是城中村改造的动因所在

流动人口聚居区是大城市流动人口管理的重点，而社区在流动人口管理体系中缺位，是现行管理体制最大的漏洞。有学者认为，要从改革现行流动人口管理体制入手，强化社区在城市管理中的作用，充分利用民间自我管理机制，使之和政治控制相结合，形成“政府－民间”的管理结构模式（冯晓英等，2007）。众多学者总结概括出深圳、北京等大城市流动人口聚居区管理经验模式，即出租房屋契约化管理（蓝宇蕴，2007；张真理，2010；包路芳，2011）。更有学者提出要树立流动人口与城市居民是“利益共生体”的管理新理念（丁煜，2008），推动流动人口的社区化管理（黄晨熹，1999）。

吴晓（2001）通过对人口聚居区的现状特征进行分析，强调要从经济发展模式、社会发展模式和政治政策发展模式、物质形态空间发展模式入手，进行全面的调整和完善，从而加强对流动人口聚居区的治理。

学者们运用多学科理论知识，提出的有关流动人口聚居区形成的六种论断，大大丰富了我们对聚居区现象的发生学理解，特别是生态过程论和城市空间分异论，颇具启发性。然而，对于聚居区形成以后，自身的发展、变动、变迁的规律，探讨不深，成果甚少，以至于社区变迁对于我们来说，依然是一个“黑箱”。

对于聚居区内部的研究，学者们聚焦在两种互动及其结果方面：一是流动人口群体内部的互动；二是流动人口群体与本地人群体的互动。由于学者们不约而同地采用社区个案研究方法，又由于个案本身的独特性、差异性，以及个案所处时空背景的变化性和多样性，学者们的研究发现千姿百态，而缺乏承续性和共识性。另外，社区互动关系的研究与社区结构功能的考察又是断裂的，以至于我们难以形成有关聚居区这种特定类型社区的一般性认识。

关于聚居区问题的探讨，群体本位旨在探讨流动人口群体的城市融入，是“醉翁之意不在酒”。城市本位的一些学者尤其是冯晓英团队，他们对于流动人口聚居区问题以及聚居区治理的研究取得了重要的成果，然而受其研究立场的局限，仍有“隔靴搔痒”之感。可以说，在群体本位和城市本位的研究之外，恰恰缺少社区本位的思考。

三　研究设计与研究过程

（一）类型研究

“社区”既是一个客观实在的研究主体，也是一种研究社会的特殊方法，我们可以通过“社区”来透视“社会”。类型研究是费孝通先生对社区研究方法的独特贡献，他把中国当作一个复杂的社会结构，试图通过分类来把握社会整体。在他那里，类型研究就是在社会实地研究领域中，以典型来把握类型，进而达到对整体性的复杂社会进行认识的方法。本文以城乡结合部社区为研究对象，通过类型研究，增进了对城市社会变迁规律的认识。

（二）扎根理论与三角测量

在具体研究方法上，本文沿用了社区研究的传统方式——个案研究，在运用个案调查法收集、分析和加工资料，提升认识、形成观点的思维过程中，借鉴“扎根理论”和“三角测量”的视角，深入当地本土环境，开展调查研究。调查的首要工作是选择调查点。通过综合考虑聚居区的区位、变化形态、社区配合度等条件，本文选定B市HD区XJH社区作为个案。在历时四年的调查中，笔者通过个别访谈、实地观察、文献法及问卷法等一系列资料收集方法，获取了录音、文字图片、影像、观察笔记等多种资料。其中，共得到访谈资料20份，其中本地房东及社区工作人员8份，外来租户12份，涉及不同年龄、不同职业和不同省市；访谈录音资料总长近21小时，整理成文字约万字；电子版社区文献资料约380万字；还有几十张图片资料、数段影像资料和大量观察笔记。此外，共收回流动人口调查有效问卷221份，男性占44.5%，年龄构成上以中青年为主，农村户籍占到65%以上，受教育水平以初高中居多。

（三）XJH 个案概况

B市HD区XJH社区位于B市城乡结合部地带，原面积约2.3平方公里，社区内有户籍人口4000多人，外来人口近4万人。传统上，当地村民以种植黄瓜、茄子、西红柿、玉米等蔬菜为主。1993年，当地开始实行居民农转非，大量农民在失去土地的同时获得了城市户口和1.5万元到3万元不等的自谋职业费。2001年，XJH社区撤村并街，这部分非农业人口归入居委会管理。20世纪90年代，XJH社区就已经开始出现外来人口，但当时数量极少，散住在农民家里。自1999年开始，社区内的村庄陆续因被征作他用而面临拆迁。2000年以后，XJH周围的一些流动人口集聚区陆续开始拆迁，居住在这些地区的流动人口流向了北边的其他地区。XJH因其优越的交通位置和丰富的出租房屋存量而在短时间内吸引了大量流动人口。同时，当地居民迫于生活的压力，也由原来的种菜变为后来的“种房”，XJH社区逐渐成为远近闻名的流动人口聚居区。如今，仅有两个自然村暂未拆迁，两村内的户籍人口还有2037户，其中，人户分离达1800户，多数为租房在外等待回迁的居民，而外来人口仍有1.2万人之多。

四　城乡结合部社区

随着城市化的发展，城市中心的产业和住宅区不断向外围扩散，直接吞蚀着城市附近的农业用地。结果，在许多大城市周围出现了一个性质既不同于典型的城市又异于农村的，城市建成区与非建成区的接壤地带，即城乡结合部。城乡结合部范围的大小没有严格的界定，一般与城市规模和城市人口、经济发展呈正相关关系。城乡结合部应是一个动态的概念。如果不考虑其他因素，把城市假想成一个以城市中心为圆心的圆，而把圆周看作城乡结合部，那么，随着城市这个圆圈的不断扩大，城乡结合部也必然随之扩大。原有的城乡结合部逐步发展成城区，新的城乡结合部则不断由周围乡村转化而来（周大鸣，2000）。

城乡结合部具有“三交叉”的区位特征：城、乡地域交叉，农（民）、居民生活交叉，街、乡行政管理交叉。在此区位，主要有两类居住社区：一是纳入城市规划的商品房小区；二是城中村。“城中村”是具有中国特色的称谓，是中国城市化进程中出现的一种特有现象。城中村广义的概念是指在城市高速发展的进程中，滞后于时代发展步伐、游离于现代城市管理之外、生活水平低下的居民生活区；狭义的概念，即规划市区范围内的行政村。有些城中村随着城市开发建设征地，部分村民已经实行了“农转非”，并同时建立了居民委员会，成为村居混合型社区。为便于对城中村加强管理，2000年前后，各地对于城中村进行了“村转居”的改造，即从农村的行政村建制转为“居民社区委员会”建制。在一些地区，“村转居”社区也被称为“村改居”社区、“撤村建居”型社区或“村改社区”。这样，“城中村”由于管理体制的不同，出现了三种变化形态：村委会型、村改居型、村居混合型。三种形态的城中村拥有一个共同的重要特点，那就是吸引了大量的进入城市的流动人口，[①] 流动人口聚居引致社区结构与功能的转型——城中村在人口构成上，具有异质性，既有本地人，也有外地人。本地人中既有城市户籍人口，也有农

① 本文指在北京居住半年以上、非京籍户口的外地人口，其中主要是乡—城迁移人口。

村户籍人口。

北京市的城乡结合部随着城市建成区的迅速扩张，以圈层扩展的形式不断向外扩张，流动人口的聚居也以此为基本变动趋势，并逐渐形成较具规模的聚居区。目前北京城乡结合部在行政界线上主要集中在首都功能拓展区朝阳、海淀、丰台、石景山四区与城市发展新区大兴、通州、顺义、昌平、房山、门头沟六区接壤地带，涉及77个街道乡镇、1673个社区（村）。

城乡结合部地区目前已成为流动人口的主要聚居地。北京市城乡结合部流动人口占流动人口总量的比例高达85%（2015年全国1%人口抽样调查）。据2009年北京市流动人口和出租房屋管理委员会统计数据显示，城乡结合部聚居区内流动人口占全市流动人口总量的52.6%，占这些地区实有人口总量的55.3%。据统计，在聚居区涉及的1673个社区（村）中，流动人口超过户籍人口的“倒挂村”有667个，占城乡结合部社区（村）的40%。倒挂且聚居总量在万人以上的有81个，XJH就是这样一个倒挂村。

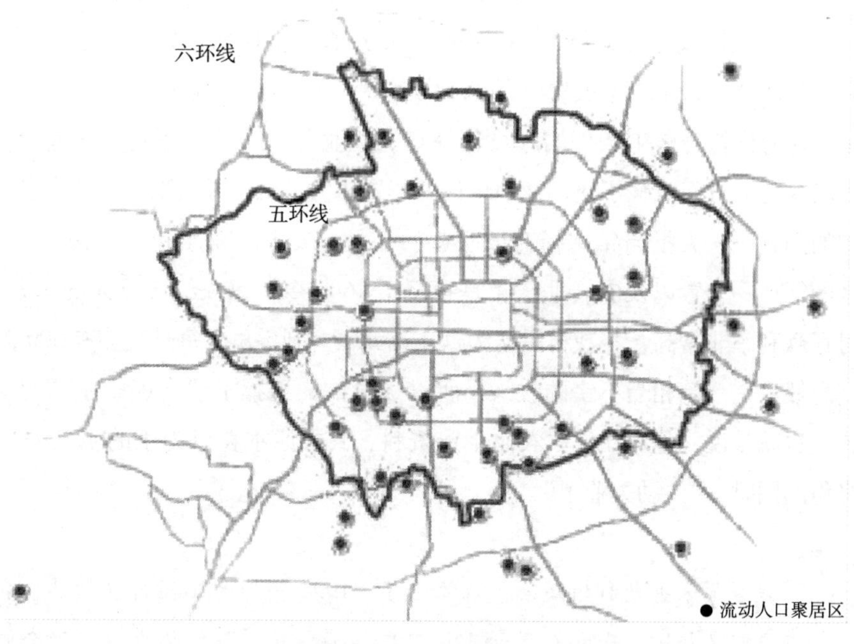

图1　当前北京城乡结合部与流动人口聚居区

五　城乡结合部社区转型与变迁分析

（一）征地改变社区：城乡结合部的“衰落区”

XJH 社区的变化始于 20 世纪 80 年代末。1989～1994 年，Z 校在 XJH 社区征地，实行“农转非”，所有的户籍农民转成居民户口。

所谓“农转非”是指，由农业人口转为非农业人口，或由农业户口转为非农业户口，并由国家按照市镇粮食定量供应办法供应口粮的一项重大的社会经济政策。自 20 世纪 70 年代开始，北京近郊就有征地和招工“农转非”，只是规模不大，涉及面小；80 年代以来，随着北京城市建设速度加快，“农转非”规模不断扩大；自 90 年代开始，建设征地“农转非”逐渐成为主渠道。建设征地“农转非”以 1993 年北京市政府 16 号令为标志，分为前、后两个阶段：16 号令以前，建设征地实行“谁征地、谁安置”的原则，征地单位负责转非、转工以及超转人员，“农转非”人员基本都能得到妥善安置；16 号令以后，虽然“谁征地、谁安置”的原则没有变，但允许征地单位委托乡镇政府安置，还允许符合转工条件的人员选择自谋职业，并给予 3 万元的安置费。16 号令的执行一方面减轻了建设征地单位的安置压力；另一方面则带来了许多意想不到的问题——大批当年选择自谋职业的人员，失去了就业和社会保障。XJH 社区的征地、安置以及农转非，正是执行了 16 号令，每人给 3 万元的安置费。当时存款利率非常高，多数村民认为这 3 万元钱拿到手里，每月就能有 300 多元的利息钱，是一笔相当不错的收入，所以 90% 的人选择了“自谋职业”的安置方式。也就是说，他们在失去农业生产资料、失去原本赖以为生的“菜农”职业身份的同时，“主动失业了”。

> 我家原来也是种植蔬菜，地给占了，1994 年那会儿实行农转非，我爱人本身就是居民，我和我孩子都从农民转为居民，跟大队那边就完全脱离了关系。之后，那块地全部被占了，我们也不再种蔬菜。我们填表时选择自谋职业，就如同没有职业了。（当地农民访谈 1）

我原来是河北人，在这儿找的媳妇，户口就转来北京了，我今年50岁，来这儿也30年了。我爱人是农转非，之前是种菜地，征地以后，没活儿了，就在家待着。我家里有一个男孩、一个女孩，小的上学，大的上班了。（当地农民访谈2）

我原来就在这儿，生在这儿，也长在这儿，大约住了有三十一二年了，原来都有生产队，都有房子，都有地。农转非，对我的影响肯定还是有的。在没转之前，我在村集体企业上班，每月工资应该有300多元。可是，想到转了以后给3万元钱的安置费，光吃利息每个月也能得不少钱呢，还不受上班限制——天天早起上班，晚上下班回来，挺好！（当地农民访谈3）

在此后的20年里，XJH社区又有多次征地，通过陆续征地，集体用地逐渐减少直至完全被占用，仅保留宅基地。XJH社区的土地利用方式发生了根本的变化，社区逐渐丧失了农业种植的关键功能。

随着社区居民职业身份转变和社区主导功能式微，社区组织及其功能也发生了更替，大约在90年代末，XJH成立社区居委会。作为拥有城市户口的城市市民，他们与原来的生产大队脱离了关系，转而隶属于居委会管理。

然而，随着经济体制改革、物价上涨，“钱越来越毛了”（居委会主任访谈1），到2000年后，人们拿到的农转非安置费、自谋职业费所剩已寥寥无几，而生活压力增大，像子女上学、老人看病、家庭生活等都需要钱，大家陆续意识到了危机。但是“居委会呢，作用有限……”

影响大的那阵没人管，大队不管你，居委会它只能够管人，其他的它不管。居委会想管，也没有钱，没有资金；大队有钱，不管这块。（当地农民访谈3）

城市扩张需要占用城乡结合部的土地，土地征用是城乡结合部转型的初始动力。在空间和土地使用转变的同时，也伴随着经济、社会、人口、制度等的转型，而它们往往和空间的再生产交织在一起。

XJH 社区是城市微观层面的一个社会生态系统。按照人类生态学理论，生态系统中，在人类聚居适应环境的过程中某些单位总会比其他单位执行更为重要的功能。在每个有着多种功能的关系系统中，系统与其环境的联系主要是通过一个或相对较少几个功能来调节的。如果一个系统缺乏关键功能，系统就会变得脆弱和不稳定，在极端的情况下，系统就不可能存在。在首都城市扩张、城乡结合部变动的背景下，随着征地－农转非的进程，XJH 社区逐渐衰落，甚至岌岌可危。

（二）本地居民适应衰落的社区环境，翻建房屋出租“大窝风”

2000 年，对于 XJH 社区来说是另一个重要的变化时点。经过多次征地后，辖区仅剩两个自然村，大家陆续意识到自己的生活有了危机，而应对危机仅有的出路就是在自家的宅基地上打主意。

> 2000 年前外地人还少，租房的人也特别少，那时我只有两间房出租，一开始房租也很便宜，两间房就 200 元钱，租不上什么价钱，也不知道怎么租，不过那时候钱还值钱呢，也算可以。
>
> 我们的宅基地是 1981 年批的，1999 年我翻建房屋的时候就是为了出租，就是在自家的宅基地上建房，在原来的平房上加两层。当时往外出租的时候就是在门口挂一个牌子，写着“房屋出租”，然后就会有人过来问，合适的就租，不合适的就走人。（当地农民访谈 3）

XJH 租房市场形成有一个重要的机遇——2000 年 HD 区城乡结合部的多个地区被整体拆迁，拆迁引发流动人口迁移潮，当时居住在这些地区的流动人口被轰向了北边的其他地区。当大量的流动人口向北寻找新的居住地时，XJH 因其优越的交通位置和成片的可出租平房吸引了他们。突然涌入的大量“客源”，也刺激了 XJH 居民翻建房屋出租的热情。

> 开始租的时候，他们（租客）都是自己找来的，也不用挂牌子宣传，在这儿一盖房就是出租，不用做什么广告。不愁租，反正前脚走后脚就有

租的，租房的人太多。（当地农民访谈 2）

2003 年我家又从原来的一排房翻盖成两排房，那时候全部都是用来出租的。我建房的那个资金，自己有一半，再跟亲戚借一半。（当地农民访谈 3）

我是从 2003 年开始盖房的，那会儿我的房子都是土坯房。那时候家家都在盖房子，有盖得好一点的，也有盖得差一点的。我就是在原有的基础上往上加层，没往前扩，我盖了 30 间房，出租的是 24 间。（当地农民访谈 2）

（三）外来人口理性选择，“新型社区”渐成

在经济学上，一般假定每一个做出选择的人都是理性人，他的选择是要使他的利益最大化。学者的研究普遍认同这一点，认为外来人口考虑在京住所时，通常会围绕其就业状况，权衡租金、房源供应、交通条件、管理状况等因素，最终做出一个使其利益最大化的决定。我们在 XJH 外来人口中所进行的问卷调查也支持这一观点。我们的问题是：“您选择在此居住的原因？”答案是可以多选的。按照选择人数的多少，排在前五位的影响居住选择的因素依次为：房租便宜、离工作单位（或经营场所）近、有亲戚朋友或熟人在附近居住、交通便利、便于孩子上学。房租便宜是打工者选择落脚之地的首要条件。

我们外地人到外面打工，经常顾不上自己，这里是脏，人一多它就脏。有利就有害，图这里房子便宜，有更好的，那得多少钱？在外面打工，不管怎样我都能承受，能租得起，那就能生存；如果受不了（环境），就是生存不下去。我在这边干活，能保证维持生活。（租房户访谈 1）

相关研究也表明，亲缘和友缘影响外来人口的聚居——介绍工作和住房都要依靠由乡土、亲友关系结成的社会网络，特别有趣的是老房客往往成为求租房屋者的“预审员”——他们往往会向房东推荐自己的亲戚或朋友、老乡，也由于多了这层关系，房东 - 房客之间更容易沟通。

在我们的调查对象中，有相当比例的家庭或个人是在 XJH 社区长期租住的。67.8%的人在此居住了 3 年（含 3 年）以上，45%以上的人在此居住了 5 年以上，32.4%的人在此居住了 5～10 年，一成以上（13.4%）的人在此居住了 10 年以上，住满 14 年的长期住户的比例（4.7%）超过了居住不满 1 年的新住户的比例（3.8%）。牛瑞花是我们的访谈对象，她已在 XJH 居住了 8 年，她说：

> 我们在这儿租房，就是因为离孩子学校近，再说在这儿住时间长了，人都熟悉，也不愿意再换一个陌生的环境了。（租房户访谈 2）

就这样，起初 XJH 社区吸引了几个或者一批外来人口来此地区居住，尔后流动人口如同滚雪球一般，通过地缘、亲缘、友缘、业缘的引带作用越聚越多，仅仅几年时间，在此居住的外来人口已达 3 万多人，是本地居民的 7 倍多。①

六　结论与讨论

XJH 社区的实证个案研究表明，城市以“征地”手段向城乡结合部扩张，导致传统农业社区原有土地利用方式转变、农业种植的主导经济功能丧失，社区趋于衰落。在当地农民基于生存选择与外来流动人口基于剩余选择的共同行动之下，租房市场、消费市场渐成，进而建构起完整的社区经济系统，实现社区功能替代与生态变迁。社区变迁的实际过程不同于人类生态学的理论想象：外来流动人口是在社区虚位以待的背景下侵入的，社区关键功能与分化功能的更替，并不存在与原有功能的竞争与冲突，侵入－竞争－替代的社区变迁模式可以修正为侵入－迎合－替代模式。新的社区生态系统存在两种支撑性的群体关系：一种是在房东－房客之间形成的以管理为主要内容的共生关系，另一种是在外地人之间形成的以邻里交往、日常生活为主要

① 据 XJH 社区居委会 2003 年统计，社区本地户籍人口为 2234 户，4198 人，流动人口超过 3 万人，本地居民与外地人口的比例严重倒挂。

内容的共栖关系。

城乡结合部是大都市特有的城市空间板块，其内部存在大量的流动人口聚居区。聚居区本身都是由 POET（人口 - 组织 - 环境 - 技术）构成的独特的生态系统，具有特定的社区功能。大都市有关城乡结合部治理、城中村改造以及流动人口聚居区管理的政策制定，需着眼于城乡结合部社区的功能修复，而不是功能破坏，从而使暂居此地的流动人口贫而不困，同时减缓当地农民城市化的阵痛。唯其如此，才能在城市社会剧烈转型、新型城镇化快速发展的背景下，充分发挥城乡结合部的积极意义，即延长低成本劳动力为城市发展带来的红利，孕育城市未来的“中产阶层”，在城市化发展中实现不同社会身份群体的和谐共荣。

参考文献

包路芳：《流动人口管理与服务创新模式研究——北京市出租房屋契约化管理的探索实践》，《赤峰学院学报》（汉文哲学社会科学版）2011 年第 3 期。

道格·桑德斯：《落脚城市》，陈信宏译，上海译文出版社，2012。

狄雷、刘能：《流动人口聚居区形成过程的社会学考察——一个城市空间转型的个案研究》，《江苏行政学院学报》2013 年第 1 期。

丁煜：《流动人口社会管理体制转型的政策思路——从流动人口的结构性变迁谈起》，《南京人口管理干部学院学报》2008 年第 4 期。

冯晓英：《北京城乡结合部社区建设浅议》，《前线》2003 年第 11 期。

冯晓英、魏书华、陈孟平：《由城乡分治走向统筹共治》，中国农业出版社，2007。

顾朝林、陈田、丁金宏、虞蔚：《中国大城市边缘区特性研究》，《地理学报》1993 年第 4 期。

郭向彤：《我国城市化进程中城中村现象的分析》，硕士学位论文，浙江大学，2005。

黄晨熹：《大城市外来流动人口特征与社区化管理——以上海为例》，《人口研究》1999 年第 4 期。

黄锐、文军：《从传统村落到新型都市共同体：转型社区的形成及其基本特质》，《学习与实践》2012 年第 4 期。

蓝宇蕴：《都市里的村庄》，博士学位论文，中国社会科学院研究生院，2003。

蓝宇蕴：《我国“类贫民窟”的形成逻辑——关于城中村流动人口聚居区的研究》，《吉林大学社会科学学报》2007 年第 5 期。

李怀：《城市空间结构分化的社会学解析：经典与启示》，《甘肃行政学院学报》2010 年第 2 期。

李培林：《流动民工的社会网络和社会地位》，《社会学研究》1996 年第 4 期。

李强：《中国城市农民工劳动力市场研究》，《学海》2001 年第 1 期。

刘贵利、顾朝林：《城市社区与流动人口聚落的生态关系及其调控——以北京市为例》，《人文地理》2000 年第 2 期。

刘海泳、顾朝林：《北京流动人口聚落的形态、结构与功能》，《地理科学》1999 年第 6 期。

刘庆龙、冯杰：《论社区文化及其在社区建设中的作用》，《清华大学学报》（哲学社会科学版）2002 年第 5 期。

童星、马西恒：《敦睦他者：城市新移民的社会融合之路——对上海 Y 市社区的个案考察》，《学海》2008 年第 3 期。

牛喜霞：《社会资本在农民工流动中的负面作用探析》，《求实》2007 年第 8 期。

千庆兰、陈颖彪：《我国大城市流动人口聚居区初步研究——以北京“浙江村”和广州石牌地区为例》，《城市规划》2003 年第 11 期。

宋国恺：《城乡结合部研究综述》，《甘肃社会科学》2004 年第 2 期。

宋迎昌、武伟：《北京市外来人口空间集聚特点、形成机制及其调控对策》，《经济地理》1997 年第 4 期。

唐灿、冯小双：《“河南村”流动农民的分化》，《社会学研究》2000 年第 4 期。

童星、马西恒：《“敦睦他者”与“化整为零”——城市新移民的社区融合》，《社会科学研究》2008 年第 1 期。

王波：《流动人口的社会空间与人际传播》，《华东理工大学学报》（社会科学版）2007 年第 9 期。

王春光：《新生代农村流动人口的社会认同与城乡融合的关系》，《社会学研究》2001 年第 5 期。

吴晓：《城市中的“农村社区”——流动人口聚居区的现状与整合研究》，《城市规划》2001 年第 12 期。

吴晓、吴明伟：《江苏省外来工的自发聚居区现象考察——以苏南地区的宁锡苏三市为例》，中国城市规划学会学术年会，2004。

轩明飞：《“边缘区”城市化的困境与反思》，《思想战线》2005 年第 3 期。

严新明、孙景珊：《社会流动与时空延伸——“浙江村”农民流动的社会时空分析》，《学术论坛》2002 年第 1 期。

袁媛、许学强、薛德升：《广州市 1990 ~ 2000 年外来人口空间分布、演变和影响因素》，《经济地理》2007 年第 2 期。

翟振武、侯佳伟：《北京市外来人口聚集区：模式和发展趋势》，《人口研究》2010 年第 1 期。

张霁雪：《城乡结合部的社会样态与空间实践》，博士学位论文，吉林大学，2011。

张江龙、章晓：《流动人口聚居区社区融合的主体选择》，《管理学刊》2010 年第 5 期。

张友庭：《污名化情境及其应对策略——流动人口的城市适应及其社区变迁的个案研究》，《社会》2008 年第 4 期。

张展新、郭菲：《城市社区格局重组与流动人口聚集地的社会分层——北京等五城市流动人口社区调查》，《开放导报》2005 年 12 月 8 日。

张真理：《首都流动人口待遇市民化与流动人口规模调控关系的思考》，《新视野》2010 年第 1 期。

周大鸣：《外来工与“二元社区”——珠江三角洲的考察》，《中山大学学报》（社会科学版）2000 年第 3 期。

朱力：《城市候鸟：农民工融入城市的漫漫长途》，《社会科学报》2002 年 9 月 5 日。

流动人口在城乡结合部的社区融合

原晓晓　吴 帅*

摘　要：

改革开放至今，中国的城市化与流动人口迁移大潮已成为发生在中国社会的最显著变化。在城市化的发展过程中，城市向外扩张时所新生成的城乡结合部问题备受关注，而在中国这场史无前例的城乡人口流迁运动中，社会融合问题越来越突出，并日渐成为学者们研究的主要内容。本文以一个具有典型特征的城乡结合部社区为个案，通过问卷、访谈等具体方法进行全面深入的分析，概括出流动人口社区融合现状，分别讨论促进和制约社区融合的因素，并探讨如何增进社区融合。本文认为，改善社区融合的对策不能仅停留在社区层面；社区融合的真正实现，需从制度层面予以公平保证，从社区层面予以具体管理和服务支持，从个人层面予以认同接纳。

关键词：

城乡结合部　流动人口　社区融合

一　引言

（一）研究背景与意义

改革开放以来，大量农民跨区域流动进入城市，已成为经济和社会领域

* 原晓晓，中国民政杂志社编辑；吴帅，中共北京市委党校社会学教研部硕士研究生。

最显著的现象之一。截至 2013 年，全国流动人口数量已达到 2.45 亿人。[①]农民工一方面为我国的城市建设做出了不可估量的贡献，另一方面也引发了许多经济、社会问题，成为影响社会改革的重要因素。流动人口的社会融合日渐成为当前社会无法回避的问题。鉴于此，本文聚焦于具体的社区层面，探讨流动人口社区层面的融合状况以及促进和阻碍融合的因素。以北京为例，城乡结合部的经济增长和社会发展吸引了大量的外来人口，北京也因此成为外来流动人口的主要集聚地（黄公元，1998）。2009 年北京市流管委统计数据显示，在首都城乡结合部的流动人口聚居区内共有流动人口 404.1 万人，占全市流动人口总量 767.8 万人的 52.6%，占这些地区实有人口总量 730.8 万人的 55.3%。在聚居区涉及的 1673 个社区（村）中，倒挂村有 667 个（流动人口超过户籍人口），占城乡结合部社区（村）的 40%，其中，有 81 个流动人口总量在万人以上的倒挂村。随着打破城乡二元体制的呼声越来越高，流动人口社会融合问题更是越来越突出，相应地，流动人口相对集中的城乡结合部地区的社区融合问题更是越来越受到人们的关注。

本文对城乡结合部流动人口社区融合问题的研究具有深远的现实意义。当前学界关于流动人口的研究中，社会融合日益成为一个重要的研究视角，在研究内容上也越来越丰富，但关于社区融合的研究还相对较少。流动人口能否参与并融入当地生活，进而获得住房、就业、医疗和教育等社会保障服务，关系社会能否安定、城市能否繁荣。本文的现实意义在于，通过探讨流动人口社区融合的促进性与抑制性因素，推动以流动人口融合为导向的社区服务和管理模式，增强流动人口的城市适应性以及社会融合。

（二）研究方法

1. 个案研究方式

所谓个案研究（case study），就是从研究对象中选取一个或以上的个体，如个人、家庭、社区、企业等，进行深入而细致的调查（袁方，2011：136）。本论文选择的研究个案为 HD 区 XJH 社区，它既处于城乡结合部，又是“城

① 数据来源：http：//www.stats.gov.cn/tjsj/ndsj/2014/indexch.htm。

中村”，更是典型的流动人口聚居区，在北京市城乡结合部地区具有较好的代表性。

2. 资料收集方法

资料收集方法主要包括文献法、半结构式访谈法、观察法、问卷法等。问卷法以发放问卷的形式对来京务工时间在1年以上的流动人口进行调查，问卷内容包括被访者的基本情况、家庭与居住情况、消费与文化生活、社区交往与社区参与、城市社会关系以及城市认同等方面。本次调研共发放问卷资料220份，有效回收200份，回收率为91%。其中，女性居多，有119份，男性有98份；近八成被访者来自农村；以青壮年为主，80%的被访者年龄在40岁以下；近九成被访者受过初高中及以上教育；婚姻状况以已婚为主，占到六成以上。

（三）概念界定

1. 流动人口

关于流动人口的定义，本文在此引述三位学者的观点：黄公元（1998）将城乡结合部的流动人口定义为“一切在城乡结合部短期或长期居留，或从事各种活动的无当地户籍的外来农村或城镇人口”；而吴晓（2001）的流动人口概念专指“那些以谋生营利为主要目的、自发从事社会经济活动的迁移人口和暂住人口（主要由流动民工构成）”，而短期逗留的旅游过往人口则被排除在外；蓝宇蕴（2008）则把城市流动人口定义为“高中及以下文化程度在城市中从事经济报酬与社会评价均比较低工作而又同时不具有所在城市户籍的人员”。

2. 流动人口的社区融合

关于流动人口社区融合的界定，有学者认为，“社区融合是个体和个体之间，不同群体之间，或不同文化之间互相配合、互相适应的过程，并以构筑良性和谐的社区为目的”（汤秀娟，2008）。也有学者认为“社区社会融合它表现在社区经济、社区公民权利及公民待遇、社区心理融入，及社区认同感等维度层面，是社会融合在具体社区层面的微观体现”（李增元，2013）。但也有学者认为社区融合所包含的内容“主要有群体的文化心理认同、政治参与的积极主动性和维护公共利益的热情等”（陆自荣、徐金燕，2014），突出社区层面的群体互动对于融合的重要性。

3. 城乡结合部

学者们在这一地域的划分及概念界定上始终存在不同意见，各有侧重。在较早期的研究中，顾朝林等（1993）以“大城市边缘区”的概念来研究城乡结合部这一特殊地域；张建明、许学强（1997）等指出“城乡边缘带”同时提到了乡村和城市，因而最能反映该区域的特点；陈佑启（1996）则认为“城乡交错带”最能充分反映这个区域的特点。随后，张安录（1996）和王静爱等（2002）又先后提出了“城乡生态经济交错区”和“城乡过渡区”的说法。本文采用冯晓英（2010）的定义：“城乡结合部泛指城市建成区与非建成区的接壤地带，是一个随着城市产业和住宅区不断向城外扩散，从而使原来以农村为主的市郊地带较快演变为兼有城乡特色的特殊空间。”

（四）理论基础

1. 社会融合理论

社会融合最初主要用于外来移民与本国主流社会关系问题的理论探讨。社会融合的经典定义是：一种相互同化和实现文化认同的过程（任远、陶力，2012：98）。关于社会融合的主流理论有“同化论”和“多元论”，前者认为，农民工的市民化过程就是社会融合的过程（刘传江，2006）；而后者则主张，流动人口必须经历一个再社会化的过程以适应城市生活，这一适应过程就是社会融合。两者都将流动人口放弃原来的文化和身份而接受城市文化和价值当作实现社会融合的必然选择和趋势。

2. 社会排斥理论

社会排斥的概念首先由法国学者 Lenoir 在 1974 年提出，最初主要用来研究经济领域中存在的互相排斥现象，随后发展成为一个涉及经济社会各方面的广义理论。“当主导群体已经握有社会权力且不愿和别人分享时，社会排斥就会产生。”（景晓芬，2004）在我国，有学者认为社会融合问题应归咎于以户籍制度为基础的一系列社会保障制度（任远、陶力，2012），或更根本的财政税收体制（宋国恺等，2012）。社会资本理论亦可被看作社会排斥在社会人际网络方面的展开，流动人口次级社会资本（任远、陶力，2012）或制度资本（刘传江等，2004）的缺乏恰是他们被排斥于某些重要的社会关系之外的结果。

3. 居住隔离理论

居住隔离是城市社会隔离（social segregation）的主要表现形式。居住隔离即指，由于“都市居民的种族、文化、宗教、职业或财富差异等，群体彼此分开，产生隔离作用。极端情况下甚至会产生敌对”（施鸿志、李嘉英，1986）。空间既与其他物质存在形式相关联，又与各种社会关系相连（曼纽尔·卡斯特，2003：505）。更为重要的是，居住空间的多样性和差异反映出政府和主流社会对待处于弱势地位的群体或阶层的政策取向和基本态度（陈云，2008）。“在这类‘都市里的村庄’中形成的空间居住隔离，构成了城市边缘地带物质形态与社会文化双重异质空间。”（黄怡，2005）

（五）文献综述

1. 城乡结合部及其流动人口研究

城乡结合部主要涉及土地资源和两类人群——本地人和外地人。土地被征用是城乡结合部未来发展的关键（刘玉等，2009）。早期，城乡结合部多被看作存在于城市中迥异于城市与乡村的“第三类社区”（宋国恺，2004）。城乡结合部具有地域景观多重性和文化形态多元性的综合特征，各种要素、景观及功能空间变化梯度较大（陈佑启，1996），形成了既不同于纯粹乡村，也不同于纯粹城市的特殊社会样态（刘杰、向德平，2013）。区位特征以交通便捷、租房低廉、拥有大量的就业岗位和发展机会最为显著（祝玮，2008），为流动人口进入城市提供了最初的就业机会和居住条件。

北京市城乡结合部问题主要集中在土地管理、基础设施建设、住房管理和流动人口管理等方面，许多学者将其视为社会矛盾的集中地与多发地（姚妮、谢宝富，2009）。姚永玲（2010：80）认为城乡结合部问题的首要原因是城市的扩张效应。总体上来说，学者们在研究中加入过多的价值判断，研究存在严重的“污名化”取向，重于突出其负面效应（刘杰，2013）。近年来，越来越多的学者开始从优势视角出发，认为这也是城乡结合部最重要的功能和价值之一（蓝宇蕴，2008；魏立华等，2005）。典型研究如张霁雪（2011）认为城乡结合部的乡村传统社会与城市现代社会形成了极具特色的社会关联和秩序格局，这是流动人口实现市民化的第一场所（刘杰，2013），是乡—城链条式劳动力迁移中的关键环节（魏立华等，2005）。居住功能、就业功能是城乡结合部功能和价值最重要的两方面，另有学者对此进行过专门的论述（南希，2012；蓝宇蕴，2003；张欣，2012）。关于城乡结合部理论和实证的基础研究已基本建立，取得了相当丰富的研究成果。但多数研究是以城市化或经济发展的角度切入，过分强调城乡结合部的问题方面，且重复性研究过多，不够深入。

2. 流动人口社会融合、社区融合研究

就目前来看，关于社会融合的研究较为丰富，王春光（2006）则认为流动人口还处于“半城市化”状态。对于这种半城市化的另一种说法来自邓大松、胡宏伟（2007），他们指出农民的城市化内在水平滞后于外在水平，导致他们虽有流动但无定居，虽能定居但无融合。农民工在就业、住房、子女教育、社会保障和福利待遇等各方面都远未能融入城市主流社会中（悦中山、李树茁、费尔德曼，2012）。廉思（2009）在其著作《蚁族：大学毕业生聚居村实录》中对蜗居于唐家岭地区的“大学毕业生低收入聚居群体”的描述将社会融合的问题群体扩展至高知识分子等传统观念中的优势群体。而陈云（2008）则强调，少数民族流动人口因其经济发展水平、宗教信仰和风俗习惯等诸多差异而难以有效融入城市主流文化。

关于社会融合测量维度研究，多数学者赞同融合是多维度的，主要包括政治、经济、社会、文化、心理等方面（杨凤琴等，2011）。朱力（2002）认为包括经济、社会、心理和文化四层面；风笑天强调经济、心理、环境、生活四维度；张文宏等（2008）认为是心理、文化、身份和经济四维度；悦中山等（2012）提出文化、社会经济和心理三层面；杨菊华（2010）提出经济整合、文化接纳、行为适应和身份认同四维度。可见，许多学者的研究都包括经济、文化、身份认同和心理等维度（有些只是维度命名上的差异），但是各研究之间在维度命名和各维度下的测量指标等方面存在差异。

关于社会融合与社区融合的关系研究大致可归类如下。童星等（2008）

认为，社区融合是社会融合的浓缩，城市社区这一区域性社会共同体为移民实现融合提供了综合性考察的可见场所。新移民与城市社会（社区）的融合表现为“二元社区”“敦睦他者”“同质认同”。崔岩（2012）认为外来居民的社区融合程度越高，越可能实现心理层面的社会融入。陆自荣等（2014）认为，社区融合是社会融合四个系统（经济、政治、文化、共同体）中的一个子系统。李增元（2013）认为，社区融合与社会融合的关系是“你中有我，我中有你”。张江龙等（2010）交叉使用流动人口的社会融合与流动人口聚居区的社区融合两个概念，并不做具体的区分。

二 城乡结合部流动人口社区融合现状

本文关注的社区融合主要包括经济融合、社区参与融合、社会关系融合和社区情感融合四方面。

（一）经济融合

陆自荣等（2014）认为个人的经济地位取决于社会制度安排、个人能力和社会资本三大因素，他们主张在社区融合的测量中去“经济维度”。但去经济维度并不意味着绝口不提经济生活，正如道格·桑德斯（2012：36）所表明的，自营工作是落脚城市的起点，现在已成为全球的常态。在经济维度的测量中，考虑到城乡结合部的外来人口主要以追求谋生手段及生活的稳定性为目标，多为非正规就业，缺乏社会保障及福利支持，且以租住为主，极少拥有个人房产，所以，本文主要考察经济融合的基本层面，通过借鉴田凯（1995）及董章琳、张鹏（2011）的指标体系，分为就业状况、工作适应性、收入水平和职业层次、生活成本四方面。

1. 就业状况

解决就业是城乡结合部地区的首要功能。XJH 社区外来人口的就业去向大致分为两类：一类是社区外就业；另一类是社区内就业，包括租用店铺经营和“占道经营”。这些经济虽被诟病为占道经营、收入低、稳定性差，但对于那些既无资金，又无高端技术，更无门路而又期望留在北京的弱势流动人口来说，却无疑是他们落脚城市的理想选择。

2. 工作适应性

总体上，大多数被访者能适应目前的就业条件或环境，能够胜任当前的劳动负荷，只有10%以下的被访者表示不能适应（见表1）。外来人口既缺乏社会保障，又面临巨大的生活压力，只能以加大劳动强度和加快工作节奏的办法来增加收入。

表1　被访者对工作的适应程度（N=199）

单位：%

项目	非常适应	比较适应	一般	不太适应	很不适应	总计
作息时间	27.6	54.3	15.6	2.0	0.5	100.0
劳动强度	19.6	44.7	30.2	5.0	0.5	100.0
竞争环境	16.6	42.2	31.7	5.5	4.0	100.0
工作节奏	16.1	45.7	28.6	5.0	4.5	100.0

3. 收入水平和职业层次

外来人口的收入水平和职业层次都较低。2013年，北京市职工的月平均工资达到5793元。[①] 而在我们的调查对象中，月收入超过5000元的仅占9.4%，有20.4%的被访者月收入仍在2000元以下（见表2）。这表明，城乡结合部流动人口的个人收入水平仍然低于北京市在岗职工的平均工资。

表2　被访者月收入（N=191）

月收入	1000元及以下	1001～2000元	2001～3000元	3001～4000元	4001～5000元	5001元及以上	总计
人数(人)	5	34	72	36	26	18	191
比例(%)	2.6	17.8	37.7	18.8	13.6	9.4	100.0

但考虑到流动人口的家庭总收入以及月结余情况，我们可以发现，流动人口的个人收入水平虽然较低，但家庭月结余的比例相对较高，有82.5%的被访

① 数据来源：http://money.163.com/14/0607/08/9U4GU6M700253B0H.html。

者家庭每月有结余，更有20%的被访者家庭月结余在4000元以上（见表3）。这表明，整体上，流动人口的生活维系能力较强。

表3　被访者家庭月结余（$N=165$）

月结余	1000元及以下	1001~2000元	2001~3000元	3001~4000元	4001~5000元	5001~6000元	6001元及以上	总计
人数(人)	47	44	29	12	12	6	15	165
比例(%)	28.5	26.7	17.6	7.3	7.3	3.6	9.1	100.0

在城乡结合部地区，流动人口多以“瓦片经济”“圈地经济”“路边经济”“废品经济”等非正规经济为主，职业声望较低。从我们的调查对象所在单位的性质来看，有25%的流动人口无工作单位，有54.5%的流动人口在私营企业工作或为个体工商户（见图1）。可见，城乡结合部的流动人口职业声望较低。

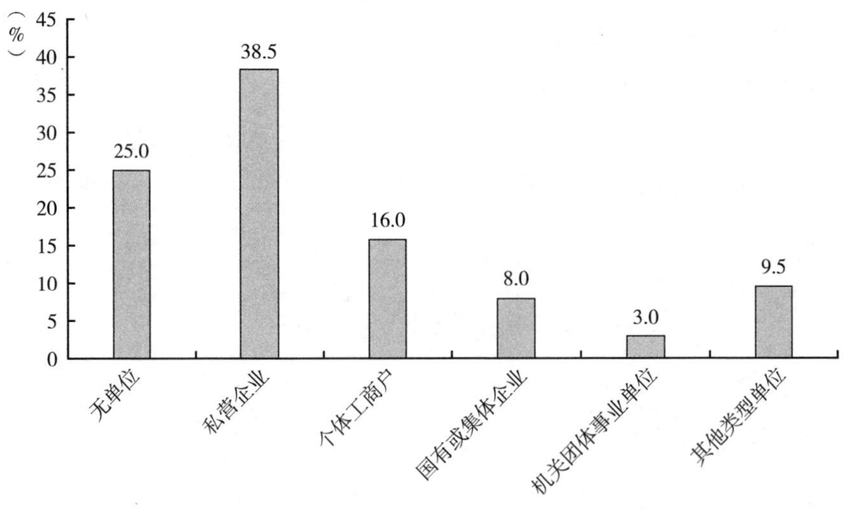

图1　被访者单位类型

4. 生活成本

社区非正规经济降低生活成本。就XJH社区来说，居住于此的外来人口大部分是中关村和上地科技园区的上班族，月工资相对较低，此处低廉的房租减轻了他们的经济压力。另外，大部分的日常用度也可在社区内解决，低廉的消费大大降低了社区内住民的生活成本。

（二）社区参与融合

外地人对社区参与的态度及其行为的积极主动性反映出他们融入社区的程度。社区参与是一种集体关心的公共参与，出于社区居民对社区事务的责任共担和成果共享。

1. 社区参与的环境和条件

社区为居民参与提供了必要的渠道和条件。从社区参与环境来看，在 XJH 社区内，与流动人口相关的日常管理和服务事项有课后四点班、法律援助站、职业康复站、社区二手店等。在日常生活中，流动人口参与的社区事务有治安巡逻、每月卫生清扫日、冬季防煤气中毒宣传、重大节日以及日常的群众性文体娱乐活动和社区教育活动等。

2. 社区参与活动的差异性

流动人口的社区参与在不同活动间存在差异，他们对与己相关的活动参与度更高。从流动人口的社区参与情况来看，在 XJH 社区内，流动人口的社区融合大致可以分为两种情况。

事关自身利益和义务性的社区活动，如课后四点班拓展活动、法律援助讲座和职业培训等参与积极性很高。这些活动使儿童之间、本不相识的家长之间、居委会与家长之间建立起频繁而稳定的互动，也成为流动人口联络关系、表达利益需求以及居委会开展管理工作的重要据点。

群众性文体等娱乐活动、政治类活动、社区社会事务等参与率通常比较低。从调查中，我们可看出，在所有活动类型中，节日庆祝、唱歌、跳舞等社区文化活动的参与率较其他项高，但最高也只有 17% 的被访者参与过，政治类活动参与度最低（见表 4）。

（三）社会关系融合

张江龙、章晓（2010）认为，流动人口聚居区的社区融合，只有在本地居民也参与其中的情况下，才能真正实现。在 XJH 社区，虽然租赁关系必然

表4　社区活动参与情况（$N=200$）

活动类型	人数（人）	比例（%）	活动类型	人数（人）	比例（%）
节日庆祝	34	17.0	儿童青少年活动	6	3.0
唱歌	29	14.5	社区选举	3	1.5
跳舞	11	5.5	社区意见征询、反映会	6	3.0
书法	4	2.0	社区公益活动、讲座	8	4.0
晨练	13	6.5	社区培训活动	7	3.5

是以房租维系着的经济关系，然而它又不仅仅是一种经济关系，更可延伸至社会关系，在简单的本地人与外地人之外再形成另一种新关系形式。

1. 房东与房客之间形成较亲密的“家人”关系

房东与房客的关系首先是一种经济利益关系，然后是以此为基础形成的社会利益关系。这在某种程度上稀释了“本地人”和“外地人”之间的二元对立身份。房东与房客之间形成的这种“靠山”关系，不仅带来收租和管理上的便利，更重要的是促进了社区内本地人与外地人之间以及外地人与外地人之间的融合。房东与房客在长久居住的相处中形成了进一步的亲密关系。

2. 房客之间形成初步的“邻里”交往关系

关于外来人口的社会关系，在社会资本理论视角下，学者们既肯定初级关系对融入的正向作用（李培林，1996），也指出其存在负面影响（牛喜霞，2007）。原初的社会关系以及在迁入地的新的社会关系是在其力所能及的范围内形成的，无疑具有根基性的重要作用。房客之间的关系有三种特点。一是半熟人性质的邻里关系。社区中亲戚、老乡之间比邻而居的情况很常见，他们在生活上的往来更为频繁细致，形成一个熟人圈。二是日常邻里互助行为频繁在这样的邻里关系中发生，聊天、串门以及一些日常走动和互助成为常事，其中最主要的是对儿童的相互照看。三是邻里秩序稳定。居住于此的邻里通过主动的、积极的选择来减少冲突发生的可能，以维持邻里秩序稳定。这种基于共同的生活习惯、文化背景等原因的聚居，使邻里关系具有更大的适应性，这也是房东和房客在维持各自的社会关系中不断摸索并慢慢形成的稳定的关系融合。

（四）社区情感融合

社区情感主要指居民对社区产生的认同感和归属感，包括对本地域与本社区人群两个方面，而地域是社区情感产生的基础。因此本文的社区情感测量也包括对本地域与社区内居民这两个方面。

1. 外来人口对社区的地域情感

总体来看，外来人口对本社区的地域认同感和归属感都较低（见表5）。由此可推论，作为外来人口的被访者，在未得到户籍制度认同的情况下，其心理认同和归属感也倾向于保守。

表5　对社区地域归属感的测量（$N=199$）

单位：%

项目	非常符合	比较符合	一般	不太符合	很不符合	说不清楚
住在小区感到骄傲	13.6	9.5	35.2	12.1	17.1	12.6
感觉属于这里	15.6	7.5	34.7	10.6	16.6	15.1
如果搬家会感到留恋	9.5	10.6	26.1	20.6	25.1	8.0
愿意维护社区利益	13.6	9.5	26.6	21.6	18.6	10.1

2. 社区适应

总体来看，社区内居民之间的接纳度更高。社区内居民对其他人群的情感要大于对社区的地域情感。本地人对待外地人表现出较多的宽容和接纳，而外地人对社区居民的群体认同和情感也较高。从调查数据来看，XJH社区内人们之间的适应程度较高，相处较为融洽（见表6）。

表6　社区适应测量（$N=199$）

单位：%

适应程度	与其他流动人口	与北京本地人	适应程度	与其他流动人口	与北京本地人
非常适应	24.1	19.6	不太适应	1.0	2.5
比较适应	51.8	45.2	很不适应	1.0	2.0
一般	22.1	30.7	总　计	100.0	100.0

三　城乡结合部流动人口社区融合的促进性因素

在城乡结合部地区，促进社区融合的因素主要表现在社区文化、社区管理与服务以及廉租住房三方面，每一因素对社区融合都有影响。

（一）社区文化

社区文化既包括人们的生产方式和生活方式，也包括社会成员的理想追求、价值观念、道德情操、生活习俗、审美方式、娱乐时尚等（刘庆龙、冯杰，2002）。城乡结合部的文化不尽然是乡村，也不尽然是都市，它是两者破碎的、扭曲的和奇怪的拼凑，并为有志于大城市生活的外来人口提供共同的安全感（道格·桑德斯，2012：36）。

1. 促进社区居民关系的融合

从 XJH 社区的调查中，我们可大致看出流动人口在社区内的社会关系情况，绝大多数流动人口都存在于一定的社会关系网络中，很少有人处于完全匿名化的原子状态（见表 7）。

表 7　被访者在本社区的熟人朋友或关系较好的家庭情况

		数量(个)	比例(%)
没有	熟人和朋友	10	5
	家庭	10	5
1～3 个	熟人和朋友	66	33
	家庭	110	56
4～6 个	熟人和朋友	48	24
	家庭	56	29
7～10 个	熟人和朋友	45	23
	家庭	18	9
11 个以上	熟人和朋友	29	15
	家庭	2	1
总计	熟人和朋友	198	100
	家庭	196	100

注：该表格中样本总量不包括缺失值。

2. 有利于增强社区居民的情感

对城乡结合部的许多地区来说，无论是本地人，还是外地人，都面临培育社区情感的迫切需求。正如张霁雪（2011）所指出的，传统乡村社会的乡土情感与现代城市社会的科技文明在这里相互碰撞并融合，形成极具特色的“社会关联和秩序格局”（南希，2012），催生出满足人们情感需求的文化环境。本地人仍直接与社区的历史相连，拥有共同记忆的居民更易于维持传统的社区归属感。

3. 有利于新文化的形成

流动人口聚居区通常存在人口倒挂现象，带来的影响主要表现在：外来人大大超过本地人，在某种程度上，作为弱势群体的外地人不再那么“弱势”，而作为优势群体的本地人也不再那么“优势”。外地人成为聚居区的活动主体，无形中改变甚至重塑了聚居区的文化。

（二）社区管理与服务

社区管理与服务对于流动人口社区融合的促进作用主要体现在社区参与、社会关系融合两方面。社区组织是促进社区群体之间融合的“润滑剂”和“黏合剂”，发挥着不可或缺的作用。虽然“农管农，居管居，流动人口管理主体不明”的“双二元”管理模式①是实现有效社区管理的严重障碍，但是社区组织可以通过争取政府支持和整合社会资源，在流动人口的管理与服务工作方面取得成功。

1. 有利于调动参与积极性

有效的社区管理有利于调动流动人口社区参与积极性。从社区参与来看，社区管理内容必须贴合流动人口需求，这样才能调动他们参与其中。XJH 社区的优势就在于其起步早、反应快、切入准、成系统、高灵活。一方面，社区组织和活动从一开始就有序地将流动人口全方位地纳入居委会的管理和服务体系之中；另一方面，社区层面的组织和倡导，可为流动人口参与社区事务提供丰

① 所谓“双二元”管理模式，即在城乡社会管理体制分设基础上，城乡户籍人口、户籍人口与流动人口双重分管的基层社会管理体制，它是传统的城乡社会分治与现行户籍人口与流动人口分管在地域上的叠加（冯晓英，2008：196）。

富多彩的活动。

2. 促进居民情感交往

社区管理和服务活动成为促进社区居民情感交往的纽带。从社会关系层面来看，流动人口生活的方方面面也与居委会有联系，这种联系方便管理部门及时了解流动人口动态，有利于增强流动人口与管理部门之间的信任关系。而且，流动人口与本地人一起参与到社区生活之中，形成频繁的社会互动，既大大增强流动人口的社区参与感，也增进人们之间的相互了解和信任及私下交往，活跃社区生活氛围，为社区情感的培养打下了良好的社会关系基础。

（三）社区廉租住房

1. 提供有利的客观环境

（1）廉租使久居成为可能，低流动性意味着更高的稳定性

许多人认为，城乡结合部的流动人口具有高流动性，会阻碍稳定的社区关系的形成。实际上，在 XJH 社区内存在一个“老住户”群体，他们是最初进入肖家河的那股流动人口，且与本地人一起经历了 XJH 社区的拆迁，在长期的居住中以及拆迁中形成了对社区共同的记忆，成为人们之间沟通社区情感的重要因素（见表 8）。而且，稳定的居住环境会带来稳定的租赁关系、稳定的社区交往，降低社区管理的难度，促进社会关系的深入发展。

表 8　来北京年限以及在本社区居住年限（$N=189$）

			在本社区居住年限				
			0～2 年	3～5 年	6～8 年	9 年以上	总　计
来北京年限	0～2 年	人数（人）	29	—	—	—	29
		比例（%）	100	—	—	—	100
	3～5 年	人数（人）	13	27	—	—	40
		比例（%）	33	68	—	—	100
	6～8 年	人数（人）	12	14	13	—	39
		比例（%）	31	36	33	—	100
	9 年以上	人数（人）	5	13	19	44	81
		比例（%）	6	16	24	54	100
	总计	人数（人）	59	54	32	44	189
		比例（%）	31	29	17	23	100

（2）廉租使举家迁移成为可能

充足的房源、低廉的租金、较易获得的谋生机会和较低的生活成本使流动人口有能力实现家庭团聚。关于家庭迁移对社区融合的影响，正如南希（2012）所言："流动人员因其家庭化迁徙方式强化了血缘关联，其富含的权利义务关系强化了个体之间的连结，规范着流动人员的行为，并且维护着城乡结合部的秩序。"当家庭团聚成为人们的奋斗目标和动力时，既有助于保证家庭这个基本社会单位的和睦，也会促进社区和谐。

2. 降低经济适应难度

城乡结合部租赁经济非常发达，吸引无数的流动人口进入。这种租赁经济使房主成为本地人的职业身份，房租成为他们的主要收入来源；使房客成为外地人的消费身份，住房成为他们的最大消费内容：本地人与外地人之间因而变得休戚相关，共同维护了社区稳定。

四　城乡结合部流动人口社区融合的制约性因素

在现实中，有效的社区融合虽能促进社会融合，却不能解决社会融合的所有问题，影响社会融合的因素同时也是影响社区融合的重要因素。本文试从居住隔离、社会排斥两大方面展开分析。当前，社会排斥理论已成为贫困问题以及弱势群体等研究领域的重要概念，并日渐发展成为一种旨在推动社会公平的政策吁求。

（一）居住隔离

目前存在于我国的居住隔离，其形成机制主要是：住房政策与制度对于城市居住空间形态的形成与演化起决定性作用，只有那些经济实力雄厚的外来人口才有可能成为买主或能够成为高端商品房或私房的租户（袁媛、许学强，2008），绝大多数流动人口不得不选择那些有着充足低端私人出租房的城乡结合部地区，承受着可能被划拨到边缘群体的不利处境。从长远来看，在这样一个挤着上万流动人口的"城市孤岛"（姚永玲，2010：241）中，伴随着周围越来越多住宅区的崛起，城乡结合部渐趋成为一个无根的社会（张霁雪，2011），流动人口不得不面临再次失根的可能。

（二）制度性排斥

从成因方面来看，社会排斥可分为结构性排斥与功能性排斥两类。在我国，流动人口所受到的排斥主要来源于结构性排斥，即由国家或某些组织在制定制度的过程中人为造成的排斥。主要表现为中国的二元社会结构造成的城市与乡村之间、同一城市内部农村和城市各群体之间的不同待遇问题。以户籍管理制度为标志的城乡二元体制是流动人口面临的最大制度障碍。以XJH为例，基于户籍制度的住房政策使本地人可以在自家宅基地上“种房”变成房东，房租成为许多本地人谋生甚至发家的来源。

（三）文化性排斥

文化性排斥产生的根本在于城乡文化的差异。在我国，城乡文化差异由来已久，且随着城乡发展差距的加大而愈加突出。流动人口在社区融合过程中的文化排斥主要表现在流动人口因其自身生活习惯、行为规范和思想观念等所形成的“亚文化”与城市主流文化模式之间格格不入。文化的排斥更多的是隐蔽的、不易察觉且难以清楚表达的。长时期的不适应和焦虑容易将流动人口推入文化排斥的泥潭，影响到他们主动融入当地社会的积极性和效果，并在无形中将他们挤向“集体失语”的边缘地位。

五　进一步思考

社区融合虽然发生在社区层面，却与整个社会密切相关。无论是国家层面的制度和政策设计，还是社区层面的具体管理或个人层面的态度，都影响社区的融合水平。本文拟从宏观制度层面、中观社区层面和微观个人层面展开分析。

（一）逐步改革户籍制度

从宏观的制度层面来看，以户籍制度为依托的管理和政策缺陷，始终是影响流动人口实现更高层面的社区融合乃至于实现社会融合的根本障碍。正是存在于以户籍制度为基础的就业、教育、医疗和社会保障等一系列制度中的硬性约束，导致城乡之间人口流动的藩篱和城市内部各阶层的融合障碍。实现流动人口融入当地社会的主要改革路径可以从附着于户籍制度的福利着手进行加减法：一方面，可通过逐步剥离嵌套于城市户籍制度中的各种社会福利，降低城市户籍的“含金量”，实现给户籍制度松绑和推动改革的可能；另一方面，可通过渐进地对流动人口增加社会福利，提供更加均等化的公共服务和社会福利，从而缩小本地居民和流动人口之间的福利差。

（二）完善社区管理服务体系

社区基层组织（社区居委会和工作站）、各类社会组织是社会政策的直接执行者，也是社区融合的直接推动者。在社区组织方面，促进社区融合的措施主要有以下两种。一是建立流动人口的自我管理组织。流动人口自我管理组织的建立，将大大促进流动人口群体参与意识的觉醒。通过政府支持，完善社区流动人口管理体制，将社区各项关于流动人口的管理和服务工作常态化，以巩固社区融合的成果。二是鼓励各类社会组织介入社区管理和服务过程。通过深入社区征询社情民意，帮助决策者制定合理的管理和服务政策，推动现有政策改革。

（三）增强个体意识培养和能力建设

从微观的个体层面，个人作为社区融合的直接参与者，也是促进社区融合的基础。流动人口应增强社区主体意识，提高主动融入社区的积极性。流动人口需要摒弃传统的固有观念，主动适应并接纳社区生活；应注重基本文化素质和劳动技能的培养，提高自身综合能力，以融入城市正规就业市场；应以更开放的心态，主动认同城市文化，适应城市的竞争环境。城市居民应当对农村文化抱以理解与认同，肯定和赞同流动人口对城市社会发展所做出的贡献，从心里接纳他们，使他们成为与自身生活息息相关的平等群体。

参考文献

陈佑启：《试论城乡交错带及其特征与功能》，《经济地理》1996 年第 3 期。
陈云：《少数民族流动人口城市融入中的排斥与内卷》，《中南民族大学学报》（人文社会科学版）2008 年第 4 期。
崔岩：《流动人口心理层面的社会融入和身份认同问题研究》，《社会学研究》2012 年第 5 期。
道格·桑德斯：《落脚城市》，陈信宏译，上海译文出版社，2012。
邓大松、胡宏伟：《流动、剥夺、排斥与融合：社会融合与保障权获得》，《中国人口科学》2007 年第 6 期。
董章琳、张鹏：《城市农民工社会融合的影响因素——基于重庆 1032 名农民工的调查》，《重庆理工大学学报》（社会科学版）2011 年第 2 期。
费孝通：《费孝通文集》（第五卷），群言出版社，1999。
冯晓英：《北京市城乡结合部人口管理模式的制度选择》，《北京社会科学》2004 年第 1 期。
冯晓英：《北京市社会服务管理创新》，社会科学文献出版社，2011。
冯晓英、魏书华、陈孟平：《由城乡分治走向统筹共治》，中国农业出版社，2007。
冯晓英：《论北京“城中村”改造——兼述流动人口聚居区合作治理》，《人口研究》2010 年第 6 期。
顾朝林、陈田、丁金宏、虞蔚：《中国大城市边缘区特性研究》，《地理学报》1993 年第 4 期。
黄公元：《城乡结合部的流动人口》，《杭州师范学院学报》1998 年第 1 期。
黄怡：《城市居住隔离的模式——兼析上海居住隔离的现状》，《城市规划学刊》2005 年第 2 期。
景晓芬：《“社会排斥”理论研究综述》，《甘肃理论学刊》2004 年第 2 期。
蓝宇蕴：《城中村流动人口聚居区的功能分析——基于城中村空间改造的思考》，《中共福建省委党校学报》2008 年第 12 期。
蓝宇蕴：《都市里的村庄》，博士学位论文，中国社会科学院研究生院，2003。
蓝宇蕴：《我国“类贫民窟”的形成逻辑——关于城中村流动人口聚居区的研究》，《吉林大学社会科学学报》2007 年第 5 期。
李培林：《流动民工的社会网络和社会地位》，《社会学研究》1996 年第 4 期。
李涛、任远：《城市户籍制度改革与流动人口社会融合》，《南方人口》2011 年第 3 期。
李增元：《分离与融合：转变社会中的农民流动与社区融合》，博士学位论文，华中师范大学，2013。
廉思：《蚁族：大学毕业生聚居村实录》，广西师范大学出版社，2009。

刘传江：《中国农民工市民化研究》，《理论月刊》2006 年第 10 期。
刘传江、周玲：《社会资本与农民工的社会融合》，《人口研究》2004 年第 5 期。
刘杰：《我国城市化进程中城乡结合部的功能定位分析》，《贵州社会科学》2013 年第 4 期。
刘杰、向德平：《城乡结合部社会管理的困境及其策略选择》，《学习与探索》2013 年第 10 期。
刘庆龙、冯杰：《论社区文化及其在社区建设中的作用》，《清华大学学报》（哲学社会科学版）2002 年第 5 期。
刘玉、冯健、孙楠：《快速城市化背景下城乡结合部发展特征与机制——以北京海淀区为例》，《地理研究》2009 年第 2 期。
陆自荣、徐金燕：《社区融合测量的去经济维度？——兼析“整合”与“融合”的概念功能》，《广东社会科学》2014 年第 1 期。
曼纽尔·卡斯特：《网络社会的崛起》，夏铸九、王志弘译，社会科学文献出版社，2003。
南希：《城乡结合部社会关联与秩序研究》，博士学位论文，吉林大学，2012。
牛喜霞：《社会资本在农民工流动中的负面作用探析》，《求实》2007 年第 8 期。
戚本超、周达：《北京城乡结合部的发展演变及启示》，《城市问题》2007 年第 1 期。
齐童、白振平、郑怀文：《北京市城乡结合部功能分析》，《城市问题》2005 年第 2 期。
任远、陶力：《本地化的社会资本与促进流动人口的社会融合》，《人口研究》2012 年第 5 期。
施鸿志、李嘉英：《社区》，载宗先主编《经济百科全书》（第 8 期），台北联经出版事业公司，1986。
宋国恺：《城乡结合部研究综述》，《甘肃社会科学》2004 年第 2 期。
宋国恺、王起：《流动人口的社会融合研究综述》，《广州大学学报》（社会科学版）2012 年第 8 期。
汤秀娟：《论城市流动人口社区融合政策制定的迫切性》，《管理观察》2008 年第 22 期。
田恺：《关于农民工的城市适应性的调查分析与思考》，《社会科学研究》1995 年第 5 期。
田毅鹏、齐苗苗：《城乡结合部非定居性移民的“社区感”与“故乡情结”》，《天津社会科学》2013 年第 2 期。
童星、马西恒：《“敦睦他者”与“化整为零”——城市新移民的社区融合》，《社会科学研究》2008 年第 1 期。
王春光：《农村流动人口的“半城市化”问题研究》，《社会学研究》2006 年第 5 期。
王静爱、何春阳、董艳春等：《北京城乡过渡区土地利用变化驱动力分析》，《地球科学进展》2002 年第 2 期。
魏立华、阎小培：《中国经济发达地区城市非正式移民聚居区——“城中村”的形成与演进——以珠江三角洲诸城市为例》，《管理世界》2005 年第 8 期。
吴晓：《城市中的“农村社区”——流动人口聚居区的现状与整合研究》，《城市规划》2001 年第 12 期。
杨凤琴、王洋阳：《我国城市流动人口社区服务管理理论研究》，《学理论》2011 年第 12

期。
杨菊华：《流动人口在流入地社会融入的指标体系——基于社会融入理论的进一步研究》，《人口与经济》2010 年第 3 期。
姚妮、谢宝富：《北京市城乡结合部流动人口属地化管理服务问题研究》，《中国软科学》2009 年第 S1 期。
姚永玲：《北京市城乡结合部管理研究》，中国人民大学出版社，2010。
袁方主编《社会研究方法教程》，北京大学出版社，2011。
袁媛、许学强：《广州市外来人口居住隔离及影响因素》，《人文地理》2008 年第 5 期。
悦中山、李树茁、费尔德曼：《农民工社会融合的概念：建构与实证分析》，《当代经济科学》2012 年第 1 期。
张安录：《论生态经济交错区的宏观管理》，《生态经济》1996 年第 5 期。
张霁雪：《城乡结合部的社会样态与空间实践》，博士学位论文，吉林大学，2011。
张建明、许学强：《城乡边缘带研究的回顾与展望》，《人文地理》1997 年第 3 期。
张江龙、章晓：《流动人口聚居区社区融合的主体选择》，《管理学刊》2010 年第 5 期。
张文宏、雷开春：《城市新移民社会融合的结构、现状与影响因素》，《社会学研究》2008 年第 9 期。
张欣：《城中村社区的存在价值及改造对策——以天津市东丽区城中村为例》，硕士学位论文，天津理工大学，2012。
朱力：《城市候鸟：农民工融入城市的漫漫长途》，《社会科学报》2002 年第 9 期。
祝玮：《城中村改造兼顾流动人口居住问题的必要性分析》，《科协论坛》（下半月）2008 年第 1 期。

流动人口参与城镇医疗保险：政策演进、困境与路径选择

陆杰华　左 罗*

摘　要：

本文重点分析了流动人口在流入地参加城镇医疗保险的基本现状。结果发现，虽然流动人口参保比例有所提升，但总体水平仍不高。流动人口内部参保状况受城乡因素、代际因素、行业因素、职业因素、区域因素影响显著，随迁家庭参保状况堪忧。究其原因，是制度、政府、单位、个人多维作用的结果。针对这种状况，本文提出了未来城镇医保的改革方向。

关键词：

流动人口　城镇医保　政策选择

一　研究背景

据中国国家统计局2016年1月发布的数据，2015年中国国内生产总值超过67万亿元，按可比价格计算，比上年增长6.9%，是全球第二个经济总量突破10万亿美元的大国。历经30多年的经济高速增长，中国从工业小国成为全球第一制造业大国，从温饱经济嬗变为小康经济，其背后离不开流动人口的贡献。同样据中国国家统计局2016年1月公布的数据，截止到2015年12月末，全国流动人口约为2.47亿人，比1982年的657万人整整增长了

* 陆杰华，北京大学社会学系教授，博士生导师；左罗，北京大学社会学系硕士研究生。

约 37 倍。流动人口占总人口的比重也由 1982 年的 0.65% 上升为 2015 年的 17.97%（见图 1）。

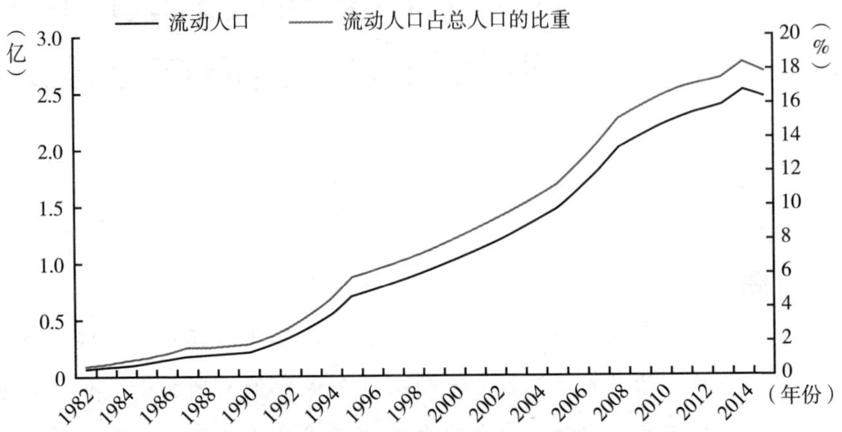

图 1　1982～2015 年我国流动人口规模及其占比变化趋势

资料来源：1982～2000 年流动人口规模由段成荣等（2008）根据 1982～2000 年历年全国人口普查和 1% 人口抽样调查数据推算；2005 年数据引自《2005 年全国 1% 人口抽样调查主要数据公报》；2010 年数据引自《第六次全国人口普查主要数据公报》（第 1 号）；2008、2009、2011、2012、2013 年数据引自《中国流动人口发展报告 2010～2014》；2014、2015 年数据引自《2015 年中国经济数据》。1982～2013 年中国人口规模数据引自《中国人口和就业统计年鉴》（2014）；2014、2015 年数据引自《2015 年中国经济数据》。

如此大规模的流动人口补充了流入地因经济高速发展所带来的劳动力短缺需求，推动了当地基础设施建设，刺激了消费市场的快速发展，成为中国经济起飞强有力的助推器之一。但激增的流动人口也带来了许多社会问题，考验着党的执政智慧和领导艺术。2015 年 10 月 29 日，中国共产党第十八届中央委员会第五次全体会议召开，会议通过了《中共中央关于制定国民经济和社会发展第十三个五年规划的建议》，指出共享是中国特色社会主义的本质要求，必须坚持发展为了人民、发展依靠人民、发展成果由人民共享，做出更有效的制度安排，使全体人民在共建共享发展中有更多获得感，增强发展动力，增进人民团结，朝着共同富裕方向稳步前进。因此，如何增强对流动人口的医疗保障，让流动人口共享城市经济发展果实，是政府、学界普遍关心的议题之一。对此，建议指出，一方面，要推进以人为核心的新型城镇化。深化户籍制度改革，促进有能力在城镇稳定就业和生活的农业转移人口举家进城落户，并与城镇居民享有同等权利和义务；实施居住证制度，努力实现基本公共服务常住人口全覆盖。另一方面，要建立更加公平、可持续的社会保障制度。实施全民参保计划，基本实现法定人员全覆盖；实现跨省异地安置退休人员住院医疗费用直接结算；整合城乡居民医保政策和经办管理方式。

二　相关文献回顾与评述

当前学者对流动人口参保状况的讨论围绕多个维度展开，如参保必要性和紧迫性、医保缺失原因、医保改革方式优劣、未来医保制度框架设计等，研究范式也从总体性的描述分析向结构化、精细化的量化研究转变。

自改革开放以来，中国社会结构正从农民－市民二元向农民－市民－流动人口三元转型（李强，2008），有别于市民、农民，流动人口群体具有很多特点，如高流动性、工作变动频繁、回流性（雷华北，2006）、“夫妻同行”和“携子女流动”（房莉杰，2006）等。基于流动人口的特点，学者们达成了一个共识：流动人口医保制度设计不能一刀切，要分类分层，根据不同类型的群体做出一定的弹性设计，既保证统一性，又兼顾灵活性（尹志锋、郭琳、车士义，2010），这样可以提升流动人口社会公平感、安全感、对政府的信任度和幸福感（徐广路、张聪、李峰，2015），从而起到社会的“稳定器”、“防护网”和“安全阀”的作用。流动人口的参保问题主要集中在没有参保、间断参保、重复参保三个层面（吴少龙、凌莉，2012）。相较于全国整体水平，流动人口医保参保率较低，部分流动人口没有参保（段成荣等，2013），其中既有户籍制度、非正式就业掣肘（秦立建、惠云、王震，2015；唐丹，2011；尹志锋、郭琳、车士义，2010），又有健康状况、收入水平阻碍（祁翔，2011）。除此之外，流动人口群体还存在间断参保、重复参保问题，间断参保会损害参保人的权益，重复参保则加剧了财政负担，造成公共资源浪费。从已有的研究来看，造成间接参保、重复参保的原因除了城乡和区域分割所带来的医保制度碎片化（何文炯、杨一心，2010；张展新、高文书、侯慧丽，2007）之外，还有地方考核机制单一、政府及参保人存在投机行为等（吴少龙、凌莉，

2012）。有关未来保障的提供方式，学者们提出了很多构想，但远远没有达成共识，很多学者提出应推进城乡一体化，认为这样可以扭转制度“碎片化”状态，增强基金的实力和抗风险能力，有利于实现社会公平（吴少龙、凌莉，2012）。也有学者反对城乡一体化，认为我国经济基础薄弱，城乡发展水平差距大，实行城乡一体化的社会保障在财政上无法持续，也违背“小政府、大市场”的改革潮流（周媛也，2015）。

总体上来看，学者从不同视角对流动人口医保问题进行了细致的研究，提出了很多有价值的观点，但针对流动人口基本医疗保险的研究相对散乱，未成系统，且一些研究仅止步于统计关系的阐述，缺少对结论的总体性把握。因此，本文力图全面、系统地还原流动人口参加医疗保险的现状，总结其特点，揭示发展困境，并针对困境提出有意义的建议。

三　流动人口参与城镇医保的政策演进及其现状特征

（一）城镇医疗保险的阶段性变化

我国从 1988 年开始建立城镇职工基本医疗保险制度，当时的制度建设主要围绕国有企业重组、职工下岗分流来部署，医疗保险的覆盖面基本局限在国有企业部门，农民工参保尚未成为政策关注点。

2000 年以后，国有企业改革的任务基本完成，中央开始着手解决农民工参保问题，医疗保险是其中很重要的一个方面。2001 ~ 2006 年，劳动和社会保障部就流动人口参加医疗保险出台了《关于城镇灵活就业人员参加基本医疗保险的指导意见》《关于非全日制用工若干问题的意见》《关于推进混合所有制企业和非公有制经济组织从业人员参加医疗保险的意见》等一系列文件。2006 年，国务院颁布了《国务院关于解决农民工问题的若干意见》，特别要求依法将农民工纳入工伤保险范围，抓紧解决农民工大病医疗保险问题，探索适合农民工特点的养老保险办法。劳动和社会保障部于同年颁发了《关于贯彻落实〈国务院关于解决农民工问题的若干意见〉的实施意见》和《关于开展农民工参加医疗保险专项扩面行动的通知》，进一步明确了流动人口参加医疗保险的有关政策。

在中央“属地管理，地方统筹”管理办法的指导下，各地根据本地的情况不断探索流动人口医疗保险的实现模式，统筹层次主要集中在城市，从缴费基数和缴费比例来看，各地贯彻了“低负担”和“以用人单位缴费为主”的基本原则。这些模式归结起来主要有四种。一是北京、山东等城市或地区在原有的城市医疗保险体制下，通过扩大覆盖面直接将流动人口纳入其中，有些地方结合流动人口的特点适当降低了缴费基数和缴费比例。二是上海、成都实行包括医疗保险在内的综合保险模式，该保险模式独立于城镇社会保障制度。三是南京、天津等城市或地区针对流动人口收入水平低和流动性大等特点，实行相对独立和有针对性的医疗保险模式。四是深圳实行独特的对门诊和住院都保障的合作保障模式，满足农民工日常的医疗消费需求（李铁、范毅等，2013）。

（二）流动人口参与城镇医疗保险的现状特征分析

第一，流动人口参加城镇基本医疗保险的比例有较大的提高，但总体水平仍然不高。近几年来，医疗保险体系的建设和完善使流动人口的城镇医疗保险覆盖率得到明显提高。2013 年流动人口动态监测数据显示，28.1% 的流动人口在流入地获得了城镇基本医疗保险（含城镇职工基本医疗保险和城镇居民基本医疗保险），但这一比例相较于本地居民仍然较低（国家卫生和计划生育委员会流动人口司，2014）。

第二，流动人口城镇医疗参保内部出现明显的结构分化。其一，城市户籍流动人口参加城镇基本医疗保险的状况好于农村户籍流动人口，户籍类型和户籍地点叠加作用于农村户籍流动人口，使他们处于更为弱势的地位。根据 2013 年流动人口动态监测数据，农村户籍流动人口参加城镇职工医疗保险的比例仅为 20.1%，而城镇户籍流动人口的比例为 45.6%，比农村户籍流动人口高出一倍多（国家卫生和计划生育委员会流动人口司，2014）。其二，新生代农民工有脱离农村医保体系的倾向，但在流入地保障程度仍然很低。现如今，新生代流动人口已经成为我国流动人口的主力。根据第六次全国人口普查数据，1980 年后出生的新生代流动人口已经超过流动人口的半数，占全部流动人口的53.64%，比2005年增加13个百分点，而他们的医疗保险状况堪忧。数据资料显示，新生代农民工参加城镇医疗保险的比例仅为7%左右，只是稍好于老一代农民工，而参加新型农村合作医疗的比例仅为50%左右，不如老一代农民工（国家人口和计划生育委员会流动人口司，2011）。其三，不同单位的流动人口参保率不同，私营企业从业人员、个体工商户参保率较低。按照工作单位性质分类，参保率从高到低依次为外资企业、机关事业单位、国有企业、集体企业、私营企业和灵活就业单位。外资企业参保率高达70%以上，其中欧美企业高达93.5%，机关事业单位和国有企业参保率在65%以上，集体企业为50.5%，私营企业仅有32.7%，个体工商户低到只有10.2%（国家卫生和计划生育委员会流动人口司，2013）。其四，流动人口的职业不同，参保率也不同。分职业来看，办事人员、单位负责人等参保率较高，在70%左右；而流动人口比较集中的商业服务业、建筑装修业的从业人员，以及无固定职业者参保率较低，均低于25%（国家卫生和计划生育委员会流动人口司，2013）。

第三，流动人口参加城镇基本医疗保险存在明显的区域差异，折射出产业结构的深层影响。流动人口城镇医疗参保比例在不同流入地存在很大的差异。总体来说，东部地区流动人口参保比例高于中西部地区。2011年流动人口动态监测数据显示，东部地区流动人口享有城镇基本医疗保险的比例达30.4%，东北地区为16.4%，中部地区为10.1%，西部地区为15.5%。东、中、西部参保比例差异的背后是地区产业结构的差异。2011年流动人口动态监测数据显示，东部地区吸纳流动人口最多的产业是制造业，占43.8%，中、西、东北地区吸纳流动人口最多的产业是批发零售业，分别占34.4%、25.0%、19.3%。一般来说，制造业企业规模会比较大，政策比较规范，所以从业的流动人口参保率较高；而批发零售企业大多数属于私营企业或个体工商户，企业规模小，劳动关系松散，经营自由度大，监管更为困难，因此，流动人口的参保权利往往难以获得保障（国家卫生和计划生育委员会流动人口司，2013）。

第四，流动人口尤其是城市户籍流动人口存在重复参保现象。我国尚未建立全国统一的基本医疗保险体系，在“属地管理，地方统筹”管理办法的指导下，地方政府大部分在城市的层面上统筹医疗保险。由于各地执行的保险模式存在差异，保险的跨地区转移接续困难，因此存在流动人口在户籍地和流入地同时参加多份医疗保险的现象。2011 年流动人口动态监测数据显示，已在流入地参加城镇医疗保险的流动人口中，农业户籍重复参保的比例为 8.43%，而城市户籍重复参保的比例达到 15.92%（国家卫生和计划生育委员会流动人口司，2013）。重复参保既加重了参保个体的经济负担，又浪费了国家的卫生资源。

第五，流动人口家庭化趋势下随迁家庭成员获取的城镇基本医疗保险水平低。根据第六次全国人口普查资料，两代户、三代户家庭户分别占所有流动人口家庭户的 38.52%、5.04%，一代户中大部分流动人口也是同配偶或兄弟姐妹等一起流动，独自一人流动的只占家庭户的 26.76%。段成荣等（2013）认为，当前我国人口流动家庭化特征明显，正处于从夫妻共同流动向核心家庭流动转变阶段。当前的医疗保险更多注重就业的个体，缺乏对其家庭的支持与保护。而城镇基本医疗保险又与流动人口中的正规就业人员挂钩，这就导致流动家庭中没有工作的家庭成员难以参加城镇基本医疗保险，增加了流动人口家庭在流入地生活的成本和风险。

四　流动人口参与城镇医保所面临的主要困境

在中国，包括医疗保险改革在内的社会保险改革已经持续了近 30 年，中国政府在探索过程中付出了巨大的努力，也取得了诸如医疗保险全民覆盖等举世瞩目的成就。但客观地讲，医疗保险改革尚未完成，其制度结构还存在缺陷，流动人口参加城镇医疗保险仍存在诸多困境。

一是顶层设计滞后，“碎片化”状态严重。从中央层面来看，顶层设计与规划缺位，权责不清、多头管理现象严重。城镇医疗保险、新型农村合作医疗、城镇医疗救助分别由人力资源和社会保障部、卫生与计划生育委员会、民政部管理，各政府机构分别有独立的管理和信息系统，在关于职能分工、相互衔接等方面缺乏明确的更高层的设计，这导致三大制度在实践中运行混乱，顾此失彼，厚此薄彼，进而影响到整个医疗保障体系的效率。从地方层面来看，地方统筹层次低，医疗保险呈“碎片化”状态。我国社会医疗保险主要由市、县统筹管理，各地在缴费年限折算和互认、经办流程、最低缴费年限、个人账户处理等问题上缺乏统一，致使医疗保险异地衔接及权益维护难以得到保障，造成流动人口医疗保险的“便携性损失”，退保、重复参保等现象频发，浪费了大量的医疗资源。

二是供需错位，挫伤流动人口参保热情。当前我国流动人口内部存在很强的异质性，以农民工为主，也包括处于流动状态的农民工家属、拥有城镇户籍身份的流动人口等。不同类型的流动人口对医疗保障的需求不同，地方政府“一刀切”式的医疗保险模式使供给与需求难以匹配，根本上挫伤了流动人口的参保热情。比如，我国地方实行的医疗保险制度大多贯彻了国家“保大病”的政策意图，但没有考虑到大多数流动人口年龄结构较轻、健康状况较好的特点，止于“保大病”却未涉及“治小病”，降低了流动人口的参保意愿。

三是管理理念落后，服务意识缺位。中国经济发展的地区不平衡性导致城乡之间、地区之间的利益格局失衡，城市和发达地区享受长期公共资源投入，占据发展先机和年轻劳动力的贡献，却不愿意承担发达地区所应承担的保障责任，对流动人口仍然秉持“管控”思维，服务意识淡薄。究其原因，主要有以下几个方面：首先，政府考核模式落后，重视经济指标考核，对民生指标的考核力度较弱；其次，为大规模的流动人口参保将给地方财政带来不小的压力，因此，流入地政府往往倾向于排斥流动人口中健康风险较高的人群，出台相关政策限制他们的流入；再次，流入地政府出于吸引投资、发展经济的需要，对企业职工参加城镇基本医疗保险实行弹性制度，这诱使很多企业以各种名义拒绝为职工参保；最后，地方财力受限，事权与财权不统一，流入地政府受限于财政压力，心有余而力不足。

四是医保政策延续性差，弱化了流动人口医保权益。为保持社会稳定，我国包括医疗保险在内的社会保障改革采取试点先行、渐次推进的策略，渐进式改革的效果是复杂的，在减少改革阻力、提高新制度适应性的同时，也因一直不断“试错”而难以形成成熟、定型的保障模式。政策的不确定性造成制度公信力下降，增加了流动人口参加医疗保险的心理负担，再加上流动人口本身收入水平低、相对年轻、健康状况较好，限制了流动人口的参保意愿，使流动人口在城镇医疗保障领域的弱势地位不断固化。

五　未来流动人口参与医保的路径选择

医疗保险因制度缺失、规划落后、供需错位、政策延续性差等问题，难以真正吸纳流动人口参保，大大削弱了其“保护网”、“稳定器”和“安全阀”的作用，甚至可能形成新的利益失衡格局。而扭转现有局面，提高流动人口参保率，主要有以下路径。

第一，强化顶层设计，完善宏观规划，努力提高统筹层次。尽快开展医疗保险体系的顶层设计，完善超越单项制度、单届政府的宏观规划，是整个制度体系走向稳定、可持续发展的前提和基础。具体来说，首先要尽快统筹医疗系统内部各系统之间的关系。近期工作主要是明确人力资源和社会保障部、卫生与计划生育委员会、民政部在医疗保险体系中的职责分工、结构比例和接续管理办法，避免权责不清、多头管理、政策缺位；远期则需立足于真正削减不同户籍、不同就业类型、不同行业上的医疗保险待遇及权益的差异，从城镇医疗保险、新型农村合作医疗、城镇医疗救助交叉并存的局面过渡到一元化的制度安排，真正实现医疗保险的公平性。其次要打破区域分割，努力提高地方医疗保险统筹的水平和层次，实现资金管理模式、保障重点、报销比例和方式、筹资方式的统一，减小乃至消除医疗保险的“便携性损失”。

第二，配套财税改革，转变考评机制，鼓励社会资源投入。地方政府缺乏为流动人口参保的意愿，其背后的原因是财力不足、考核机制落后。首先，我国财政分权体制不健全、财政转移支付效率不高，“事权下移，财权上移”，导致政府缺乏相应的财力应对流动人口参保问题。因此，中央需要配套改革财税体制，完善分税制和财政转移支付制度，赋予地方政府一定的财力，以保障医疗卫生事业的财政投入。其次，考核机制落后，重经济、轻民生现象严重。因此，中央需要配套改革地方考核机制，改变主要以经济指标衡量地方政府绩效的考核机制，把事关民生的医疗卫生事业等社会指标也纳入考核范围并增加其权重。最后，未来随着医疗保险的覆盖率提高和刚性需求增长，医疗保障面临的财政压力会越来越大，因此，在保证财政投入不断增长的前提下，撬动市场资源、社会资源参与投资，对缓解财政压力、提高资源利用率、改善我国医保状况，意义重大。

第三，转变服务理念，强调以需定供，探索人性化医保模式。地方政府管理理念仍停留在市场经济早期的“管控”思维，视流动人口为洪水猛兽，制定政策大多强调“官本位、政府本位、权力本位”，以行政管制为主要手段管理流动人口，使制定出的政策较少能够满足流动人口多样化、多层次的愿望和需求。因此，将管控思维转变为服务思维，树立人本理念，探索满足流动人口需求的多样化的、多层次的医保模式，才能真正激发流动人口的参保热情，实现社会的公平正义，维护改革发展稳定大局。比如，针对流动人口年龄结构较轻、身体健康状况较好的特质，变单纯的“保大病”模式为“保大病”与“治小病”兼顾的模式，更多地满足流动人口日常医疗消费需求。

第四，转变试点模式，强调立法先行，实现试点工作法制化。从国外社会保障制度发展的实践来看，社会保障制度改革必须走“立法先行”之路，将人们对于制度的信赖建立在法律的权威和稳定之上，提高制度的公信力。具体来说，应当将社会保障领域中的重大改革方案交由立法机关审议，深入研究、仔细调查、审慎决策、理性设计，以成熟的方案推进包括医疗保险在内的社会保障制度改革的深化，使重大改革于法有据，于民有信。

参考文献

段成荣、吕利丹、邹湘江：《当前我国流动人口面临的主要问题和对策——基于2010年第六次全国人口普查数据的分析》，《人口研究》2013年第2期。

段成荣、杨舸：《中国流动人口状况——基于2005年全国1%人口抽样调查数据的分析》，《南京人口管理干部学院学报》2009年第4期。

段成荣、杨舸、张斐、卢雪和：《改革开放以来我国流动人口变动的九大趋势》，《人口研究》2008年第6期。

房莉杰：《农村流动人口医疗保障制度的现状与建议》，《中国卫生经济》2006年第12期。

郭菲、张展新：《农民工新政下的流动人口社会保险：来自中国四大城市的证据》，《人口研究》2013年第3期。

国家人口和计划生育委员会流动人口服务管理司：《中国流动人口发展报告2010～2012》，中国人口出版社，2010～2012。

国家卫生和计划生育委员会流动人口司：《中国流动人口发展报告 2013～2014》，中国人口出版社，2013～2014。

何文炯、杨一心：《医保关系转移接续的困境与对策——基于公平视角》，《中国医疗保险》2010 年第 4 期。

雷华北：《城市流动人口社会保障体系的研究》，《北京城市学院学报》2006 年第 2 期。

李强：《改革开放三十年来中国社会分层结构的变迁》，《北京社会科学》2008 年第 5 期。

李铁、范毅等：《我国城市流动人口和北京市人口问题研究》，中国发展出版社，2013。

祁翔：《农民工医疗保险选择影响因素的调查研究——基于 Logit 模型的分析》，《社会保障研究》2011 年第 2 期。

秦立建、惠云、王震：《流动人口的社会保险覆盖率及其影响因素分析》，《统计研究》2015 年第 1 期。

卢海阳：《社会保险对进城农民工家庭消费的影响》，《人口与经济》2014 年第 4 期。

申曙光、侯小娟：《我国社会医疗保险制度的“碎片化”与制度整合目标》，《广东社会科学》2012 年第 3 期。

唐丹：《流动人口参加工伤保险影响因素的定量分析——以北京、绍兴、东莞为例》，《人口研究》2011 年第 5 期。

吴少龙、凌莉：《流动人口医疗保障的三大问题》，《医疗保障》2012 年第 5 期。

徐广路、张聪、李峰：《社会保障对社会稳定的促进作用分析》，《现代管理科学》2015 年第 4 期。

杨菊华：《中国流动人口经济融入》，社会科学文献出版社，2013。

尹志锋、郭琳、车士义：《流动人口的社会保障状况及影响因素分析——基于 2006 年北京市的微观数据》，《北京科技大学学报》（社会科学版）2010 年第 2 期。

张展新、高文书、侯慧丽：《城乡分割、区域分割与城市外来人口社会保障缺失——来自上海等五城市的证据》，《中国人口科学》2007 年第 6 期。

赵俊芳、王媞：《近年来我国人口学的研究热点与作者分布——基于 1857 篇 CSSCI 论文的计量分析》，《人口研究》2014 年第 3 期。

周林刚：《流动人口管理与社会保障问题研究综述》，《中国人口科学》2008 年第 6 期。

周媛也：《流动人口社会保障同城待遇问题国内研究综述》，《法制与社会》2015 年第 5 期。

北京教育资源与人口调控的关系

——兼论义务教育的可行性*

胡玉萍**

摘　要:

本文基于21世纪以来北京各级各类教育资源变动及现状分析，认为从北京人口调控的角度来看，针对流动人口随迁子女的教育需求，不同性质的教育应该有不同的政策选择：义务教育应根据人口增长的规律进行教育规划；高中阶段教育坚持“尽力而为”的原则；高等教育应该在京津冀协调发展的思路下进行布局调整，以缓解首都人口压力。

关键词:

教育资源　人口调控　义务教育

随着北京市社会公共服务水平的进一步提高，教育等社会公共服务与人口发展之间的互动关系日益紧密和复杂。一般来说，优质教育资源可以吸引人口的加速流入，同时教育资源的合理配置又能够推动人口的有序流动。因此，教育等公共服务是否也可以在北京人口调控中发挥一定的作用成为大家关心的问题。然而，教育是分级分类的，不同的教育性质不同，地方政府对其有着不同的法律责任和政策选择空间。因此，在探讨首都教育资源与人口调控的关系时必须分别来看。

---

* 基金项目：北京市社会科学基金项目“北京市流动人口随迁子女后义务教育供需状况与政策选择”（项目编号：14JYB016）。

** 胡玉萍（1973～），法学博士，中共北京市委党校社会学教研部、北京人口研究所副教授，硕士生导师，主要从事流动人口、教育社会学研究，Email：huyuping@ bac. gov. cn。

一　义务教育与人口调控

近年以来在贯彻严控大城市人口规模的政策下，北京市围绕人口调控的总目标，针对非京籍儿童入学明确提出了五证齐全的要求，个别区县还提出了更具体的要求。近一两年，小学入学政策日益趋紧，部分学者、官员开始研究讨论通过设置义务教育门槛来调控流动人口的思路。

（一）设置义务教育门槛的原因分析

1. 优质义务教育资源带来了人口的无序流动

北京人口规模过快增长对资源、环境造成巨大压力，因此调控人口规模一直以来都是北京城市发展的一个重要目标。在贯彻执行流动人口子女义务教育政策的过程中，很多人会有这样的担心：如果流动人口子女能够在北京享有相对流出地高水平的义务教育，就会鼓励更多人口流入北京，从而造成北京人口规模进一步扩张。这与北京市人口规模调控的思路是背道而驰的。

实际上，我们回顾一下北京人口快速扩张的历史不难发现，北京人口快速扩张的主要原因并不在教育。首先，国家的区域发展不平衡，城市定位以及与城市定位相联系的产业结构是影响人口规模最重要的因素。正如有学者指出的，经济结构和经济规模决定了城市人口结构和人口规模。此外，从流动人口自身的迁移来说，他们主要还是考虑经济收入和生活成本。根据北京市流动人口和出租房屋信息平台统计数据，2010 年底全市登记的 777.6 万流动人口中，从来京原因看，务工占 88.9%。从目前学者们做的大量实证研究来看，还没有明确的证据证明流动人口的增加主要是由于流入地义务教育做得好。

尽管如此，由于担心流动人口子女义务教育问题解决得越好，会吸引越多的流动人口来京，像北京这样需要严格控制人口规模的特大城市在贯彻执行流动人口子女义务教育政策时仍心存疑虑。

2. 贯彻国家义务教育政策中的地方权利

目前国家层面针对流动儿童教育政策，是要求省级政府要继续坚持“两为主”方针，依法合理确定外来务工人员随迁子女入学条件，重点是积极妥善解决随迁子女义务教育问题。相当一部分人认为，对于北京这样的特大城市而言，结合城市发展规划、人口调控目标考虑安排非京籍随迁子女入学，是符合党中央、国务院的宏观政策要求的。2014 年 7 月，9 名非京籍初三学生因户籍问题无法在北京报考普通高中，家长向北京市海淀区法院对北京教育考试院提起行政诉讼，两审的结果均为败诉。在判决中，法院认为，根据教育法，地方政府、县级以上各级人民政府教育行政部门等可以根据本地实际情况，对辖区内的中等及中等以下教育工作进行管理。因此根据北京市相关文件规定，认定非京籍学生没有资格报考普通高中并无不当。总之，无论是从政策还是从法律上来看，很多人认为地方政府在安排非京籍随迁子女入学方面都有一定的权利，但实际上上述政策和法律规定并不是明确指向义务教育的。

对于流动儿童义务教育国家有着更为明确的政策和法律规定。2001 年国务院颁布《关于基础教育改革和发展的决定》，首次正式提出农民工子女教育问题的解决以流入地政府为主，以全日制公办学为主，即“两为主”原则，这两个基本原则至今仍然是解决流动人口子女教育问题的基本政策。2004 年以后，有关规定更是强调流入地政府“提供平等接受义务教育条件”的法律责任。2003 年国务院办公厅出台《关于做好农民进城务工就业管理和服务工作的通知》，要求流入地政府对农民工子女一视同仁，加强扶持，规范农民工自办简易学校。同年，国务院办公厅转发了《关于进一步做好进城务工就业农民子女义务教育工作的意见》，该《意见》也成为当前解决农民工子女教育问题的权威性政策文件。2006 年，新修订的《中华人民共和国教育法》实施，该法进一步将有关流动人口子女义务教育问题从行政法规的政策层面上升到法律层面。

3. 特大城市流动人口带来了义务教育资源压力

21 世纪以来，随着北京市流动人口规模的增长以及北京市保障流动人口随迁子女义务教育政策的不断完善和落实，非京籍义务教育在校学生规模比重逐年提高。2013 年，北京市小学一年级入学人口由 2007 年的 10 万人左右激增到 2013 年的 17.5 万人左右，小学在校生总量由 2007 年的 67 万人左右增加到 80 万人左右。尽管初中在校生由 2007 年的 33 万人左右减少至 2013 年的 31 万人左右，但整个义务教育阶段非京籍在校生的比例都有大幅上升。之后几年仍将呈持续增长趋势。

表1　2013年北京市非京籍在校生数量及比重

项目	外省市借读生		其中:民办学校	
	人数(人)	占在校生总人数比重(%)	人数(人)	占在校生总人数比重(%)
幼儿园	95645	27.43	47461	13.61
小学	369583	46.83	67507	8.55
特殊教育	737	8.83	35	0.42
普通中学	124835	25.06	21701	4.36
初中	103470	33.32	15036	4.84
高中	21365	11.39	6665	3.55
中等职业学校	72596	34.81	5513	2.64
合　计	788231	33.53	163918	6.97

资料来源：北京市统计局、国家统计局北京调查总队编《北京统计年鉴2014》，第421页。

快速增长的非京籍学生的确给北京市义务教育带来了相当大的压力，增加了北京市义务教育供需矛盾。但是，北京的义务教育资源是不是已经到了必须对流动人口随迁子女设置义务教育门槛的程度还值得研究。实际上由于人口生育高峰已过，北京2001~2013年关闭了800多所小学。过去20年来，北京义务教育阶段的小学和初中学校数和专任教师数都一直在缩减。有关数据显示，1995~2013年，北京的小学数由2867所下降至1093所，缩减了61.9%；专任小学教师数由6.2万人下降至4.87万人，缩减了21.5%。2001~2013年，提供初中教育的学校由2001年的727所减少至2013年的547所，减少了180所；专任初中教师由2003年的3.4万人下降到2013年的2.0万人，缩减了41.2%。①

从义务教育在校生数据来看，尽管21世纪以来北京市义务教育在校生中非京籍学生规模逐年增长，但由于京籍学生规模逐年递减，整体来看，北京市义务教育在校生规模先降后升。2010年之前，北京市义务教育在校生规模逐年递减，由2001年的129.2万人减少到2010年的96.3万人。2011年，义务教育在校生规模开始止跌回升，增长到98.3万人，2013年增长到近110万人。尽管如此，由于近年来进城务工人员随迁子女持续快速增长，妥善处理各

① 本段数据根据北京市统计局、国家统计局北京调查总队编《北京统计年鉴》历年数据计算所得。

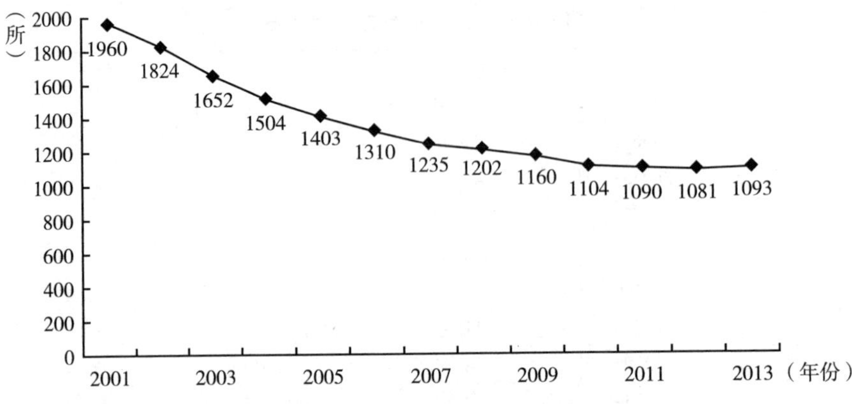

图1　北京市相关年份小学学校数及变化

资料来源：北京市统计局、国家统计局北京调查总队编《北京统计年鉴2014》，第408页。

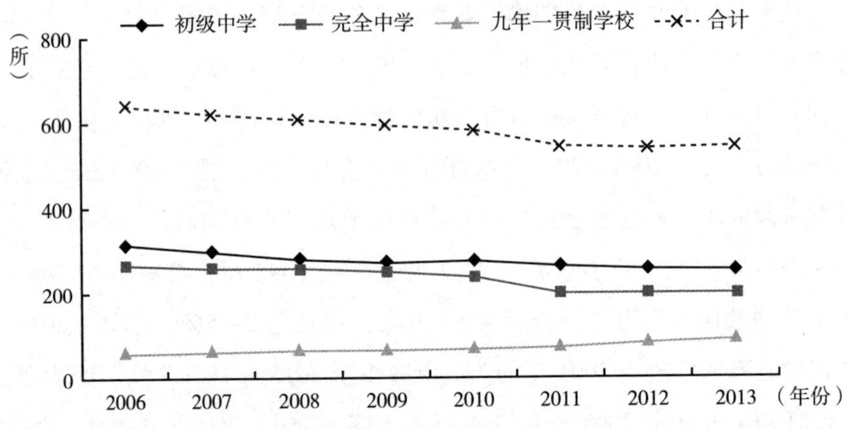

图2　北京市相关年份基础教育学校数及变化

说明：完全中学是既有初级中学学段，又有高级中学学段的学校；九年一贯制学校是指该校的小学和初中施行一体化教育，小学毕业后可直升本校初中，即同时开办小学和初中的学校。

资料来源：北京市统计局、国家统计局北京调查总队编《北京统计年鉴2014》，第404页。

级教育资源的供需矛盾仍然是北京市各级教育主管部门无法回避的问题。

4. 传统的人口调控手段收效甚微

北京市历来十分重视人口规模控制问题，从新中国成立初期开始就对北京市的人口规模、人口迁移流动等问题提出了明确的控制目标，并以行政、经济

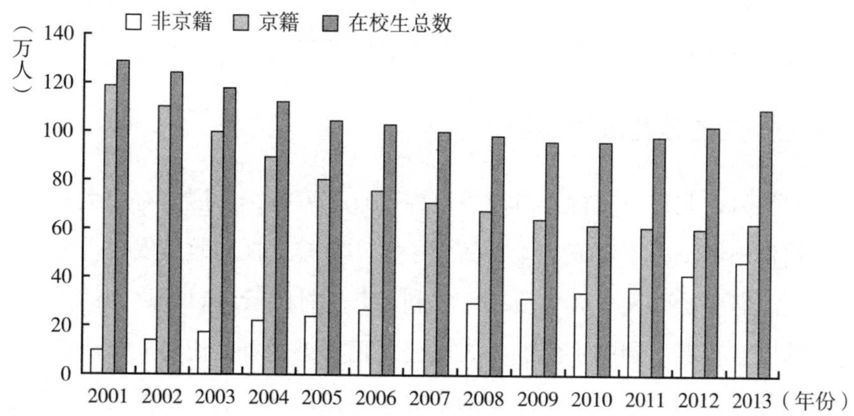

图 3　2001～2013 年按户籍分历年义务教育在校生规模

资料来源：北京市统计局、国家统计局北京调查总队编《北京统计年鉴 2014》，根据 403、421 页数据计算。

等手段控制人口增长。但从北京市人口规模调控政策的效果来看，尽管多年来，不断采取各种政策措施进行调控，可北京市人口规模不但没有被控制住，反倒始终保持不断增长的态势，人口规模调控的效果并不理想。这一方面反映出北京市人口流动的刚性，另一方面也表明行政措施对人口规模调控的效果十分有限。

（二）设置流动儿童义务教育门槛带来的后果

通过设置教育门槛来调控人口的思路，最显而易见的结果有两个：一是造就更多的留守儿童。义务教育政策的收紧只能是逼迫家长将孩子送回原籍上学，造成骨肉分离的伦理悲剧。二是影响未来城市市民人口素质。目前每 10 个在北京生活的儿童中，就有 3 个是流动儿童，城乡流动儿童在户口登记地以外地区流动的平均时间已达 3.74 年，7～14 岁流动儿童中约 1/3 流动时间在 6 年以上，[①] 越来越多的孩子已经没有老家生活的经历和记忆，成为文化上和社会意义上的城市生活儿童。儿童是祖国的未来，进入城市的流动儿童也将是一

① 全国妇联：《我国农村留守儿童、城乡流动儿童状况研究报告》，2014 年 12 月 17 日，http：//www. ce. cn/xwzx/gnsz/gdxw/201305/10/t20130510_ 24368366. shtml。

个城市的未来。流动儿童接受良好的教育，尽快融入城市社会，不仅有利于流动人口素质的提升，更关系未来整个城市居民的素质。

（三）义务教育政策建议

我们认为，北京市实行人口规模调控对首都可持续发展具有重大意义，但在义务教育领域不应该对流动人口随迁子女实行排斥性的政策安排。

首先，需要明确义务教育受教育权利和其他社会管理目标之间的关系，不同优先顺序意味着不同的价值选择。从公平正义维度看，流动人口随迁子女拥有接受义务教育的权利，义务教育的平等权利是最基本的、最低要求的教育权利。而教育公平作为基本价值之一，也是各国制定教育政策的基本出发点，随着国家保障教育公平政策的完善和普通民众教育权利意识的觉醒，优先提供义务教育基本公共服务越发必要。

其次，应当根据常住学龄儿童的客观增长规律来进行义务教育规划。我们在讲教育基本公共服务供求矛盾的时候，习惯思维是人太多了，但也应该反思一下我们是根据什么样的人口规模所做的教育基本公共服务规划和布局。拿义务教育来说，不根据人口增长的规律进行义务教育规划，而通过减缓义务教育服务和供给来调控人口的思路是本末倒置，如果义务教育等基本公共服务不足，而实际人口增长却按照市场规律发展，只会增加城市的发展障碍和社会风险。因此，在面对流动人口及其随迁子女规模不断增长的这一不容忽视的现实时，义务教育阶段的教育规划，不仅要考虑户籍学龄人口的变化情况，更要考虑非户籍学龄人口的客观增长规律。

二　高中阶段教育与人口调控

流动人口子女高中阶段教育问题与义务教育问题性质不同。根据学者的分析，相比义务教育，流动人口子女高中阶段教育有不同特点。一是政府的法律责任不同。义务教育是强制教育，是政府必须提供的、所有适龄儿童必须接受的最低程度教育；而目前的高中阶段教育是选择性教育，是政府有责任发展而公民个人也有权利选择接受或不接受的教育。二是提供的内容不同。义务教育阶段主要是基础的国民素质教育；高中阶段的教育则既包括以升学为导向的普通高中教育，也包括以就业为导向的职业和技术教育。三是在获取方式上，义务教育主要是免费获取；而高中阶段教育则采用成本分担机制，公民个人需要缴纳相应的学费（桑锦龙、雷虹、郭志成，2009）。因此，对于流动人口子女高中阶段教育，流入地政府具有更大的政策选择空间。

目前，对非京籍随迁子女，北京市实行的是严格控制普通高中报考的政策。根据相关规定，除知青子女、专业技能人才子女等九类特殊人群外，北京市对非京籍学生还没有普遍开放普通高中教育。2012 年，北京市教委等四部门制订《进城务工人员随迁子女接受义务教育后在京参加升学考试工作方案》，在这一过渡性方案中以就业和缴纳社保年限为条件开放了中等职业和高等职业教育。①

针对流动人口子女高中阶段的教育政策，首先要考虑的是北京市高中阶段教育资源状况。从北京市高中阶段在校生规模来看，21 世纪以来普通高中在校生规模先增后减，非京籍所占比重不大但呈逐年增长趋势。北京市高中在校生规模以 2005 年为分界点先增后减，变化幅度较大，2005 年规模最大时将近 28 万人，2013 年降至约 18 万人。京籍高中在校生占高中在校生的绝大多数，2001 ~ 2005 年，京籍高中生的数量增加了 8 万多人，2005 年达到最大规模时约为 27 万人，2013 降至约 16 万人，减少了约 11 万人。非京籍高中在校生规模较小但增幅较大。非京籍高中生数量由 2001 年不足 4000 人逐年递增至 2013 年的 2 万多人，其间增加数量达到 1.7 万多人，增长率达到 81%。非京户籍学生比例自 2006 年起上升速度增快，从 3% 增长到 11.4% 左右。目前的学位完全能够满足未来几年北京户籍人口普通高中教育需求，考虑到近年来普通高中非京籍在校生比例的较快提升，在现行政策和学位不变的情况下，也基本能够满足这部分非京籍学生的教育需求。

中等职业教育在校生规模，21 世纪以来总体略有下降。2003 ~ 2013 年，北京市中职在校学生规模整体呈现先逐年减少后保持平稳的趋势，仅 2012 年

① 北京市教育委员会：《北京市中长期教育改革和发展规划纲要（2010 ~ 2020 年）解读》，2013 年 11 月 25 日，http：//www.bjedu.gov.cn/publish/portal0/tab103/info26670.htm。

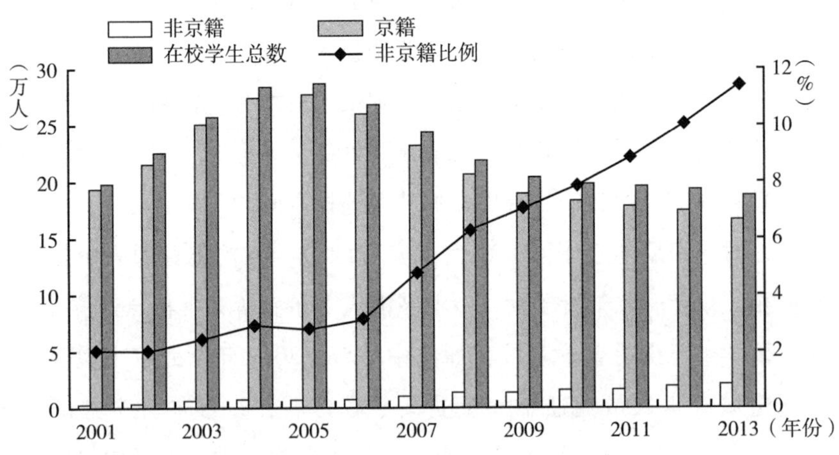

图 4　2001～2013 年北京市普通高中在校生规模及变动

资料来源：北京市统计局、国家统计局北京调查总队编《北京统计年鉴 2014》，根据第 403、421 页整理。

有较大起伏。2003～2008 年，中职在校学生规模由 21.7 万人逐年减少至 17.5 万人，减少了 4 万多人；2008 年以后，除 2012 年人数增加到将近 19 万人以外，其他年份中职在校学生数都在 16 万人左右。整体上看，中职在校生由 21 万人减少到 16 万人，减少了 5 万人。仅从户籍初中毕业生需求来看，未来几年北京户籍人口提供的中等职业教育生源将持续减少，中等职业学校将一直面临生源不足的问题。如果考虑 2013 年北京市对非京籍初中生开放中等职业教育政策的影响，未来中等职业教育生源不足问题会得到一定程度的缓解。

然而，鉴于北京市作为特大城市未来一段时期内人口调控的压力，在研究制定流动人口随迁子女高中阶段教育政策时，既要考虑其合理性又要考虑城市的现实制约性。流动人口随迁子高中阶段教育，尤其是普通高中教育问题目前还处于探索阶段。首先，要加强相关情况的调研，在掌握各地底数、容量、受教育需求等情况的基础上，应坚持“尽力而为”的原则。其次，要审慎研究制定流动人口子女普通高中教育的相关政策。最后，对于中等职业教育，一方面可适当加大开放力度，既要满足适龄人群高中阶段教育需求，减缓未来可能出现的普通高中教育压力，又要提高劳动力素质，减少社会不和谐因素，促进城市可持续发展。另一方面从疏解北京人口的角度考虑，需对北京市中等职业

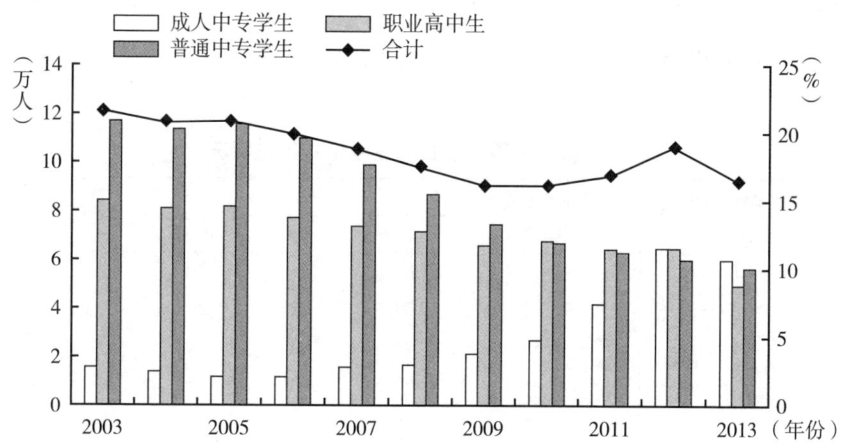

图5　2003～2013年北京市中等职业教育在校生规模及变动

资料来源：北京市统计局、国家统计局北京调查总队编《北京统计年鉴2014》，根据第403页整理。

教育资源进行整合，对于办学水平不高，学科和专业重复设置的一些普通中专、成人中专和技校进行重点调整。

三　高等教育与人口规模调控

从疏解人口的角度看，在教育领域最有可能大有作为的是高等教育。集中的高等教育资源在为地区提供优质人力资源的同时，也会带来相当规模的人口。

北京集中了规模庞大的高等教育受教育人口和与之相关的教学、服务人口。21世纪以来，北京市普通高等学校的数量呈现逐年增多的趋势，2010年后保持相对稳定。北京市普通高等学校的数量从2001年的61所增加至2013年的89所，增加了28所，增长比例达到45%。普通高等学校中，部属高校数量变化无几，增加较多的主要是市属、市管高校，由2001年的30所增至2013年的54所。从在校生规模来看，北京市普通高等教育在校生规模整体上呈现逐年增加的趋势。北京市普通高等教育在校生规模除2001年为82万人以外，历年都在100万人以上。2013年，北京市普通高等教育在校生规模增加到218万多人，13年增加了136万多人。高校校均学生数也由2001年的约1.35万人增至2013年的约2.45万人，增加了近83%。

表2 普通高等学校数、在校生数历年情况

	在校学生数（人）	在校学生数变化比例（%）	学校数（所）			校均学生数（人）
			合计	部属	市属	
2001年	820716	—	61	31	30	13454
2002年	1578367	92.32	62	32	30	25458
2003年	1178553	-25.33	74	33	41	15926
2004年	1267344	7.53	77	33	44	16459
2005年	1330232	4.96	79	36	43	16838
2006年	1507339	13.31	82	36	46	18382
2007年	1537789	2.02	83	36	47	18528
2008年	1588061	3.27	82	36	46	19367
2009年	1639717	3.25	88	36	52	18633
2010年	1715261	4.61	89	36	53	19273
2011年	1838769	7.20	89	36	53	20660
2012年	1945662	5.81	91	37	54	21381
2013年	2182787	12.19	89	35	54	24526

资料来源：北京市教育委员会发展规划处编《2001～2013年北京市教育事业统计资料》；北京市统计局、国家统计局北京调查总队编《北京统计年鉴2014》，根据第403、408页数据计算。

此外，相关数据表明，北京市普通高等学校学历教育中市属、市管院校在校生的比重略超过1/3，部属院校在校生比重接近2/3。尽管目前还很难计算出与高等教育相关人口的具体数据，但根据学者的统计，1999年北京高等教育在校生为70多万人的时候，与教育相关的人口就有200多万人，这为我们估计目前北京市与高等教育相关的人口规模提供了一个参考。

2014年，北京市的城市战略最新定位是“全国政治中心、文化中心、国际交往中心、科技创新中心”。凭借合理定位首都城市发展战略、疏解首都非核心功能、促进京津冀协同发展的契机，首先要以高等教育为切入点，重新思考和研究首都高等教育功能的准确定位和合理布局，确定京津冀高等教育协同发展的思路。其次，要切实做好教育规划与产业规划、人口规划等的协调，发挥高等教育对调整疏解首都人口的作用。具体来说，一是要合理疏解部属高等教育功能。北京市是部属高等院校的聚集地，国家层面应在京津冀协同发展的更大空间上对三地，特别是北京的中央部属高等院校进行结构调整。部属高等院校布局调整既可以提高目前三地高等教育资源的利用率，提高区域竞争力，又可以有效助力首都疏解人口。二是应该对市属高等院校进行分类重组，将适合北京市经济社会发展需要的高等教育资源做精做强，将不适合北京产业和就业需求的在京津冀范围内进行调整重组。

参考文献

桑锦龙、雷虹、郭志成：《我国城市流动人口随迁子女高中阶段入学问题初探》，《教育研究》2009 年第 7 期。

社会网络对男性流动人口性病、艾滋病风险性行为的影响*

杜 鹃 王文卿**

摘 要：

目的：考察社会网络因素对北京市男性流动人口的性病、艾滋病风险性行为的影响。

方法：综合社区抽样和互联网抽样，抽取样本385名，采用问卷调查法收集数据，采用logistic回归进行数据分析。

结果：32人曾感染过性病，33人的女性性伴侣在过去12个月中有过意外怀孕或流产，139人曾在调查前的12个月中有过商业性行为，27人在商业性行为中未坚持使用安全套。男性流动人口的"核心应酬聚会网"对其从事商业性行为及是否在商业性行为中坚持使用安全套均有显著影响。

结论：社会网络因素能够为解释男性流动人口的性病、艾滋病风险性行为提供重要理论维度。未来面向流动人口的安全性行为与生殖健康研究应关注社会网络的作用。

关键词：

社会网络 核心应酬聚会网 男性流动人口 艾滋病 风险性行为 商业性行为 安全套使用

---

* 基金项目：北京市哲学社会科学规划研究基地项目"社会网络视角下的北京市流动人口风险性行为与生殖健康"（项目编号：13JDSHC012）、教育部人文社会科学研究青年基金项目"乡城流动人口的社会网络与艾滋病风险性行为"（项目编号：12YJC840041）。

** 杜鹃，中共北京市委党校社会学教研部讲师；王文卿，北京理工大学人文与社会科学学院讲师。

一 引言

社会网络是社会科学研究和行为研究的新兴领域之一。以往研究仅仅用个人特征（如年龄、收入、性别等社会特征及动机、态度等心理特征）来解释人的行为，而社会网络研究则强调个体之间的社会关系对行为的影响（戴维·诺克，2012）。目前，社会网络视角已广泛应用于健康行为研究。例如，Christakis 等（2008）的研究发现，社会网络对戒烟存在重要影响，某个成员戒烟会不同程度地带动网络内其他成员戒烟，从而导致整个网络成员集体戒烟。

社会网络视角在生殖健康研究中也已引起重视。杨红梅等（2003）、朱军礼等（2008）从社会网络视角分析了艾滋病的传播，尤其是社会网络在男男性接触者社区中的重要意义。靳小怡等（2008）发现网络规模和网络成员的观念显著影响农民工对“未婚先孕”和“婚外恋”的态度。但是，针对我国流动人口的性病、艾滋病风险性行为研究，仍然沿袭传统的围绕个体行为展开的解释框架，没有充分考察流动人口的社会网络对其风险性行为的影响。

与此同时，社会学家对流动人口的社会网络开展了很多研究，但主要考察社会网络的特点（李树茁等，2006），社会网络对流动人口的地位获得、婚育观念和行为的影响（吴愈晓，2011；靳小怡等，2005），同样忽视了社会网络对流动人口的性病、艾滋病风险性行为可能产生的影响。

因此，尽管生殖健康和流动人口研究均已引入社会网络视角，但在流动人口的性病、艾滋病问题上，社会网络的重要性尚未引起足够重视。本研究致力于验证社会网络视角在这个交叉领域中的解释力。

二 方法

（一）人群与抽样

本研究的对象是生活在北京的男性乡城流动人口，户籍为外地农村，年龄为 18～60 岁。抽样分两阶段进行。首先采取方便抽样的方式抽取具有商业性行为经历的男性流动人口。在男性流动人口集中的建筑工地、工厂、市场、餐馆等场所，利用电脑和手机等平台发放电子问卷1100份，956人仅填答问卷初筛部分，因没有商业性行为被排除；144人填答主体问卷，完成问卷者有120人，其中13人因在有关商业性行为的3道问题上回答不一致被剔除，得到有效问卷107份。以主体问卷填答者（144人）为基数，有效回收率为74.31%。

其次利用方便抽样抽取普通男性流动人口，同样要求农村户籍，年龄为18~60岁。在第一阶段抽样未覆盖的男性流动人口集中的场所，利用电脑和手机发放电子问卷，但不再利用初筛题限定调查对象必须有商业性行为。在此阶段发放问卷350份，283人完成调查，5人在有关商业性行为的3道问题上回答不一致被剔除，得到有效问卷278份，有效回收率为79.43%。

（二）因变量

将“是否从事商业性行为”“是否在商业性行为中坚持使用安全套”作为因变量，这两个变量均为二分变量，故采用二元logistic回归模型进行分析。

（三）自变量

自变量分为3类：社会人口学变量、风险认知变量、社会网络变量。其中第三类又包括网络结构、网络规模和网络行为效应三类。为了考察不同类型变量的影响，本研究采用两个递进的嵌套模型进行分析。为了突出社会网络变量的影响，研究者将其放在后面的模型，以检验在控制其他变量的情况下，社会网络变量的净效应是否仍然显著。

1. 社会人口学变量

包括教育程度、年龄、收入、婚姻状况、职业类型、在京生活时间。

2. 风险认知变量

通过七个问题，分别测量被调查者对以下方面的认知：感染性病和艾滋病的后果、感染性病和艾滋病的可能性、商业性行为的收益（消除寂寞，成功感受）及风险（警察抓捕的可能性）。对七个问题进行因子分析（主成分正交旋转法），得出三个因子（特征值为1.65~2.43，解释总方差为83.09%）：

感染后果因子、感染可能性因子、商业性行为风险收益权衡因子。

3. 社会网络变量

前期研究表明，男性流动人口通过应酬或聚会形成了一种特殊的自我中心社会网（ego-centered social network）——“核心应酬聚会网”，它对成员的商业性行为和安全套使用行为具有重要影响（Wang et al.，2014；王文卿，2014）。

网络规模定义为，调查对象过去12个月中与其一起参加应酬或朋友聚会的男性数量。调查对象随后详细回答其中3人的情况（如不足3人，则按实际数量报告），这些人便构成了调查对象的“核心应酬聚会网”。

研究还测量了核心应酬聚会网的关键结构指标：网络密度和核心应酬聚会网成员在年龄、教育、户口、收入、职业五个方面的异质性。网络密度定义为调查对象报告的关系人之间的平均关系强度。关系人之间全部相互认识、不全相互认识和互不相识分别赋值为1、0.5和0。年龄和教育的异质性通过标准差测量，户口、职业和收入的异质性采用质异指数（Index of Qualitative Variation）测量。

网络影响效应有：①核心应酬聚会网对被调查者发生商业性行为的影响效应（以下简称商业性行为效应）；②核心应酬聚会网对被调查者在商业性行为中坚持使用安全套的影响效应（以下简称安全性行为效应）。两种效应的测量均根据被访者与网络成员的亲密程度进行加权处理。商业性行为效应的计算公式为：

$$\text{CS}-\text{Net}=\sum_{i}^{n}C_i\times I_i \tag{1}$$

式（1）中，C_i 表示第 i 个网络成员在调查之前的12个月中是否有过商业性行为，有过赋值为1，没有赋值为-1，不清楚赋值为0。I_i 表示第 i 个网络成员与调查对象的亲密程度，通过亲密程度量表测量，该量表包括8个问题（交往频率、认识时间、行为亲密和话题亲密等），其Cronbach's Alpha系数为0.76~0.81。安全性行为效应的计算公式为：

$$\text{UC}-\text{Net}=\sum_{i}^{n}A_i\times I_i \tag{2}$$

式（2）中，I_i 同样表示第 i 个网络成员与被调查者的亲密程度，但分析的范围只包括139名有商业性行为的被访者及其网络成员，此时量表的Cronbach's

Alpha 系数取值范围为 0.91 ~0.94。A_i 表示第 i 个网络成员对安全套使用的态度，通过安全套态度量表测量，该量表包括四个问题（在商业性行为中是否坚持使用安全套，是否认可安全套预防有效性，是否认可使用安全套的重要性，是否会嘲笑被访者的使用），针对不同网络成员的 Cronbach's Alpha 系数取值范围为 0.69 ~0.77（只针对 139 个有商业性行为的被访者的网络成员）。

4. 统计分析

本文利用 PASW Statistics（原 SPSS）18.0 进行统计分析。

三　研究结果

（一）调查对象的基本特征

本研究共调查在京的男性乡城流动人口 385 名，平均年龄为 31.57 岁。教育程度主要集中在高中和大专水平，总计超过总体的 81%。收入集中在 3000 ~10000 元，占到 60% 以上。职业以商业、服务业或娱乐业普通职员和在工厂或工地直接参加生产劳动的工人为主，比例接近 60%。近 60% 的调查对象处于婚姻关系中，另有近 20% 处于未婚同居的状态。超过 60% 的调查对象已在北京生活 3 年以上，仅有不到 10% 的调查对象在京生活不到 3 个月。接近一半的调查对象在调查之前的 12 个月中，只与不超过 5 个人进行过应酬或聚会。核心应酬聚会网的平均密度为 0.57，略微超过中间水平。户口、收入和职业异质性指标非常接近，说明核心应酬聚会网成员同质性较强。有商业性行为经历的调查对象共有 139 名，包括 107 名通过互联网招募的对象和 22 名通过社区招募的对象。在 139 名调查对象中，坚持在商业性行为中使用安全套的比例超过 80%。

表 1　调查对象的基本特征

特征	N	%
年龄*	31.57 岁	(9.14)
教育		
没上过学	7	1.82
小学	11	2.86
初中	26	6.75

续表

特征	N	%
高中/中专/职业高中	166	43.12
大专	148	38.44
上过大学本科/研究生	27	7.01
收入		
少于 3000 元	65	16.88
3000 ~ 5000 元	142	36.88
5001 ~ 10000 元	111	28.83
10001 ~ 20000 元	44	11.43
20001 ~ 50000 元	12	3.12
50001 ~ 100000 元	4	1.04
>100000 元	7	1.82
职业		
工厂或工地打工/直接参加生产	76	19.74
商业/服务业/娱乐业的普通员工	151	39.22
个体劳动者/小商小贩/做小生意	33	8.57
各种企业家/经理/厂长/老板等	30	7.79
其他职业	95	24.68
婚姻		
未婚未同居	65	16.88
未婚同居	71	18.44
已婚	228	59.22
离婚或丧偶	21	5.45
在京时间		
不到 3 个月	31	8.05
不到 6 个月	18	4.68
不到 1 年	41	10.65
不到 3 年	62	16.10
3 年以上	233	60.52
商业性行为	139	36.10
坚持用安全套	112	80.56

* 对于年龄等连续变量，括号外为均值，括号内为标准差。表中凡括号内无“%”的均属此情况。

（二）调查对象现有风险情况

调查对象中 32 人（8.3%）报告曾经感染过性病，33 人（8.6%）的女性性伴侣在过去12个月中有过意外怀孕或流产，139人曾在调查前的12个月中有过商业性行为，27人在商业性行为中未坚持使用安全套。

（三）核心应酬聚会网对商业性行为和安全性行为的影响

本研究分别考察了商业性行为和安全性行为使用的两个嵌套解释模型。第一个模型纳入风险认知变量和社会人口学变量，第二个模型进而加入三类社会网络变量，并通过卡方检验判定第二个模型的解释力是否显著增加。

1. 商业性行为的解释模型

表2显示，加入社会网络变量的模型改进是显著的（$p<0.001$），说明三类社会网络变量作为一个整体能够显著改善对商业性行为的解释。具体而言，应酬聚会网的规模及核心应酬聚会网的结构特征均不显著，但核心应酬聚会网的行为效应非常显著（$p<0.001$）。行为效应是根据调查对象和网络成员的亲密程度加权处理后的行为示范效应，得分越高（在本研究中的分布范围为-13~13.88），意味着核心应酬聚会网对调查对象从事商业性行为的正向作用越强。调查对象在该变量上的得分每增加1分，其发生商业性行为的可能性便增加33%［（1.33-1）/1×100%］。

在风险认知变量中，商业性行为的风险收益权衡因子的作用显著（$p<0.001$），但疾病感染后果和可能性因子均不显著。商业性行为的风险收益权衡因子得分越高（在本研究中的分布范围为-1.48~2.13），意味着对商业性行为的接受程度越高。根据模型2，流动人口在该因子上得分每增加一分，发生商业性行为的可能性就增加9.36倍（10.36-1）。

此外，在京生活时间和婚姻状况在两个模型中作用均显著，但显著性水平有差异。根据模型2，在京时间对商业性行为的影响是非线性的。相对于在京生活不到3个月的流动人口而言，在京生活更长时间的流动人口发生商业性行为的可能性更高，但其可能性并非随生活时间延长而线性增长。数据显示，在京时间为3~6个月的流动人口发生商业性行为的可能性最大，是居住3个月以下群体的200多倍。随着生活时间延长，发生可能性下降，在京1~3年的流动人口商业性行为发生可能性下降到在京3个月以下流动人口的6.51倍。但超过3年之后，发生可能性又迅速提升至31.15倍。相对于离婚或丧偶的男性流动人口，未婚男性发生商业性行为的可能性均更高，未婚未同居者是前者的 11.01 倍，未婚同居者是前者的 1.61 倍。已婚的男性流动人口发生商业性行为的可能性相对较低，是离婚或丧偶者的 89%。

教育的影响只在模型 1 中显著，从数据的分布模式看，没上过学的调查对象相对于上过本科或研究生的调查对象更可能从事商业性行为。模型 2 中，在引入社会网络变量后，教育的贡献被其他变量削弱了。

表 2　商业性行为和安全套使用的解释模型

变量	商业性行为		安全性行为	
	模型 1	模型 2	模型 1	模型 2
年龄	0.97	0.98	1.05	1.14
教育(参照:上过本科或研究生)				
没上过学	22.89	3.90	0.00	0.00
小学	2.72	0.50	0.79	0.06
初中	1.09	0.43	1.77	0.48
高中/中专/职业高中	2.20	1.87	1.03	0.02
大专	0.65	0.35	3.04	0.72
收入(参照:<3000 元)				
3000~5000 元	3.09	2.40	1.55	5.27
5001~10000 元	4.38	4.32	0.43	0.23
10001~20000 元	2.04	0.94	0.87	0.37
20001~50000 元	7.78	3.73	1.40	0.17
50001~100000 元	0.62	0.12	7.89E+08	1.60E+10
>100000 元	3.02	3.10	5.09E+07	1.86E+07
职业(参照:其他职业)				
工厂或工地打工/直接参加生产	2.41	2.88	0.28	1.92
商业/服务业/娱乐业的普通员工	1.15	0.66	1.03	7.86
个体劳动者/小商小贩/做小生意	0.61	0.69	0.37	1.59
各种企业家/经理/厂长/老板等	3.24	4.54	0.71	2.70
婚姻(参照:离婚或丧偶)				
未婚未同居	8.23	11.01	0.00	0.00
未婚同居	1.32	1.61	0.00	0.00
已婚	1.04	0.89	0.00	0.00
在京时间(参照:不到 3 个月)				
3~6 个月	13.02	204.40	0.00	0.00
6 个月到 1 年	7.23	18.60	0.00	0.00

续表

变量	商业性行为		安全性行为	
	模型 1	模型 2	模型 1	模型 2
1～3 年	3.79	6.51	0.00	0.00
3 年以上	11.79	31.15	0.00	0.00
风险认知				
商业性行为风险收益权衡	8.20***	10.36***		
疾病感染可能性	0.99	0.91	0.48*	0.18*
疾病感染后果	0.78	1.21	1.38	1.90
网络规模（参照：0～5 人）				
6～10 人		0.82		6.20
11～20 人		0.38		1.06
20 人以上		0.68		21.69
网络结构变量				
网络密度		2.07		1.30
年龄异质性		0.94		1.00
教育异质性		1.50		0.61
户口异质性		2.34		0.22
收入异质性		0.47		0.02
职业异质性		0.97		159.56*
网络行为效应		1.33***		1.09*
模型卡方检验				
G^2	267.45	162.61	97.49	45.79
DF	26	36	25	35
模型改进显著度		***		***

* $p<0.05$；** $p<0.01$；*** $p<0.001$。

2. 安全性行为解释模型

表 2 显示，模型 2 在加入社会网络变量后，也显著改善了对安全性行为的解释（$p<0.001$）。具体而言，在两个模型中，作用显著的变量只有 3 个：疾病感染可能性、网络行为效应和职业异质性（$p<0.05$）。

根据模型 2，疾病感染可能性因子得分越高（在本研究中的取值范围为 -0.94～2.89），表示调查对象认为自己感染性病或艾滋病的可能性越大。该因子得分每增加 1 分，使用安全套的可能性就下降 82%。这种因果关系从现实角度是说不通的，两者的因果关系需要颠倒过来进行理解：越是坚持使用安全套，越容易认为感染可能性低；越是不坚持使用安全套，越容易认为感染可能性高。

安全性行为网络效应得分范围为 -22.50 ~ 83.25。模型 2 显示，该变量得分每增加 1 分，调查对象坚持使用安全套的可能性便增加 9% [(1.09 - 1) / 1 × 100%]。

职业异质性测量的是核心应酬聚会网的成员在职业上的变异程度。其取值范围为 0 ~ 1。根据模型 2，相对于核心应酬聚会网的职业异质性程度为 0 的调查对象，职业异质性程度为 1 的调查对象坚持使用安全套的可能性将增加 158.56 倍。究其原因，仍需进一步定性研究予以解释。

四　讨论

此前，流动人口的生殖健康研究，尤其是性病、艾滋病风险性行为研究与流动人口的社会网络研究基本上是相互分离的领域。在人口学和社会学研究中，流动人口的社会网络引起了广泛重视，但直接探讨社会网络行为效应的研究并不多，忽视了社会网络同样可能影响男性流动人口的商业性行为和安全性行为。

在公共卫生和流行病学研究领域，我国流动人口的艾滋病风险在国内外均引起了极大关注。社会网络视角也早已被引入艾滋病研究（杨红梅等，2003；朱军礼等，2008）。但是，在流动人口的艾滋病风险这个具体领域中，社会网络的作用尚未引起深入研究。因此，本研究通过在该领域中引入社会网络视角，有助于克服现有研究领域的盲点，增进对流动人口性病、艾滋病风险性行为的认识。

本研究考察了三类社会网络变量：应酬聚会网的规模、核心应酬聚会网的行为示范效应及核心应酬聚会网的结构。作为一个整体，这三类变量能够非常显著地改进对商业性行为和安全性行为的解释。具体而言，应酬聚会网的规模对商业性行为和安全性行为的影响均不显著，这或许意味着，对于商业性行为和安全性行为这些比较隐私的行为来说，真正重要的影响主要来自核心的社会网络或交往圈子。而且，由于核心应酬聚会网的结构特征作用基本不显著，因此核心社会网络的影响主要来自网络成员的行为所形成的示范效应。在核心应酬聚会网的结构特征中，仅有职业异质性对安全性行为的作用显著。这是一个有意思的发现，但其具体作用机制仍需进一步探究。

对疾病感染可能性和后果的认知并未显著影响商业性行为，这与 Li 等（2004）的研究不一致。但商业性行为的风险收益权衡因子对商业性行为的作用是非常显著的。这说明风险认知变量的作用比较复杂，不能一概而论。疾病感染可能性认知对安全性行为的作用显著，但方向为负，这与常识不符。这或许意味着，并非感染可能性认知决定安全性行为，而是安全性行为状况决定对感染可能性的认知。将来的研究需要进一步考察风险认知与风险行为的关系以及风险认知与社会网络之间的关系。

社会人口学变量对安全性行为的影响均不显著。在引入社会网络变量后，对商业性行为影响显著的社会人口学变量也只有婚姻和在京时间。这揭示了仅仅用这些基本变量进行行为解释的局限性。

对性病、艾滋病预防来说，本研究具有一定的启发意义。首先，未来的预防活动应该关注社会网络在形塑风险性行为中的作用，并主动利用这些网络重塑和强化积极的健康行为。在移动互联网和社交媒体高度发达的今天，如何利用移动互联网的各种社会网络平台进行健康干预，成为迫切需要关注的方向（Muessig et al.，2013）。其次，面向流动人口的预防活动需要特别关注他们通过应酬和聚会形成的核心网络，因为其网络成员的行为和观念对其自身的行为具有重要影响。再次，未来的干预活动需要特别关注未婚未同居和未婚同居的男性流动人口，他们发生商业性行为的可能性更高。最后，由于在某地生活 3 个月之后，男性流动人口从事商业性行为的可能性显著上升，流动的最初 3 个月是开展预防活动的关键时期。

当然，本研究也存在局限。由于研究问题的敏感性、流动人口抽样框的不完备性以及研究经费的限制，本研究无法通过随机抽样的方式来募集能够满足统计分析需要的样本。这将限制本研究结论的可推广性。为了以更加严格和系统的方式来验证本研究的发现，未来的研究需要在更大的范围内开展随机抽样，或者把本主题的研究整合进具有全国代表性的随机抽样研究中。

五 结论

在传统的个体因素之外，社会网络因素能够为解释流动人口的性病、艾滋病风险性行为提供独特的贡献。男性流动人口通过应酬或聚会形成了一种特殊的自我中心社会网，而该网络的核心成员（即核心应酬聚会网的成员）的观念与行为对调查对象从事商业性行为和安全性行为产生显著影响：从事商业性行为或坚持使用安全套的成员越多，他们与调查对象的关系越亲密，那么调查对象本人从事商业性行为或坚持使用安全套的可能性就越大。此外，对商业性行为具有显著影响的因素还包括婚姻状况、在京生活时间、商业性行为的风险收益权衡等，对安全套使用具有显著影响的因素还包括疾病感染可能性、网络成员的职业异质性等。这些发现对于未来的研究和性病、艾滋病预防项目具有重要启发。

参考文献

戴维·诺克：《社会网络分析》，杨松、李兰译，格致出版社，2012。

靳小怡、彭希哲、李树茁、郭有德、杨绪松：《社会网络与社会融合对农村流动妇女初婚的影响——来自上海浦东的调查发现》，《人口与经济》2005 年第 5 期。

靳小怡、任峰、悦中山：《农民工对婚前和婚外性行为的态度：基于社会网络的研究》，《人口研究》2008 年第 5 期。

李树茁、任义科、费尔德曼、杨绪松：《中国农民工的整体社会网络特征分析》，《中国人口科学》2006 年第 3 期。

王文卿：《社会网络对商贩流动人口艾滋病风险的影响机制探析》，《医学与社会》2014 年第 3 期。

吴愈晓：《社会关系、初职获得方式与职业流动》，《社会学研究》2011 年第 5 期。

杨红梅、吴尊友、王克安：《社会网络与 HIV 传播》，《中国艾滋病性病》2003 年第 1 期。

朱军礼、张洪波、郑迎军等：《男男性接触者社会网络与艾滋病高危行为关系》，《中国公共卫生》2008 年第 4 期。

Christakis, N. and Fowler, "J. The Collective Dynamics of Smoking in a Large Social Network", *New England Journal of Medicine*, 2008, 358 (21): 2249 –2258.

Li, X. , Fang, X. , Lin, D. , Mao, R. , Wang, J. , Cottrell, L. , Harris, C. , and Stanton, B. , "HIV/STD Risk Behaviors and Perceptions Among Rural-to-urban Migrants in China," *AIDS Education and Prevention*, 2004, 16 (6): 538 –556.

Muessig, K. , Pike, E. , Fowler, B. , LeGrand, S. , Parsons, J, Wohl, D. , Bull, S. , Wilson, P. , and Hightow-Weidman, L. "Putting Prevention in their Pockets: Developing Mobile Phone Based HIV Interventions for Black Men Who Have Sex with Men. " *AIDS Patient Care and STDs.* , 2013, 27 (4): 211 –222.

Wang, W. , Muessig, K. E. , Li M. , and Zhang, Y. "Networking Activities and Perceptions of HIV Risk Among Male Migrant Market Vendors in China". *AIDS and Behavior*, 2014, (S2): S142 –S151.

第三编　人口与社会发展

北京市实施居住证制度亟须关注的若干问题思考

陆杰华　李　月*

摘　要：

随着2015年末《北京市居住证管理办法（草案送审稿）》和《北京市积分落户管理办法（征求意见稿）》的颁布，北京市即将开启实行流动人口居住证制度的新篇章。作为首都和超大城市，北京市居住证制度的实施必将对这一制度在全国范围内的实施产生重要影响。然而，居住证制度是一项复杂的系统工程，且当前北京市面临严峻的人口问题，应高度关注北京市居住证制度实施过程中面临的一系列问题，保障其顺利实施。总体来看，北京市居住证制度面临制度实施与人口调控存在矛盾冲突、制度覆盖面偏小、积分落户可能流于形式、部门推诿现象阻碍制度的深入实施、部门协作和配套设施保障不足等问题。本文针对这些问题提出了一系列对策建议。

* 陆杰华，北京大学社会学系教授，博士生导师；李月，北京大学社会学系博士研究生。

关键词：

超大城市　居住证　积分落户

一　研究背景

2015年10月21日，国务院正式颁布了《居住证暂行条例》，并在中共中央“十三五”规划（2016～2020年）中明确指出在全国“实施居住证制度，努力实现基本公共服务常住人口全覆盖”。相关条例及规划的出台，大大推动了我国流动人口“居住证时代”的开启。毋庸置疑，这一管理办法顺应了国家人口流动背景下城镇化发展的大趋势，保障了流动人口享受基本公共服务的权利，对我国户籍制度改革具有里程碑式意义。此后，备受瞩目的北京市居住证制度也有了重要推进，北京市于2015年底面向社会颁布了居住证征求意见稿，并计划于2016年开始实施。此外，《中共北京市委关于制定北京市国民经济和社会发展第十三个五年规划的建议》中指出要“实施居住证制度，稳妥推进在京稳定就业和生活的常住人口落户工作”，这标志着北京市即将开启实行流动人口居住证制度的新篇章。作为首都及流动人口高度聚集的超大城市，北京市的居住证制度一直受到社会各界的广泛关注。北京市居住证制度的设计和实施必将在全国范围内产生很强的示范效应，并对其他超大城市、大城市的居住证制度产生重要影响。因此，北京市居住证制度的顺利实施对这一制度在全国的推行也具有重要意义。

长期以来，北京市始终对流动人口有着强大的吸引力。至2015年北京市常住外来人口已达822.6万人，占总常住人口的37.90%。由于户籍制度等的限制，在京流动人口在工作、生活等方面面临一系列问题。随着基本公共服务均等化的提出，流动人口的权益愈加引起重视，北京市也在不断探索新形势下流动人口服务管理新模式。在北京等特大城市户籍制度改革面临重重阻碍的背景下，居住证制度为保障流动人口权益提供了一个重要途径（魏后凯、盛广耀，2015）。居住证制度从设计上更加注重流动人口的合法权益，强调流动人口享受公共服务的权利，且提供了流动人口积分落户的渠道（王阳，2014）。

这一制度的实施是北京市不断创新人口服务管理和社会治理理念的一个重要实践。

然而，居住证制度是一项复杂的系统工程，牵涉部门众多，制度设计影响深远，且北京市当前面临较为复杂的人口问题，更是对居住证制度的实施提出严峻挑战。因此，深入分析北京市居住证制度实施过程中面临的一系列问题，保障居住证制度的顺利实施，确保居住证制度的政策效果，无论对于北京市还是对于全国的居住证制度推行都具有重要意义。本文在回顾北京市人口规模调控及流动人口服务管理模式历史沿革的基础上，总结和梳理了当前北京市实施居住证制度面临的若干问题，并提出了相应的政策建议。

二 北京市人口规模调控及流动人口服务管理模式的历史沿革

1980 年以来，我国开始迎来人口流动的大潮。北京市作为首都，吸引了大量流动人口，其流动人口规模从 20 世纪 80 年代的不足 100 万人快速增加到 2015 年的 822.6 万人。伴随着流动人口规模的持续膨胀，以及社会治理理念的不断创新，北京市针对流动人口的相关政策也经历了一系列调整变动。

20 世纪 90 年代中期以前，北京市流动人口呈现小幅稳步增长的趋势，1978~1994 年，流动人口从 21.8 万人增至 63.2 万人，占总人口的比重为 2.5%~5.6%，这一时期户籍制度大大限制了流动人口入京。从 90 年代后期开始，我国市场经济体制逐步确立，户籍制度等传统行政管理制度对人口流动的束缚和限制作用越来越弱，人口流动趋势愈加明显（王美艳、蔡昉，2008）。1995 年人口统计数据显示，北京市流动人口规模迅猛增加，突破了 180 万人。作为应对，1995 年 7 月，北京市正式开始实施《北京市外地来京务工经商人员管理条例》，从居住、就业等方面规范流动人口进京，其中明确提出对外地来京务工经商人员严格执行“暂住证”制度。这一政策在短期内的确起到了十分显著的控制流动人口规模的作用（张国锋，2012）。1995~2000 年，北京市流动人口规模实现了稳中有降。然而，在执行过程中暂住证制度的弊端不断显现，尤其是自 2003 年“孙志刚事件”之后，暂住证制度的管理功能逐渐弱化，由强制申领转变为免费、自愿办理。2005～2015年，北京市虽然保留了“暂住证”，且仍将其作为政府部门掌握流动人口信息的重要途径，然而此时暂住证基本处于“名存实亡”的状态，其作用已经十分有限。2015年，国家出台相关规定全面取消了暂住证制度。

与此同时，2000年之后北京市流动人口继续保持增长。2000～2014年，北京市流动人口年均增量达60万人左右。虽然北京市始终高度关注人口问题，在五年规划纲要中多次强调人口调控问题，并且在21世纪初制定的《北京城市总体规划（2004～2020）》中提出2020年将北京市总人口规模控制在1800万人左右。然而，至2014年底，北京常住人口已达到2151.4万人，大幅超过规划目标。面对人口不断增长的压力，北京市进一步调整目标，在2015年底提出，“‘十三五’期间全市常住人口总量控制在2300万人以内，城六区常住人口比2014年下降15%左右，‘大城市病’等突出问题得到有效缓解，首都核心功能显著增强”。虽然近年来北京市人口规模调控取得了一定成效，2014年是“十一五”以来人口增量最少、增速最慢的一年，① 但多年来北京市人口发展的现实表明，强制性行政手段远不能实现人口调控的目的，对于如何科学调控北京人口规模仍需更多的思考。

在流动人口规模快速膨胀的过程中，北京市不断进行着流动人口服务管理模式的探索和创新。1999年，北京市开始实行工作居住证制度，持有工作居住证的人员可以享受参加北京市基本养老保险和基本医疗保险、子女入托入学免收借读管理费等福利。工作居住证在户籍制度之外解决了流动人口的市民待遇问题，然而其主要目的是为城市发展吸引高素质人才，自实施之后虽然其适用范围曾有一定扩展，但仍难以惠及广大的流动人口（孔繁荣，2008）。2010年北京市“十二五”规划中明确提出，“要加强和创新社会管理，特别是要做好流动人口的服务管理工作”，流动人口的权益愈加受到重视。北京市在流动人口服务管理工作方面也不断探索，取得了明显成效，主要体现在：流动人口服务管理政策法规体系不断完善，流动人口依法管理水平不断提高；建立了

① 《北京“十三五”期间将严控人口规模》，http://www.chinanews.com/gn/2015/11-25/7641385.shtml。

市、区（县）、街道（乡镇）和社区（村）四级工作网络，为流动人口服务管理提供了重要基础；工作模式不断创新，积累了流动人口服务管理的丰富经验；等等（嘎日达，2011）。

作为惠及流动人口的一项重要举措，北京市居住证制度自2009年开始就纳入筹备之中。2009年市综治办相关负责人就首次透露2010年将启动推广带有信息、服务功能的居住证。然而，由于种种因素制约，北京市居住证制度进入较长的"待产"期。在经历了6年多的酝酿、筹备工作基础上，2015年底，《北京市居住证管理办法（草案送审稿）》和《北京市积分落户管理办法（征求意见稿）》正式向社会颁布，并计划于2016年下半年实施。2015年底出台的《中共北京市委关于制定北京市国民经济和社会发展第十三个五年规划的建议》也提出要实施居住证制度。多项制度措施的出台和实施，标志着北京市居住证制度即将正式发挥作用，北京市流动人口的服务管理将迈入新的阶段。不过，我们也要看到北京市当前仍面临众多问题，制约着居住证制度的实施，深入研究和分析这些问题对该制度的顺利推行具有重要意义。

三 北京市实施居住证制度亟须关注的若干问题

第一，正确处理居住证制度实施与人口调控之间的矛盾冲突。居住证制度是在当前我国新型城镇化背景下，顺应服务型政府建设目标，实现基本公共服务均等化，保障流动人口权益的一项重要举措，也是户籍制度改革迈出的重要一步。然而，由于长期以来人口规模调控一直是北京市人口政策的重要内容，因此部分领导干部存在对居住证制度认识不足的问题。由于仍停留在调控人口规模的思路上，部分领导干部错误地将居住证制度看作人口规模调控的一种手段。从当前的预期来看，北京市居住证制度的实施，有可能会加大对流动人口的吸引力，短期内使北京市流动人口规模增加，但其影响效果仍需视居住证制度的实际实施情况而定。然而，无论影响如何，这都是我国户籍制度改革必经的阶段，只有不断打破户籍制度的桎梏，不断剥离附着在户籍上的福利，才能实现我国的基本公共服务均等化。因此，应正确认识居住证制度实施与人口调控之间的矛盾，不断推进居住证制度的深入实施。

第二，居住证的申领条件较高，对在京流动人口的覆盖面偏小。根据当前颁布的草案，北京市规定符合在京有稳定就业、稳定住所、连续就读条件之一的可以向相关部门申请居住证。首先，从稳定就业来看，由于部分流动人口自身素质水平不高，有相当比例就业于私营部门或从事个体经营等，而这些就业类型的流动人口很少签订劳动合同，因而无法提供合法有效的证明。其次，从稳定住所来看，按照国务院规定，外来人员办理居住证需凭借单位和房东出具的居住证明，在此基础上，北京还增加了要出具租房合同等规定，门槛更高。[①] 然而，由于北京市高昂的居住成本，很多流动人口选择在城中村或违章建筑等地租住，而这些租住地很少能提供正规的租房合同。因此，这些因素可能导致很多流动人口无法达到申领居住证的条件，导致政策覆盖面偏小，无法实现基本公共服务均等化的初衷。

第三，人口控制压力大，积分落户政策可能流于形式。积分落户是居住证制度的一大亮点，该政策提供了一条从流动人口转为户籍居民的途径，是流动人口尤为关注的一个方面，很多流动人口也对该制度寄予很大期望。积分落户是居住证制度的重要组成部分，该制度打破了户籍的限制，是户籍制度改革的重要尝试。然而，北京市当前面临极大的人口控制压力，2014 年北京市常住人口已远超出《北京城市总体规划（2004～2020）》中的目标，且北京市“十三五”规划提出在“十三五”期间要将“常住人口总量控制在 2300 万人以内，城六区常住人口比 2014 年下降 15% 左右”等目标，面对严峻的人口控制压力，北京市积分落户政策的执行情况不容乐观，很可能每年只有极少数流动人口能够通过这一途径成功“转正”，真正惠及的流动人口数量很少。这将导致积分落户政策流于形式，只有一定的象征意义。这不仅将大大降低流动人口的信心，也会降低居住证在户籍制度改革过渡阶段的作用。因此，如何在人口规模调控和积分落户政策之间寻找平衡点是北京市居住证制度面临的一个重要难题。

第四，居住证制度实施牵涉固有利益，部门推诿现象可能阻碍制度深入实

---

① 《北京“十三五”期间将严控人口规模》，http：//www.chinanews.com/gn/2015/11－25/7641385.shtml。

施。居住证制度涉及流动人口基本公共服务的多个方面，是一项系统工程，因此其制度实施也涉及众多部门。《北京市居住证管理办法（草案送审稿）》中规定，公安机关负责居住证申领受理、制作、发放、签注等证件管理工作，其他有关部门应做好相关工作。然而，由于居住证涉及一系列相关利益，若无法打破部门之间的固有利益，必然会出现较为严重的部门推诿现象。居住证制度的实行一方面会对公共资源造成压力，如会增加对教育资源的需求，加大教育部门的压力；另一方面，也会涉及现有部门利益的再分配问题，如若赋予居住证刷卡乘车的功能则会影响到交通部门的利益。居住证制度的系统性决定了其涉及的部门利益盘根错节。因此，如何打破部门的利益桎梏，推动居住证的深入实施是亟待关注的重要问题。

第五，居住证制度落实的工作流程及配套设施的保障问题。作为一项新的政策措施，居住证的实施牵涉众多部门以及相应的制度安排，因此，做好相关的人力、物力、制度措施的配备工作是居住证制度顺利实施的重要保障。首先，明确居住证的执行和实施细节是落实居住证制度的重要基础。居住证制度在实施过程中势必会面对各种具体情况，如居住年限的确定，何为稳定住所等，这就要求在制度设计上做出明确细致的规定，才能保证居住证制度的顺利执行。其次，科学设计居住证操作流程是政策落实的有力保障。居住证承载着多项公共服务，涉及众多部门，因此，在制度设计阶段能否科学合理地进行操作流程安排，决定着流动人口能否方便快捷地享受服务，能否减少烦琐的手续办理程序等。最后，保障流动人口持证享受公共服务的质量影响到政策实施效果。流动人口能否凭证依法享受到相应的公共服务和社会保障决定着政策实施的成功与否。由于涉及众多部门和单位，因此，做好相应的政策落实保障工作十分必要。

四　对北京市完善居住证制度的政策建议

第一，合理确定申领条件，扩大居住证制度覆盖流动人口的范围。居住证制度的重要出发点是保障流动人口的权益，实现基本公共服务均等化，因此，扩大制度覆盖的流动人口范围是其重要前提。若申领条件过高，很可能使流动人口中的弱势群体被排除在制度之外，还可能导致原来流动人口能享受的服务，因为无法达到申领居住证的条件反而不能享受了。此外，随着暂住证制度的废除，居住证成为流动人口服务管理的重要抓手，若申领条件较高，使部分流动人口游离于制度之外，将无法对其实施有效的动态管理。因此，应在评估北京市流动人口组成特点的基础上，合理制定申领条件，尽量覆盖在北京市长期居住的流动人口，提高在京流动人口享受的公共服务水平。

第二，科学设计居住证制度，适当降低居住证绑定的福利水平。当前，众多专家学者基本达成共识：居住证制度是户籍制度改革的过渡阶段。因此，在居住证制度的设计上，要避免仅着眼于当前面临的问题，而应该从长远发展角度考虑其制度设计。科学设计居住证制度，一方面要使其发挥保障流动人口享受基本公共服务和社会保障的权益，解决当前流动人口面临的问题；另一方面要适当降低居住证承载的福利水平，避免其成为第二个户籍制度。若其承载福利过多，很可能使流动人口内部出现再分化，成为未来另一个改革对象。此外，在未来相关服务的制定执行过程中，也要避免众多服务都以居住证为载体的思想，应适当降低其绑定的福利水平。

第三，总结其他地区实践经验，在全市范围内推广有益经验。自 2004 年以来，上海、广州、深圳、成都等多地就已经开始探索实施居住证制度，且上海等地的积分落户政策也已实施。多年来，这些地区在居住证实施和积分落户政策方面积累了众多实践经验，学习和借鉴这些地区尤其是特大城市的实践经验，对于北京市居住证制度的顺利实施具有重要意义。此外，根据《国家新型城镇化综合试点方案》，通州区成为国家新型城镇化综合试点地区之一，作为北京市区县之一，通州区的实践经验更是为北京市提供了有益参考。因此，认真总结和学习这些实践经验，并结合北京市当前面临的现实情况进行梳理整合，加强其在全市范围内的推广工作，对居住证制度的顺利实施具有重要意义。

第四，加强监督考核，打破部门利益的束缚。居住证制度是一项涉及多项公共服务、众多相关部门的政策，有效调动和发挥各部门的作用是保障政策顺利实施的重要前提。当前居住证制度草案中对相关部门的职责做出了相应规定，然而，出于各自的利益考量，部门之间很可能出现推诿责任、保护自身利益的现象，无法充分发挥各部门的作用，导致居住证制度的推进面临较大阻力。为打破部门利益的束缚，推动居住证制度的深入实施，一方面应出台较为详细的政策措施，明确各部门承担的职责，另一方面应设计相应的监督考核机制，加强对各部门工作执行的监督力度，从而实现打破部门利益、有效整合公共服务资源的目的，保障流动人口应享受的各项公共服务能够落到实处。

第五，加快完善居住证制度实施细则，有效推进制度落地实施。在政策制度设计的基础上，居住证制度的最终落地实施仍需针对众多实践操作层面的事项出台相关的细则，包括明确制证标准、界定流动人口申领条件、完善相关事项办理流程等，如此才能让政策真正落到实处。而这些实施细则的确定需要以完善的制度设计为前提。根据安排，北京市计划于 2016 年下半年实施居住证制度，而从政策制定到真正落地实施必然要经过将政策转化为实践操作的过程，因此，为实现居住证制度的如期出台，应加快完善相关实施细则，有效推进制度落地实施。

参考文献

嘎日达：《流动人口服务管理创新及困境研究——以北京市为例》，《行政管理改革》2011 年第 2 期，第 55 ~ 58 页。

孔繁荣：《居住证管理在我国大城市人口管理中作用的探讨》，《人口与经济》2008 年第 1 期，第 43 ~ 46、42 页。

王美艳、蔡昉：《户籍制度改革的历程与展望》，《广东社会科学》2008 年第 6 期，第 19 ~ 26 页。

王阳：《居住证制度地方实施现状研究——对上海、成都、郑州三市的考察与思考》，《人口研究》2014 年第 3 期，第 55 ~ 66 页。

魏后凯、盛广耀：《我国户籍制度改革的进展、障碍与推进思路》，《经济研究参考》2015 年第 3 期，第 6 ~ 17、41 页。

张国锋：《居住证制度是户籍制度渐进改革的过渡》，《公安研究》2012 年第 1 期，第 31 ~ 34 页。

北京疏解非首都功能背景下中心城区养老服务发展报告

王军强　杨宝山　李 兵　张航空　李 敏*

摘　要：

在首都“大城市病”不断加剧及中心城区人口规模控制背景下，如何既强化中心城区老年人的养老服务，又能为部分有异地养老意愿的老年人提供支持是中心城区养老服务均衡发展的关键。通过对首都中心城区的调查和相关数据分析发现，全市老年人口主要聚集在中心城区，且增长趋势快于其他功能区；养老机构在区域和空间上主要分布在郊区县，但城区机构密度远高于郊区县；全市养老机构多位于京郊，而中心城区床位数较多但存在缺口；中心城区养老服务商数量多于京郊，且持续增长；区域万名老年人对应服务商数量与区域老年人口数量呈负相关；中心城区优质医疗资源远多于京郊。最后，报告提出了中心城区老年人异地养老的相关建议，并建议通过养老服务的供给侧改革与需求侧评估及制定兼顾共同性与差异性的养老政策来满足中心城区老年人养老服务的多样化需求。

关键词：

功能疏解　人口控制　养老服务　异地养老

* 王军强，北京农学院城乡发展学院讲师；杨宝山，北京市民政局政策研究室主任；李兵，中共北京市委党校副教授；张航空，首都经济贸易大学劳动经济学院副教授；李敏，北京农学院文法学院讲师。

近年来，首都经济社会得到快速发展，但同时，其资源承载力不足、人口大量聚集、环境污染、交通拥堵等“大城市病”也逐渐加剧，而这些“大城市病”与首都的功能过度聚集密切相关。为了缓解这一发展困境，首都对自身的核心功能进行了新的定位，即“政治中心、文化中心、国际交往中心、科技创新中心”，并把疏解非首都核心功能提上日程。与此同时，北京市要求严格控制人口的无序增长，《京津冀协同发展规划纲要》明确，“到 2020 年全市常住人口力争控制在 2300 万人以内，其中城六区常住人口在 2014 年基础上每年降低 2 ~ 3 个百分点，争取到 2020 年下降 15 个百分点左右”。2013 年，北京市 60 岁及以上老年人口占比为 21.2%，而首都功能核心区和城市功能拓展区 60 岁及以上老年人口占比分别为 24.1%、21.8%，均大于北京市平均值。因此，功能疏解和人口控制必然会影响中心城区老年人口的生活方式，进而对其养老服务产生深远影响。如何既保障首都老年人口养老服务的质量又能在养老服务质量提升过程中疏解一部分有意愿到郊区养老的老年人口是本课题的研究主题。

本报告的养老服务对象主要是首都城六区的城市户籍老年人口，即东城区、西城区、朝阳区、海淀区、丰台区、石景山区的老年人口。本报告主要分析 2006 年以来北京市中心城区养老服务发展情况。

一　中心城区老年人口变化趋势

首都中心城区老年人口近年来逐渐增加，从 2006 年的 202.4 万人增加到 2013 年的 279.3 万人，增长约 38.0%，年均增长率为 4.8%；而总人口则从 2006 年的 1197.6 万人增加到 2013 年的 1316.3 万人，年均增长率为 1.2%。首都老年人口的年均增长率快于总人口增长率 3.6 个百分点，可见首都面临严峻的老龄化趋势（本报告所使用数据如无特殊说明均来自历年《北京市老年人口信息和老龄事业发展状况报告》）。

（一）中心城区老年人口概况

2006 ~ 2013 年，中心城区老年人口从 134 万人增加至 2013 年的 185 万人，八年整体增长率为38.1%，与首都总体老年人口增长率基本持平。其中，首都功能核心区老年人口增长率为32.6%，年均增长率为4.1%，城市功能拓展区老年人口增长率为40.6%，年均增长率为5%，城市功能拓展区对中心城区老年人口增长贡献更大。由表1可见，2006～2013年，中心城区60岁及以上老年人口占全市老年人口的比例均超过66%，中心城区占全市老年人口的比例基本保持稳定，可见全市老年人口主要聚集在中心城区。

表1　首都中心城区老年人（60+）口变化趋势

单位：万人，%

项目	2006	2007	2008	2009	2010	2011	2012	2013
中心城区	134	139.2	144.1	149.7	156	164.6	174.2	185
首都功能核心区	43.2	44.7	45.7	46.9	48.7	51.4	54.2	57.3
城市功能拓展区	90.8	94.5	98.4	102.8	107.3	113.2	120	127.7
全市总老年人口	202.4	210.2	218	226.6	235	247.9	262.9	279.3
中心城区占全市总老年人口比例	66.2	66.2	66.1	66.1	66.4	66.4	66.3	66.2

（二）中心城区老年人口变化趋势预测

利用灰色系统GM（1，1）方法，报告预测了中心城区老年人口未来变化趋势。

由表2可以发现相对误差范围为1.9%～13.7%，误差范围略大，说明模型的拟合效果不合适，故我们选择其他预测方法。从中心城区老年人口的变化趋势看，其变化趋势接近线性，因此尝试运用时间序列的线性分析进行预测。

通过计算得到其计算公式：$Y=7.14t-14192.937$，调整后的 $R^2=0.972$。其中Y表示中心城区老年人口未来数，时间 $t=2006, 2007\cdots2020$。通过计算实际数据与模拟数据，可见模拟效果如图1所示。

表 2　中心城区老年人口变化趋势预测

单位：万人，%

年份	模拟数据	实际数据	残差（实际与模拟数据之差）	相对误差（残差绝对值）/实际数据
2007	158.2849	139.2	19.08491	13.7
2008	158.5276	144.1	14.42762	10.0
2009	158.7707	149.7	9.070699	6.1
2010	159.0142	156	3.014154	1.9
2011	159.258	164.6	-5.34202	3.2
2012	159.5022	174.2	-14.6978	8.4
2013	159.7468	185	-25.2532	13.7

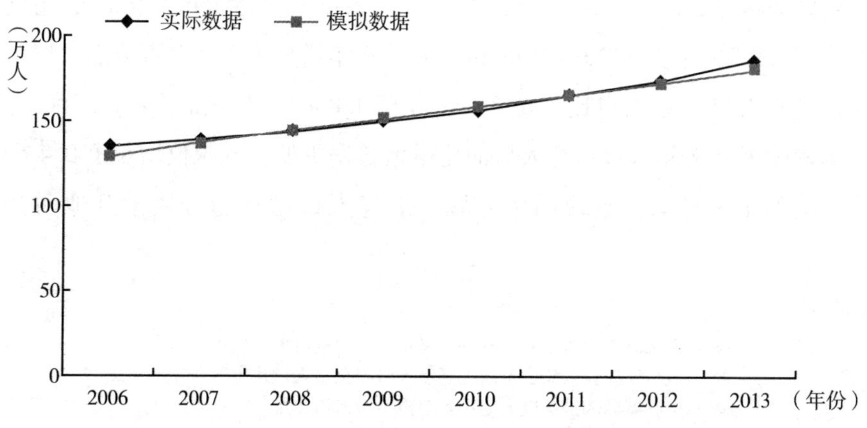

图 1　中心城区老年人口数据预测模拟效果

通过线性预测方法得到的中心城区老年人口数据模拟效果较好，因此可用来对未来北京中心城区老年人口的变化趋势进行预测。经过计算得到的2014～2020 年首都老年人口总量预测值见表 3。

表 3　2014～2020 年首都中心城区老年人口预测值

单位：万人

项目	2014	2015	2016	2017	2018	2019	2020
预测人口	187.0	194.2	201.3	208.4	215.6	222.7	229.9

首都中心城区老年人口 2014～2020 年的预测增长率为 22.9%，年均增长率约为 3.5%。按照《京津冀协同发展规划纲要》规定，首都明确“到 2020 年

全市常住人口力争控制在2300万人以内，其中城六区常住人口在2014年基础上每年降低2～3个百分点，争取到2020年下降15个百分点左右”。以上预测发现，中心城区（城六区）老年人口增长率快于规划纲要中心城区人口总的调控目标，未来如能将部分中心城区老年人口有序疏解至京郊或外地养老，进而使中心城区老年人口的增长率慢2～3个百分点，则能为京津冀协同发展规划的人口目标做出一定贡献。

（三）中心城区与其他功能区老年人口占比比较

由图2可见，2006～2013年，中心城区老年人口占全市总人口的比重由2006年的11.2%上升至2013年的14.1%，八年增长了2.9个百分点；城市发展新区老年人口占总人口比重由3.7%升至4.8%，仅增加了1.1个百分点；生态涵养发展区老年人口占总人口的比重增长率更低，八年仅增长了0.4个百分点，远低于前两者。这说明中心城区老年人口增长趋势快于其他两个功能区。

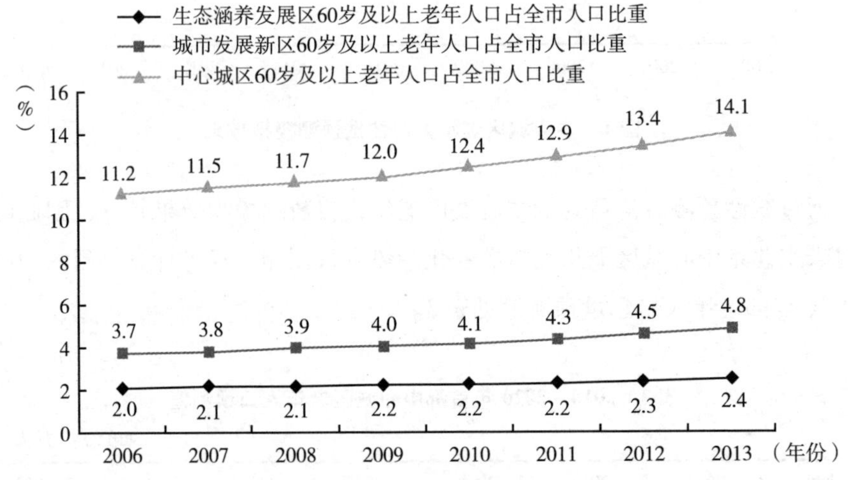

图2　历年首都中心城区和其他功能区老年人口占全市人口比例变化*

*全市户籍人口数据来自《北京统计年鉴2014》。

二　中心城区养老服务发展趋势分析

（一）北京市养老政策简析

1. 居家养老服务政策概况

2008年北京市民政局等五家单位联合发布《关于加快养老服务机构发展的意见》，首次提出“9064”养老模式。根据这一养老模式，到2020年，全市60岁及以上老年人口中，90%的老年人在社会化服务的协助下居家养老，6%的老年人通过政府购买社区服务照顾养老。为实现这一目标，2009～2015年北京市分别出台了多个以居家养老为主题的政策，其中三个较为重要的政策分别是2009年的《北京市市民居家养老（助残）服务（“九养”）办法》、2013年的《北京市人民政府关于加快推进养老服务业发展的意见》以及2015年的《北京市居家养老服务条例》。

2. 机构养老政策概况

2001年出台的《北京市养老服务机构管理办法》，明确规定了养老服务机构的定义，即“养老服务机构，是指为老年人提供养护、康复等综合性服务的机构”。从2006年开始，北京市陆续出台了多项养老机构建设的资金支持政策，并对养老机构的运营过程给予多项扶持。为吸引社会力量参与养老服务，政府对社会力量建设养老机构分别按床位数和入住老年人数量给予不同补贴，并为有机构养老需求的特殊老年人按月提供补贴。此外，为提高机构养老的政策瞄准度，北京市于2015年出台了关于公办机构改革的政策。

（二）中心城区养老服务发展变化趋势

1. 养老机构主要分布于海淀和朝阳，空间上主要位于五环到六环间

中心城区养老机构数量最多的分别是朝阳区和海淀区，其次是西城区、丰台区，东城区和石景山区的养老机构数量最少（见图3）。中心城区的核心区——东城区和西城区养老机构占比为27.14%，养老机构数量最多的朝阳区

占比为25.7%，养老机构数量最少的石景山区占比仅为5.7%，二者差距为20个百分点。

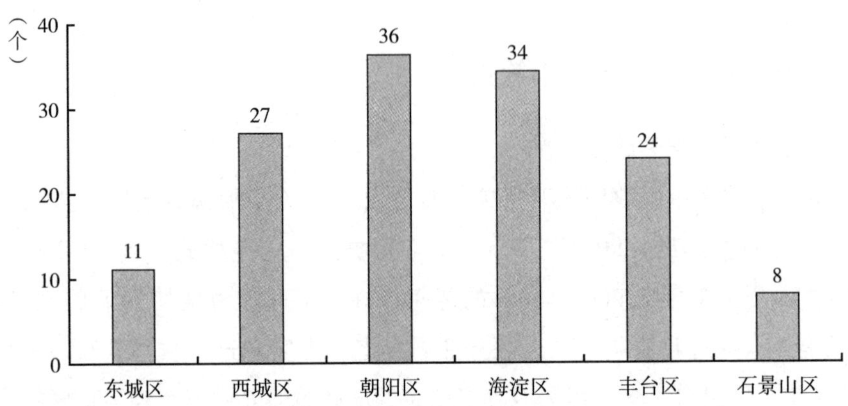

图3　中心城区养老机构分布

2015年城六区养老机构一共有140家，主要分布在五环到六环之间（占城六区养老机构的比例为32.1%）。在中心城区140家养老机构中，二环以内有25家，占比为17.9%。五环到六环之间有45家，六环外有11家，即五环外共有56家，占城六区养老机构的比例为40%。此外，二环到三环有17家，三环到四环有19家，四环到五环有23家。

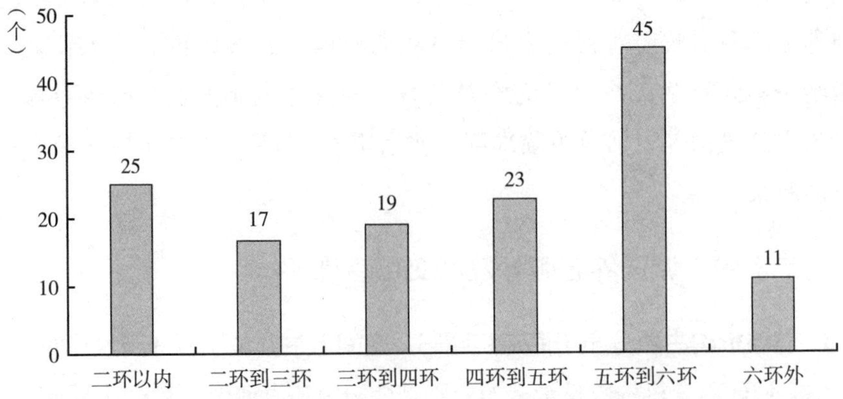

图4　2015年中心城区养老机构空间分布

2. 西城和朝阳的养老机构床位数最多，而朝阳和石景山的平均床位数最多

在城六区中，养老机构床位数最多的为朝阳区，其次为海淀区，床位数最少的为东城区。在平均床位数方面，石景山养老机构平均床位数最多，其次为朝阳，平均床位数最少的为西城，说明石景山区在中心城区中养老机构平均可以接待老年人数量最多。

表 4　中心城区养老机构床位数分布概况

单位：张

区　县	最小机构的床位数	最大机构的床位数	平均床位数	合计
东　城	26	300	118.5	948
西　城	8	241	76.6	1686
朝　阳	16	3000	325.3	11060
海　淀	42	1200	282.7	9612
丰　台	50	630	189.8	4366
石景山	150	600	371.5	2972

3. 各区养老服务商均逐年增加

中心城区各区县签约养老服务商统计如表 5 所示，总体上看，中心城区各区县签约养老服务商大致呈增长趋势。在六个区中，2014 年仅有海淀区的签约服务商数少于 2011 年，仅朝阳区在四年中签约服务商数量均超过 1000 个。

表 5　中心城区各区县签约养老服务商情况

单位：个

区县	2011	2012	2013	2014
东 城 区	125	239	214	222
西 城 区	403	782	828	895
朝 阳 区	1016	1016	1016	1210
丰 台 区	248	477	241	587
石景山区	46	167	333	130
海 淀 区	778	602	1045	731
合　　计	2616	3283	3677	3775

截至2015年10月，根据对北京市社区服务中心的调查，城六区总的养老服务商数量为4913家，其中核心区（东城、西城）占城六区签约养老服务商比例约为26.4%。中心城区目前签约服务商数量最多的为海淀区，占比为26.7%，高于东城、西城总签约服务商比例，其次为朝阳区，占比为26.1%。

表6　中心城区签约养老服务商概况

单位：家

区县	签约服务商数量	区县	签约服务商数量
东 城 区	568	丰 台 区	767
西 城 区	728	石景山区	256
朝 阳 区	1281	总　　计	4913
海 淀 区	1313		

注：数据截至2015年10月。

4. 老龄实际在岗工作人员丰台区最多，石景山区最少

老龄实际在岗工作人员是实际支撑区县老龄工作的保障。在中心城区内部，2011~2013年，老龄实际在岗工作人员平均数丰台区最多，为14.7人，其次为朝阳区，为11.7人，最少的为石景山区，为4人。

表7　中心城区老龄实际在岗工作人员数量

单位：人

区县	2011	2012	2013
东 城 区	13	6	7
西 城 区	9	8	7
朝 阳 区	11	12	12
丰 台 区	15	14	15
石景山区	4	4	4
海 淀 区	9	7	6

5. 除东城外，其他中心城区老年人与老龄工作人员比呈增长趋势

在实际调研过程中，中心城区老龄工作人员均表示其老龄工作缺乏编制，因此我们以老龄实际在岗工作人员所对应老年人数量衡量中心城区老龄工作人

员负担，计算结果如表 8 所示。

从表 8 可以看出，老龄实际在岗工作人员对应老年人数量最多的是海淀区，且逐年增加，从 2011 年每名工作人员对应 4.2 万老年人到 2013 年每名工作人员对应 7.1 万老年人，每名工作人员对应的老年人增加了将近 3 万人。丰台区老龄工作人员对应老年人数量最少，说明其老龄工作人员负担相对较轻。其他区中西城区和朝阳区 2011 ~2013 年老龄工作人员对应老年人数量均在 3 万人以上。三年中除东城区外，中心城区其他区实际老龄工作人员对应老年人数均呈增长趋势。

表 8　中心城区老龄实际在岗工作人员对应老年人数量

单位：万人/名

区县	2011	2012	2013
东 城 区	1.6	3.7	3.4
西 城 区	3.4	4.0	4.8
朝 阳 区	3.9	3.8	4.0
丰 台 区	1.6	1.9	1.9
石景山区	2.0	2.1	2.3
海 淀 区	4.2	5.7	7.1

（三）北京市、中心城区、京郊养老服务发展趋势比较

1. 养老机构在区域和空间上主要分布在郊区县，但城区机构密度远高于郊区县

从区域看，养老机构主要分布在远郊区县，占全市养老机构的近 2/3。从 2015 年北京市各区县的养老机构数量看，远郊区县的养老机构数量为 249 家，占全部养老机构的 65.87%。

从空间看，2015 年北京市养老机构主要分布在五环以外，在全市 400 家养老机构中，六环以外有 224 家，五环到六环之间有 89 家，也就是说五环外有 313 家，占全部养老机构的 78.25%。另外，二环以内的养老机构有 25 家，二环到三环之间有 17 家，三环到四环之间有 19 家，四环到五环之间有 26 家。

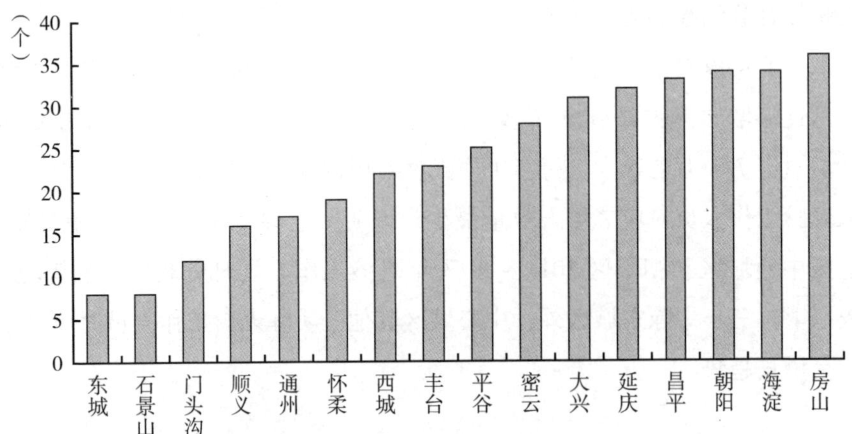

图 5　2015 年北京市各区县养老机构数量

资料来源：北京民政信息网。

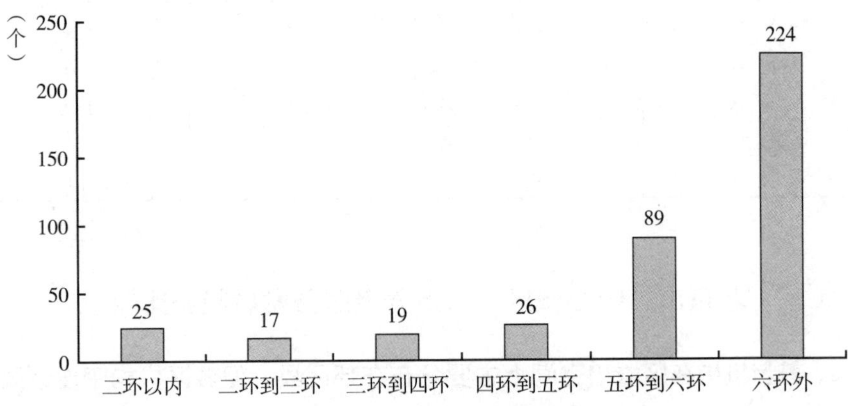

图 6　2015 年北京市养老机构空间分布

资料来源：北京民政信息网。

尽管养老机构多分布在郊区，但从养老机构的空间密度看，中心城区尤其是核心区的养老机构密度远高于郊区县。由图 7 及根据百度地图生成的图 8（养老机构信息来自养老信息网）的相关统计可见，城六区养老机构密度均高于其他新城地区和生态涵养发展区。

养老机构所对应老年人口数量能在一定程度上反映区域的机构养老承载力。经计算，中心城区每所养老机构平均服务 60 岁及以上老年人约 1.32 万

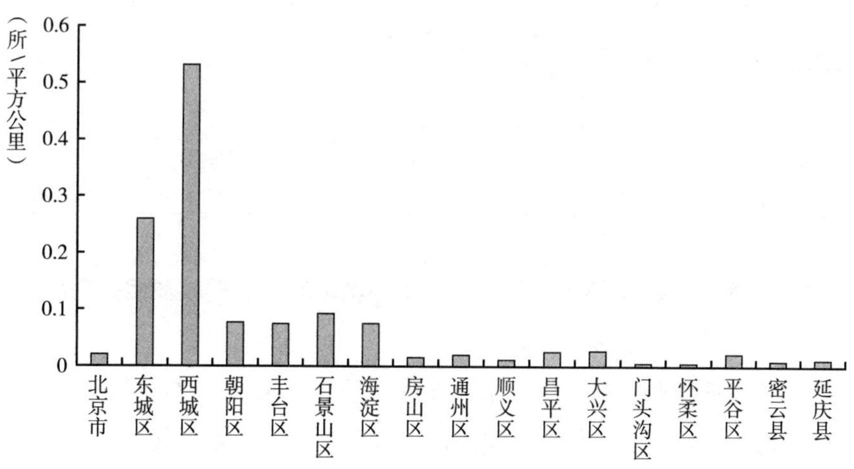

图 7　2013 年北京市各区县养老机构的空间密度

注：机构密度 = 机构数/区域地理面积，区域地理数据来自历年《北京市统计年鉴》。

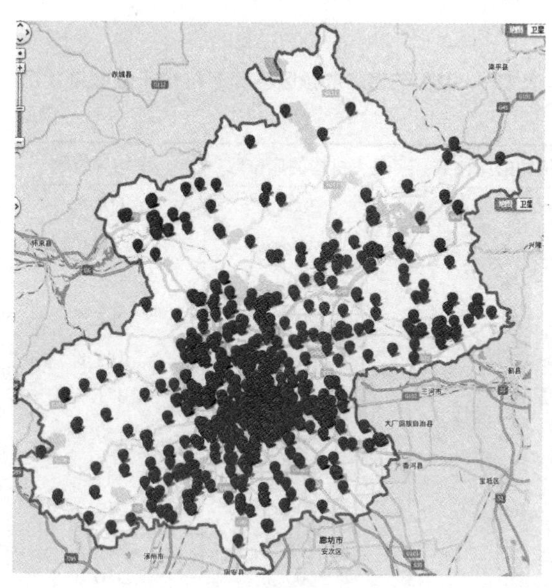

图 8　首都养老机构地理坐标

人，而京郊每所养老机构平均服务 60 岁及以上老年人约 0.28 万人。这一方面说明京郊有条件为中心城区老年人提供异地养老的设施条件，另一方面说明北京市城乡养老机构结构性矛盾依然存在。

表 9　中心城区与京郊养老机构对比

城市功能分区	土地面积（平方公里）	养老机构（所）	机构密度（所/平方公里）	60 岁及以上老年人口（万人）
中心城区	1368. 32	140	0. 102315248	185
生态涵养发展区	8746. 65	113	0. 012919232	31. 6

2. 全市养老机构床位多位于京郊，中心城区床位数量较多但存在缺口

（1）养老机构床位多位于京郊

首都各区县养老机构床位分布存在较大差异，从表 10 数据统计发现，昌平区的机构床位数最多，其次是朝阳区，这两个区床位数总量均超过 1 万张，海淀区的床位数居第三位，也达到了 9612 张。在其他 13 个区县中有 7 个区县的床位数量为 3000 ~7000 张，5 个区县的床位数量为 1000 ~3000 张，床位数量最少的区县是东城，只有 948 张。

表 10　2013 年北京市各区县养老机构床位数量状况

单位：张

区　县	最小机构的床位数	最大机构的床位数	平均床位数	合计
东　城	26	300	118. 5	948
西　城	8	241	76. 6	1686
朝　阳	16	3000	325. 3	11060
海　淀	42	1200	282. 7	9612
丰　台	50	630	189. 8	4366
石景山	150	600	371. 5	2972
门头沟	50	428	160. 3	1923
房　山	10	500	142. 1	5117
通　州	100	800	219. 9	3738
顺　义	30	432	170. 8	2732
昌　平	50	5000	426. 6	13364
大　兴	52	634	203. 1	6297
怀　柔	35	300	97. 8	1859
平　谷	50	400	138. 1	3453
密　云	46	356	136. 3	3816
延　庆	50	1158	150. 9	4830

资料来源：根据北京市民政局编《北京市养老机构指南（2013）》整理。

2013 年，养老机构的平均床位数在空间上约呈“M 形”，五环到六环之间的平均床位数最多，二环以内最少，仅为 90.4 张。而养老机构的床位总量则随离市中心距离的增长而不断升高（如表 11 所示），这与前文分析的养老机构空间分布变化趋势一致。

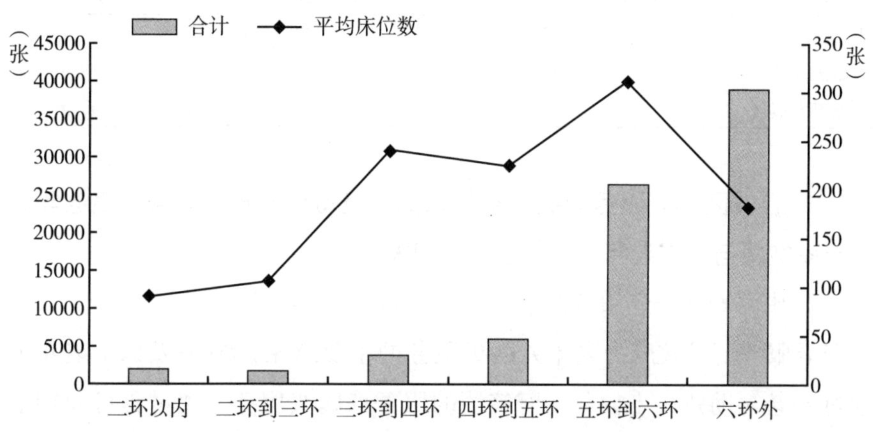

图 9　首都养老机构床位合计及平均床位数

表 11　2013 年北京市养老机构床位数区域分布状况

单位：张

	最大机构的床位数	最小机构的床位数	平均床位数	合计
二环以内	300	8	90.4	1808
二环到三环	330	8	104.6	1569
三环到四环	1141	16	240.1	3841
四环到五环	893	25	224.9	5847
五环到六环	3000	30	310.9	26423
六环外	5000	10	180.5	38997

资料来源：根据北京市民政局编《北京市养老机构指南（2013）》整理。

（2）中心城区养老机构床位数较多，但存在床位缺口

从表 12 的统计结果看，中心城区养老机构床位数远大于生态涵养发展区，前者是后者的近两倍，中心城区养老机构平均床位数为 218.9 张，生态涵养发展区平均床位数为 140.5 张，前者是后者的 1.56 倍。而按照北京市“9064”养老模式推算，中心城区养老机构的床位数缺口为 43356 张，而京郊生态涵养

发展区养老机构床位数则盈余 3241 张，因此尽管京郊生态涵养发展区养老机构少于中心城区，但仍具备承担中心城区老年人口异地养老的硬件条件。

表 12　中心城区与京郊养老机构床位数比较

城市功能分区	养老机构床位数（张）	养老机构（所）	平均数（张）
全市	77773	398	195.4
中心城区	30644	140	218.9
生态涵养发展区	15881	113	140.5

3. 中心城区养老服务商数量多于京郊，且持续增长；区域万名老年人对应服务商数量与区域老年人口数量呈负相关

（1）中心城区养老服务商数量高于京郊，且持续增长

养老服务商是政府为老年人购买服务的主要对象，80 岁及以上老年人口可通过养老（助残）卡向与政府签约的服务商购买服务，此过程可间接撬动老年服务业的发展。表 13 为养老（助残）卡政策实施以来全市及各个城市功能区的签约服务商概况，全市签约服务商逐年增加。

表 13　签约养老（助残）服务商

单位：家

区域	2011	2012	2013	2014
北京市	4096	4419	5152	6248
中心城区	2616	3283	3677	3775
城市发展新区	788	608	773	699
生态涵养发展区	692	528	702	1774

截至 2015 年 10 月北京市培育的养老服务商数量为 1.4 万 ~1.5 万家，[①] 而正式签约的服务商数量为 9025 家（如表 14 所示），其中核心区（东城、西城）养老服务商的数量占比为 14.36%，中心城区（核心区及城市功能拓展区）签约服务商数量占比为 54.44%，城市发展新区和生态涵养发展区签约服

① 签约服务商数据根据对北京市民政局养老服务处的调研而得出，由于 2014 年北京市老年人口信息尚未出台，因此报告暂取 2013 年 80 岁及以上老年人口数据。

务商数量分别占 21. 85%、23. 71%。这说明首都中心城区签约服务商的数量占比超过一半。

（2）万名老年人对应服务商数量与区域老年人口数量呈负相关

按照养老（助残）卡相关政策规定，80 岁及以上老年人为其发放主体。为从服务商角度对比各区县养老服务商的供求情况，报告计算了每万名老年人对应服务商数量，从表 14 中可以发现中心城区每万名 80 岁及以上老年人对应养老服务商的数量均小于北京市平均值 190. 4 家，而城市发展新区和生态涵养发展区每万名 80 岁及以上老年人对应养老服务商的数量均高于北京市平均值，且随着城市从核心区向外延伸，每万名 80 岁及以上老年人对应养老服务商的数量呈增长趋势，这与区域 80 岁及以上老年人口数量呈反比（如图 10）。

表 14　北京市养老服务商与 80 岁及以上老年人口对比

区县	签约服务商数量(家)	80 岁及以上老年人口(万人)	每万名 80 岁及以上老年人对应服务商数量(家)
东城区	568	5. 2	109. 2
西城区	728	7. 6	95. 8
朝阳区	1281	8. 3	154. 3
海淀区	1313	7. 9	166. 2
丰台区	767	4. 9	156. 5
石景山区	256	1. 6	160. 0
大兴区	411	1. 5	274. 0
昌平区	359	1. 4	256. 4
房山区	408	1. 5	272. 0
顺义区	372	1. 4	265. 7
怀柔区	434	0. 7	620. 0
平谷区	549	1. 1	499. 1
延庆县	328	0. 7	468. 6
密云县	570	1. 1	518. 2
通州区	422	1. 7	248. 2
门头沟区	259	0. 8	323. 8
总计	9025	47. 4	190. 4

注：签约服务商数据来自对北京市社区服务中心的调研，截止时间为 2015 年 10 月 22 日。

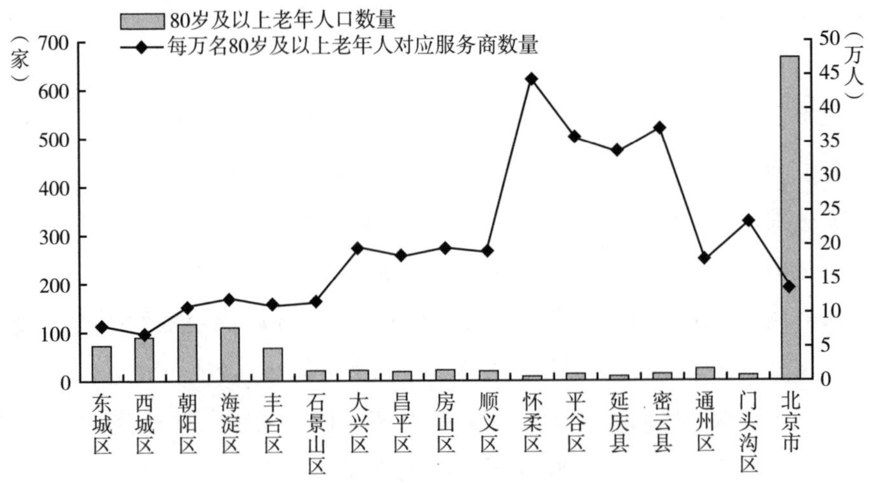

图10　80岁及以上老年人口与万名80岁及以上老人对应服务商数量变化趋势

4. 中心城区优质医疗资源远多于京郊

北京市中心城区优质医疗资源主要指三甲医院，根据对北京市预约挂号统一平台的数据整理（如表15）发现，城六区的三甲医院总共有76家，城市功能拓展区有8家，而以京郊为代表的生态涵养发展区的三甲医院仅有1家，中心城区三甲医院数量是京郊的76倍，中心城区优质医疗资源远多于京郊。从图11也可看出，北京市三甲医院大部分位于四环以内。

表15　中心城区与京郊三甲医院对比

单位：家

城六区	三甲医院数	城市功能拓展区	三甲医院数	生态涵养发展区	三甲医院数
东城区	11	通州区	3	门头沟区	1
西城区	16	顺义区	2	平谷区	0
朝阳区	17	大兴区	3	怀柔区	0
海淀区	18	昌平区	4	密云县	0
丰台区	9	房山区	2	延庆县	0
石景山区	5				
合　计	76		14		1

注：数据整理自北京市预约挂号统一平台。

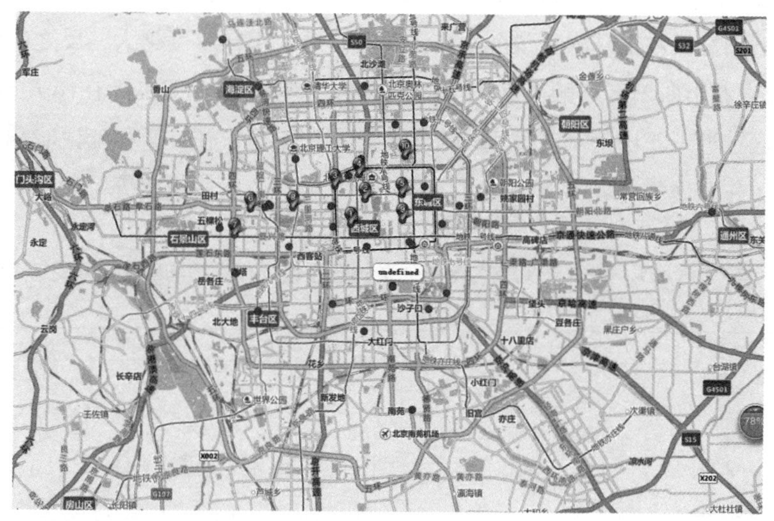

说明：图中小圆点及大圆点均表示三甲医院。

图 11　北京市三甲医院空间分布

5. 老龄工作人员整体存在编制缺口；城区老龄工作人员多于京郊，养老负担重于京郊

（1）老龄工作人员整体存在编制缺口

养老服务工作的顺利开展离不开老龄工作人员。由表 16 可见，北京市老龄工作人员分为编制人员和实际在岗人员两类，总体上看，编制人员近三年均少于实际在岗人员数量，且缺口呈逐年递增趋势。由于实际在岗人员包括一部分临时借调人员，他们可能工作一段时间后就返回原岗，因此这个缺口对北京市未来养老工作有一定挑战。

表 16　北京市老龄工作人员概况

单位：人

类　别	2011	2012	2013
编制人员	114	109	114
实际在岗人员	115	113	120
缺口	1	4	6

在各区县中，老龄实际在岗工作人员与编制人员之差可以表明区县老龄工作开展的难易，数值越大，说明工作人员越缺乏，工作难度越大，反之亦反。由表17可以看出西城区、顺义区近三年均存在编制人员少于实际在岗人员情况，而怀柔区在近三年中编制人员则均高于实际在岗人员，在一定程度说明怀柔区养老服务工作开展相对容易，当然并不排除中途人员流动或借调等可能。

表17　2011～2013年北京各区县老龄实际在岗工作人员与编制人员之差

单位：人

区县	2011	2012	2013
东城区	7	0	0
西城区	1	4	3
朝阳区	0	1	1
丰台区	1	0	-1
石景山区	0	0	0
海淀区	1	0	-2
门头沟区	0	-1	0
房山区	0	6	4
通州区	0	4	5
顺义区	3	3	2
昌平区	1	1	-6
大兴区	0	0	-1
怀柔区	-7	-7	-6
平谷区	-6	-6	1
密云县	0	0	5
延庆县	0	3	1

（2）城区老龄工作人员多于京郊，但养老管理负担重于京郊

区县老龄实际在岗工作人员是老龄工作的重要支撑。由表18可以看出，中心城区与京郊老龄工作人员在数量上存在明显差异，经计算，2011～2013年中心城区老龄工作实际在岗人员分别为61人、51人、51人，而京郊老龄工作实际在岗人员分别为17人、19人、32人。2011、2012年除石景山区外，其他中心城区的老龄工作人员均高于京郊区县。在中心城区内部，近三年老龄实际在岗工作人员平均数丰台区最多，为14.7人，其次是朝阳区，为11.7人，最少的是石景山区，为4人。在京郊区县中，老龄实际在岗工作人员均值最大的为门头沟区，人员均值为5.7人，最少的是怀柔区，仅有3.3人。因此，中心城区区县老龄工作的实际支撑力高于京郊。

表 18　中心城区与京郊老龄实际在岗工作人员对比

单位：人

区县/年份	2011	2012	2013
东 城 区	13	6	7
西 城 区	9	8	7
朝 阳 区	11	12	12
丰 台 区	15	14	15
石景山区	4	4	4
海 淀 区	9	7	6
门头沟区	6	5	6
怀 柔 区	3	3	4
平 谷 区	3	3	10
密 云 县	3	3	8
延 庆 县	2	5	4

进一步考察中心城区与京郊老龄实际在岗工作人员所对应老年人数量有利于我们了解二者在老龄工作负担方面的差距。从表 19 中可以看出，中心城区除石景山区、丰台区及 2011 年的东城区外，2011 ~2013 年中心城区的区县老龄实际在岗工作人员对应老年人数量均高于京郊，即从实际在岗工作人员对应老年人数量看，中心城区的养老管理负担重于京郊。

表 19　中心城区与京郊老龄实际在岗工作人员对应老年人数量比较

单位：万人/名

区县/年份	2011	2012	2013
东 城 区	1.6	3.7	3.4
西 城 区	3.4	4.0	4.8
朝 阳 区	3.9	3.8	4.0
丰 台 区	1.6	1.9	1.9
石景山区	2.0	2.1	2.3
海 淀 区	4.2	5.7	7.1
门头沟区	0.8	1.0	0.9
怀 柔 区	1.5	1.6	1.3
平 谷 区	2.3	2.5	0.8
密 云 县	2.3	2.5	1.0
延 庆 县	2.4	1.0	1.3

三　中心城区老年人养老服务需求分析

（一）中心城区老年人养老服务需求分析——以养老服务卡为例

养老（助残）卡对于撬动养老产业具有较大的乘数作用，自从北京市实行养老助（残券）卡政策以来，老年人的养老服务需求得到了较大的释放。为方便分析，本报告以2015年1月1日起实行的养老（助残）卡政策为例，并结合前期区县相关调查数据进行分析。

1. 中心城区养老卡消费总体倾向于物质消费，轻于精神消费

自2015年开始实施养老（助残）“券变卡”政策以来，北京市80岁及以上老年人通过养老（助残）卡来购买服务的类别主要有九类（如表20所示）：其中百货购物消费占比最高，超过一半，为50.19%，其次为社区便利店消费，占比为34.33%，由于这两项基本以超市等实物消费为主，因此将其合一归并为超市类消费，占比为84.52%；再次为餐饮（老年餐桌）消费，占比为12.70%，超过一成；消费占比最少的为文化娱乐，其他养老服务消费较少的类型依次为养老机构、家政服务、生活照料以及医药医疗；此外，日间照料服务目前未有消费。综上可以发现，通过养老卡购买服务的老年人倾向于日常实物消费的物质需求满足。根据家庭经济学理论，老年人退休后随着闲暇时间的增多，精神消费的时间成本逐渐降低进而对精神消费的需求应该上升，但城区老年人养老服务卡的精神消费需求占比在实践中并未得到验证。

2. 中心城区签约服务商主要是超市类、餐饮类服务商，其他类型服务商比例较低

与老年人消费需求对应的是与北京市社区服务协会签约的养老服务商（如表21统计）：社区便利店的签约服务商目前最多，占比达到33.24%；其次为餐饮类（老年餐桌），签约服务商占比为25.00%；再次是百货购物（超市、商场）类的签约服务商，占比为16.81%；在协会平台上签约最少的服务商为日间照料类，占比仅为0.18%。因此，可以得出以超市为代表的实物类服务商比例为75.05%，其他提供精神生活需求的服务商比例为24.95%，签约的物质类养老服务商数量是精神类服务商的3倍多。

表 20　北京市老年人养老（助残）卡消费情况

单位：%

消费类别	消费类型占比
社区便利店(小超市/小卖部/食品烟酒类)	34.33
医药医疗	1
百货购物(超市/商场)	50.19
文化娱乐	0.01
养老机构	0.08
日间照料	0.00
生活照料(维修/理发/其他)	1.30
家政服务	0.39
餐饮(老年餐桌)	12.70

表 21　北京市养老卡政策签约的服务商类型

单位：家，%

类别	服务类型分布	占比
社区便利店(小超市/小卖部/食品烟酒类)	3000	33.24
医药医疗	970	10.75
百货购物(超市/商场)	1517	16.81
文化娱乐	182	2.02
养老机构	113	1.25
日间照料	16	0.18
生活照料(维修/理发/其他)	697	7.72
家政服务	274	3.04
餐饮(老年餐桌)	2256	25.00

3. 中心城区各区老年人消费集中在超市、社区便利店及餐厅

与全市老年人养老（助残）卡的消费情况类似，中心城区老年人通过养老卡进行的养老服务需求消费也总体倾向于以超市、餐饮为代表的实物类消费，而较少用于家政服务、日间照料等精神服务消费。在中心城区内部，老人通过养老卡消费的类别存在差别。在百货购物消费上，以东城、西城为代表的核心区消费比例低于城市功能拓展区（朝阳、海淀、丰台、石景山）老年人

的消费比例，在百货购物消费方面占比最多的为海淀区，比例高达七成以上，其次为石景山区，比例最少的为西城区。在老年餐桌方面的消费中，西城区老年人消费最多，占比为24.53%，其次为东城区，老年餐桌消费占比较少的是海淀区和石景山区，分别为5.97%和5.2%，不到10%。在超市类消费（百货购物、社区便利店合计）中，除西城区外，其他中心城区老年人消费比例均在八成以上，最高的为海淀区，达到91.56%。中心城区内部涉及家政服务、生活照料、医药医疗等精神需求的消费占比均在10%以下，精神需求消费占比最高的为西城区，达到7.74%，其次为石景山区，比例为6.29%，其他中心城区精神消费需求占比均低于4%，最少的为丰台区。

表22　中心城区老年人养老（助残）卡消费情况

单位：%，万元

消费类别	东城区	西城区	朝阳区	海淀区	丰台区	石景山区
百货购物(超市/商场)	43.64	41.65	59.29	72.60	55.37	60.31
餐饮(老年餐桌)	13.63	24.53	12.44	5.97	11.09	5.20
家政服务	0.48	0.45	0.75	0.10	0.57	0.36
生活照料(理发/维修/其他)	1.29	1.99	0.96	1.49	0.28	3.37
医药医疗	1.46	5.22	1.03	0.60	1.10	1.34
日间照料	0.00	0.00	0.03	0.00	0.01	0.07
养老机构	0.13	0.07	0.23	0.24	0.06	1.16
文化娱乐	0.04	0.01	0.04	0.04	0.00	0.00
社区便利店(小超市/小卖部/食品烟酒类)	39.34	26.08	25.24	18.96	31.52	28.19
幸福彩虹	0.00	0.00	0.00	0.00	0.00	0.00
消费总额	2234.7	3794.8	5479.5	10819.5	3754.0	1220.8

（二）中心城区老年人养老服务供求状况——以西城区老年人为例

为了解中心城区60岁及以上老年人对各种具体养老服务的需求状况，本报告利用了2013年中国人民大学老年学研究所在西城区组织的对60岁及以上老年人居家养老服务的供给与需求情况的调查数据。本次调查采用

PPS 抽样，在进行调查的过程中，如果调查对象因为各种原因无法进行调查，根据各个社区提供的老年人名单就近进行同性别递补，一共调查 1995 名老人。

1. 托老所供需情况

通过调查，西城区老年人不清楚社区内部或周边有托老所的比例为 34.1%。在使用托老所方面，有意愿使用的占比较少，包括“偶尔参加”和“经常参加”，一共仅为 2.4%，而从不参加托老所的占比为 94.6%，说明托老所在西城区使用率较低。

表 23　托老所（日间照料）供给与使用情况

单位：%

	有无该场所				是否使用该场所			
	有	没有	不知道	缺失	从不参加	偶尔参加	经常参加	缺失
比例	23.3	42.3	34.1	0.4	94.6	1.6	0.8	3.1

2. 上门护理及看病供需情况

目前大城市普遍存在空巢老年人、失能老年人等弱势老年人群体，为他们提供上门护理及就医服务是免除他们被疾病困扰的较为人性的方法。在调查中，西城区老年人对于上门护理和上门看病服务的知晓率分别为 26.1% 和 27%，认为社区没有该项服务的比例分别为 44.5% 和 46.5%，说明西城区还需增强上门护理及就医服务的宣传。而对于知晓该服务的老年人，从没使用过这两项服务的占比均较高，分别为 94.9% 和 94.5%，而需要这两项服务的老年人所占比例分别为 23.5% 和 25.6%，说明西城区老年人对这两项上门服务有部分需求，但使用率并不高。

表 24　上门护理知晓率、供给与需求情况

单位：%

	有无该服务				是否使用该服务				是否需要该服务		
	有	没有	不知道	缺失	没有	偶尔	经常	缺失	需要	不需要	缺失
比例	26.1	44.5	29.2	0.3	94.9	2.2	1.0	2.0	23.5	75.5	1.0

表 25　上门看病知晓率、供给与需求情况

单位：%

	有无该服务				是否使用该服务				是否需要该服务		
	有	没有	不知道	缺失	没有	偶尔	经常	缺失	需要	不需要	缺失
比例	27.0	46.5	26.2	0.4	94.5	2.6	0.8	2.2	25.6	73.5	0.9

3. 精神服务供求情况

老年人在日常生活中不仅需要物质需求的满足，更需要精神需求的满足。通过调查，西城区老年人对聊天解闷、服务热线等精神需求不知晓率分别为29.1%、32.7%。而在使用这两项服务方面，从没有使用过这两项服务的老年人占知晓这两项服务的老年人比例分别为93.6%和93.8%；老年人需要这两项服务的比例分别为18.4%、24.8%，对服务热线的需要度高于聊天解闷。这说明西城区乃至中心城区未来都需要加强对这两项精神服务需求的宣传，让更多老年人能够使用这两项服务。

表 26　聊天解闷知晓率、供给与需求情况

单位：%

	有无该服务				是否使用该服务				是否需要该服务		
	有	没有	不知道	缺失	没有	偶尔	经常	缺失	需要	不需要	缺失
比例	18.6	51.8	29.1	0.4	93.6	2.7	1.7	2.1	18.4	80.5	1.2

表 27　服务热线知晓率、供给与需求情况

单位：%

	有无该服务				是否使用该服务				是否需要该服务		
	有	没有	不知道	缺失	没有	偶尔	经常	缺失	需要	不需要	缺失
比例	24.1	42.8	32.7	0.4	93.8	3.5	0.7	2.0	24.8	74.1	1.1

4. 外出服务需求情况

老年人通常到一定岁数后生理机能就会出现退化情况，因此，老年人外出就需要有专人提供协助，如看病或日常购物。通过调查，对这两方面，目前老年人的反映是不知道的比例较高，分别达到32.4%和32.1%。因此以西城区为代表的中心城区还需要进一步宣传，争取让更多老年人知晓这些服务。对这两项服务有需要的老年人的比例分别为 18. 2% 和 15. 1% ，不算很高，而知晓但未使用过这两项服务的比例却很高，分别为 96. 0% 和 96. 3% 。

表 28　陪同看病知晓率、供给与需求情况

单位：%

	有无该服务				是否使用该服务				是否需要该服务		
	有	没有	不知道	缺失	没有	偶尔	经常	缺失	需要	不需要	缺失
比例	14. 3	52. 9	32. 4	0. 4	96. 0	1. 3	0. 5	2. 2	18. 2	80. 7	1. 1

表 29　帮助日常购物知晓率、供给与需求情况

单位：%

	有无该服务				是否使用该服务				是否需要该服务		
	有	没有	不知道	缺失	没有	偶尔	经常	缺失	需要	不需要	缺失
比例	13. 6	53. 9	32. 1	0. 4	96. 3	1. 1	0. 4	2. 3	15. 1	83. 9	1. 1

5. 其他社区服务供求情况

对于康复治疗、法律援助以及老年餐桌服务，调查显示，西城区老年人知道社区有这三项服务的比例分别为 16. 1% 、28. 9% 、39. 0% ，在使用方面，老年人从没使用过的比例分别为 95. 5% 、94. 6% 、91. 4% ，与前面老年人知晓这三项服务的比例刚好形成对照。与此同时，老年人需要使用这三项服务的比例分别为 20. 1% 、22. 2% 、34. 7% ，这与老年人认为没有这三项服务的比例 50. 0% 、39. 2% 、38. 9% 也形成了对照。从老年人的角度看，这三项服务总体供给不能满足需求。

表 30　康复治疗知晓率、供给与需求情况

单位：%

	有无该服务				是否使用该服务				是否需要该服务		
	有	没有	不知道	缺失	没有	偶尔	经常	缺失	需要	不需要	缺失
比例	16. 1	50. 0	33. 5	0. 4	95. 5	1. 6	0. 4	2. 5	20. 1	78. 7	1. 3

表 31　法律援助知晓率、供给与需求情况

单位：%

	有无该服务				是否使用该服务				是否需要该服务		
	有	没有	不知道	缺失	没有	偶尔	经常	缺失	需要	不需要	缺失
比例	28.9	39.2	31.5	0.4	94.6	3.1	0.3	2.0	22.2	76.7	1.1

表 32　老年餐桌知晓率、供给与需求情况

单位：%

	有无该服务				是否使用该服务				是否需要该服务		
	有	没有	不知道	缺失	没有	偶尔	经常	缺失	需要	不需要	缺失
比例	39.0	38.9	21.7	0.4	91.4	4.4	2.2	2.0	34.7	64.4	0.9

（三）中心城区老年人异地养老需求分析

陈谊等（2006）对北京市的数据分析发现，62.4%的老年人不愿意到外地或郊区养老，21.4%的老年人表示愿意，16.2%的老年人没有明确态度。我们的调研同样发现中心城区老年人异地养老需求不高，具体原因如下。

1. 老年人不愿意离开熟悉的环境

在调查中，朝阳区基层工作人员表示，“别说把老人疏解到津冀地区，他们连通州都不去，这种方式非常困难，所以为什么有必要开展居家养老，因为老年人你疏解不出去”。“养老工作并非完全出于经济利益考虑，并非一个地方资源多老年人就迁过去，一个地方资源少老年人就不去”；“对老年人来说，他的养老服务需求能满足就满足，不能满足就不满足，在家里待着也一样”。从一线工作人员对老年人异地养老的理解可以看出，“在哪养老”并非完全依由资源的丰富程度决定，很大程度上取决于老年人是否愿意离开自己熟悉的生活环境。第16届世界老年学大会通过的《阿德莱德宣言》指出：“应该尽可能让老年人生活在他们所选择的环境里，这应该是老年人照料计划的主要目标。”（黄俊辉等，2014）联系我国老年人一般的落叶归根传统，户籍是北京的老北京人一般并不愿意选择异地养老。

2. 老年人区域发展差距观念影响其异地养老意愿

调查中，朝阳民政工作人员表示：“很多老年人十多年都没出过北京，他们观念上认为河北还是比较穷的，别的地方不如朝阳，即使疏解至通州，虽然物理距离不长，但是心理距离长，他们平时一周都去不了一次通州。”这可以解释为，老年人认为区域经济差距可能造成养老机构发展水平差距，进而不愿意去异地养老。

3. 老年人居住模式倾向于居家养老而非机构养老

在调查中，东城区民政人员表示，“一般情况下，不到万不得已，老年人都不会住养老院”，“之前的调研结果显示，东城区仅有不到2‰的老年人愿意去外地养老，大部分老年人还是愿意选择居家养老，如果本街道有养老院则会就近养老”。根据对西城民政人员的调查，他们表示，“2013 年的数据显示，26.7% 的老年人愿意住敬老院，接下来问是否现在、马上、立刻入住敬老院时，只有 2.6% 的老年人愿意住。真正入住的只占回答想入住的老年人的约 1/10”，“大多数老年人还是愿意家庭养老，在迫不得已的情况下，比如失能、瘫痪，家里人没有时间照料时，才会选择养老院，因为养老院比较专业”。丰台区、海淀区的调查也有类似的情况。这说明老年人愿意选择的居住模式是居家养老而非机构养老，从居住模式看老年人异地养老的动力更显不足。

4. 老年人对于亲情的重视使其不愿异地养老

在调查中，丰台老龄工作人员表示：“郊区养老真不多，一来是不方便探望，二来是太远了又不放心，主要是子女探望及亲情问题。如果在郊区养老，刚开始子女还隔两天去看望一下，后来就很可能隔一周，再后来就是隔一个月，时间久了并不利于养老。所以郊区养老不便利于儿女看望。”这说明异地养老容易淡化家庭亲情，进而影响老年人异地养老的心理。在进一步的调查中，他们还表示：“城里只要有地方，价位合适，一般人是不往外走的。目前一些养老照料中心都开始有不少人入住了，放在郊区关系会越来越淡。”西城老龄工作人员结合“儿童与老年人”的类比，更表示，“不能疏解小孩就不能疏解老年人，因为人家是一个家庭，你疏解老年人就相当于在拆散人家的家庭”，家庭的亲情是家庭成员以血缘关系联结而成的，如将其分开必然会对家庭亲情延续带来较大影响。

5. 生活与关系网不适应

在对海淀老龄工作人员的调查中，他们表示，“在郊区 3000 ~ 4000 元住不起养老院，吃不好，喝不好。如果把房子租出去，在郊区找个房子，为了一个老年人全家都得搬出去”。“通过我们跟老年人接触，大多数老年人还是愿意在家养老，因为环境熟悉，人也熟悉，也方便，尤其是年龄大，能力也差，不愿意花更多精力跟人去调整这种相处的环境、关系等。”在石景山的调查中，老龄工作人员表示：“离家太远，过冬都过不了。”中国是人情社会，让老年人在异地养老无疑会涉及老年人人际关系网重建的问题，而差序格局理论证明个体关系网的建设需要以熟人为基础，陌生环境不利于关系网重建。

（四）中心城区老年人养老服务的供需矛盾分析

1. 机构养老的结构性供需矛盾

一方面中心城区部分老年人有住养老院的需求但得不到满足，另一方面又存在部分养老院床位空置的状况。根据调查，丰台郊区目前养老院床位的空置率达到94%，如丰台郊区的“王佐”养老机构，尽管养老院条件很好，但入住率仅为6%。又如海淀区的调研显示，尽管海淀区的苏家坨、温泉等较偏僻的区域方便住养老院，机构养老的租金便宜，环境也好，但没有配套的医疗机构，所以入住老年人仍然较少。海淀老龄工作人员表示，海淀一些养老机构人少，它就降价，一降价服务质量就会变差，又难以招到老年人入住，最终会形成恶性循环。2013 年，全国养老服务机构平均床位利用率是62%，空置率达到38%，而民办养老机构的床位空置率更高达50%（唐钧，2015）。因此，城乡养老机构间供求结构性矛盾目前仍旧存在。

2. 老年人对机构养老的心理矛盾

调查中，朝阳区工作人员表示老年人对于住养老院的想法跟他实际的行动有差距。“普遍有担忧，比如养老院能不能把我照顾好的问题，这个通过考察还是可以解决。”而据对西城老龄工作人员的调查，他们还说：“如果问老年人，他们也可能会说住养老院，但是真正说马上住的时候又说不想住，也就是老年人的回答也不能都相信。”因此可以看出，老年人住养老院心理意愿的真实性也会影响养老机构的供需。

3. 识别养老服务的真需求与伪需求

经济学意义上的需求不仅包含对某个事物的需要，而且包含对这个事物的支付能力，只有那些有支付能力的需要才能称需求。在调查中部分区县的工作人员表示："通过养老券引发的需求是一种伪需求，比如当老年人只能选择剃头、修脚等的时候他就选择这个，当他能选择去超市的时候他就去超市。"这种需求从本质上说只是以增加某种事物的数量为目的，并非个体真实需要，所以连需要都不是，更不用说需求，也就不是真需求。

4. 机构养老价格是老年人选择机构养老的重要但非决定性因素

在调查中，区县老龄工作人员表示高端养老的消费并不缺乏，但并非所有有意愿居住养老机构的老年人都有经济实力居住。在丰台的调查发现，老龄工作人员表示："价格是个很重要的因素，但并非决定性因素。"海淀区老龄工作人员表示："老年人收入上涨速度远远落后于地价上涨速度，所以现在很难建那么多养老院。据统计，建一张养老床位，成本为 35 万元到 50 万元。"中心城区内部不同区县存在不同价位养老机构，高价养老机构入住率也可能较高，如调研中朝阳区的恭和苑、石景山区的"寿山福海"等高端养老机构，尽管价格高，但老年人入住意愿依然强烈，基本都住满了。但国内其他城市调查显示，机构养老成本会影响老年人对机构养老的需求。美国麻省理工学院和云南大学共同开展的"中国实验室"项目结果也显示，价格是一个重要因素，"昆明 65 岁以上老年人认为选择养老院的心理价格不应超过 1800 元，而他们在选择养老院时，最在乎的除了价格之外，则是其中的医疗配套服务"。① 因此价格因素同样会影响老年人入住养老院。究其原因，这部分老年人的退休金较低，尤其是那些 20 世纪 90 年代以前退休的老年人，很多企业倒闭破产，社会发放的养老金比较低（班晓娜、李东阳，2013）。

四　政策建议

总的原则是实施"两线"战略，一方面，完善京郊养老、医院和学校等公共服务，吸引中心城区一部分老年人到京郊养老，达到疏解中心城区人口的目的；另一方面，完善中心城区居家和社区养老服务，保证和满足中心城区养

① http：//news.163.com/15/1019/07/B6997N1T00014AEE.html。

老服务需求。应建立有针对性的养老服务体系，提高养老服务供给与需求间的适配度（席恒，2015）。

（一）疏解中心城区一部分老年人的政策建议

1. 疏解中心城区养老机构

（1）禁止在中心城区建设新的养老院和养老公寓等设施

鉴于中心城区老龄化趋势的增强，床位需求大于供给，而城区内养老用地紧张，按照京津冀协同发展规划的要求，未来城区应禁止建设新的养老院和老年公寓。

（2）搬迁中心城区已有的养老机构

中心城区部分养老机构（公办或民办）目前存在布局不合理、入住率低且经营困难的问题，政策设计上可以考虑将其整体搬迁至京郊。除应为其提供搬迁费用补贴外，还应为其收住城区老年人提供高于在中心城区的补贴。

2. 完善京郊养老服务及相关配套设施

由于中心城区的卫生、教育、文化娱乐和交通等公共服务设施非常完善，要想让中心城区一部分老年人迁出，或防止迁入，应做到以下五点。

第一，随子女工作转移。结合首钢搬迁经验，有选择性地疏解中心城区非首都核心功能产业及企业。在职工随企业迁移后，父母一般也会随子女迁移。

第二，让医养结合政策尽快落地。要让中心城区一部分老年人搬到郊区养老，必须保证他们能够享用与原来一样的优质医疗资源。

第三，重新布局中小学校址。中心城区集中了北京市最好的中小学。在中心城区居住的老年人相当一部分是为了看护孙子孙女上学才聚集在城区。如果四环以外的中小学教学质量不如中心城区，这些家庭是不可能搬迁的。因此，要制定四环以外中小学新政，解除适龄儿童上学之忧，吸引中心城区老年人外迁，或者减少内迁。

第四，完善四环以外养老机构的娱乐、交通和购物等配套设施建设，吸引中心城区老年人入住，减少床位空置率。

第五，结合首都功能疏解规划，在城乡结合部修建类似中心城区的养老四合院，配建相应的医疗设施，满足城区部分身体健康老年人养老的文化环境需求。这不仅能提高城乡结合部的土地利用效率，而且能让城区老年人在出租城区房屋时获得成本较低的社区养老服务。

3. 中央国家机关要大力支持北京市人口疏解工作

疏解北京市中心人口是中央提出来的，中央国家机关如不支持北京市人口疏解工作，就等于阻碍北京市工作。

首先，中央财力雄厚，应当拿出资金支持北京市疏解人口，不能一毛不拔，把压力全放在北京市。

其次，中心城区尤其是东城和西城区，中央国家机关及其直属单位宿舍多，老年人也多，中央国家机关应当配合北京市人口疏解工作，制定让中央国家机关退休干部外迁的政策。动员中心城区的退休干部尤其是党员退休干部为首都人口疏解树立榜样，能带动其他老年人跟随迁移。

最后，中央国家机构应当利用其号召力，在四环以外利用已有的养老资源，成立以中央国家机关挂牌的养老服务机构，动员退休政府干部率先垂范，为其他老年人外迁树立榜样。这样既能提升养老机构的服务供给质量，又能满足老年人对优质机构养老服务品牌的心理愿望。

4. 制定京津冀养老事业发展协同规划

京津冀三地应制定老年人异地养老的顶层制度设计，具体包括养老机构在京津冀的布局、跨区购买养老服务试点、打破老年人异地养老享受当地社会保障及养老保险的身份和户籍限制等政策。

一是出台中央层面中心城区老年人异地养老政策，发挥我国政策体系中中央层面的政策引导力。中央相关部门如京津冀协同发展小组可出台北京老年人在津冀养老的宏观优惠政策，实现中央与地方对北京老年人异地养老的双重引导。

二是打通京津冀三地的医保政策，为老年人异地养老提供医疗报销保障。我国的医保政策目前仍是区域性的，除了在户籍所在地指定医院就医外，去其他地方一般都需自费。对老年人来说，医疗支出是最主要的支出之一，能否报销关系重大。京津冀应尽快制定打通医保的相关政策，使入住河北、天津养老机构的北京老年人能够将所发生的医疗费用按照北京的标准实现报销。

三是在津冀及京郊环境优质区域建设高标准的养老设施和医疗设施。近年来，北京雾霾严重，部分中心城区老年人对养老环境有更高要求，因此可以考虑在天津、河北及京郊选择空气质量较好的风景旅游地为中心城区老年人建设高标准的养老机构，并配建相当于北京三甲医院水平的医疗机构。这不仅能满足老年人对优质环境的需求，而且有助于推动城区老年人异地养老。

四是为有实力的企业建设跨区域养老机构提供政策优惠。可通过建立政府引导、市场主导、社会广泛参与的机制来发展京津冀养老产业带，为有实力的养老企业走跨区域的品牌化、连锁化经营提供政策便利，包括在税收、融资、养老用地等方面制定跨区域机构建设优惠政策。

五是为社会资本建设异地养老机构提供经济补贴或采取 PPP 的合作建设模式。鼓励社会资本在津冀投资建设面向北京老年人的养老机构，具体可按照距离北京市由近及远的地理区位提供不断增多的经济补贴。这样不仅能使社会资本享受京外地区的低投资成本，也能获得与在京投资养老机构同等或更多的扶持。

六是建立京津冀养老服务资源信息平台。通过政府购买服务的形式建设京津冀养老服务资源信息平台，公开央、地两级政府为北京城区老年人异地养老制定的各项优惠政策以及京津冀三地的养老服务资源优势，通过市场化手段让老年人自主选择异地养老的机构和区域。

5. 制定鼓励中心城区老年人外迁养老的优惠政策

一是鼓励中心城区特殊老年人异地养老。中国老年人受传统观念影响，仍然更倾向于在家养老，只有在生活不能自理时，才会进入专门的养老机构。因此，在异地养老政策制定过程中，可以对符合 80 岁及以上，失能、失智、子女不在身边或照料不便等条件的特殊老年人群体进行政策倾斜，与这部分老年人及其家人协商，并在老年人自愿基础上为其安排异地养老，在此过程中要尊重老年人选择异地养老区域及养老机构的自主权。

二是为有异地养老需求的老年人迁移其“关系网”。城市社区老年人日常空闲时间较多，对精神生活的需求旺盛，而满足其精神生活的需求离不开已维系的社区关系网络，如老人间的聊天、解闷、打麻将等都会在已有的关系网中进行。因此，政府可以根据中心城区不同社区老年人异地养老意愿，制定同一社区老年人群体异地养老的鼓励政策。

三是为入住津冀及京郊养老机构的老年人提供养老费用补贴。可为在天津、河北及京郊养老机构养老的城区老年人提供机构养老的各项补贴，补贴范围包括床位费、护理费、伙食费、医疗费用、空调和暖气费等，构建根据老年人的自理程度，给予部分或全额报销的制度。

四是建立子女异地探望补贴机制。为不影响家庭亲情，政府可以探索建立子女探望异地养老老年人的补贴机制，如在探望频率、探望补贴等方面出台具体的政策。可以按集中探望和分散探望两种模式进行制度设计：集中探望可以免除交通费，按北京市日最低工资标准给予误工补贴；分散探望可以给予部分交通补贴，并根据其在津冀养老机构的探望时间按北京市日最低工资标准给予误工补贴。

五是大力发展老年人旅游，促进老年人异地养老与旅游业的融合。为城区身体健康、有“候鸟式养老”需求的老年人提供在外旅游补贴，或整合区域旅游资源，为老年人发放旅游优惠券。研究显示，收入仍是老年人选择“候鸟式养老”方式的制约因素。[①] 因此可按季节和在外旅游时间长短为老年人提供不同的异地旅游养老补贴。如在冬季，为中心城区老年人提供在海南旅游的养老补贴；在夏季，为中心城区老年人提供在国内主要避暑胜地如承德、九寨沟、秦皇岛等地旅游的补贴。时间上以在外旅游 3 个月为补贴时间段，即仅为旅游养老时间在 3 个月以上的老年人提供补贴，重点补贴范围有差旅费、住宿费、生活费等。

（二）完善中心城区居家和社区养老服务

总的原则是实施供给侧改革和需求侧评估，通过调结构、保基本，逐步满足老年人差异化、多层次、个性化的养老服务需求。供给侧改革主要包括供给主体、供给内容、供给制度、供给形式和方式等改革。需求侧评估主要包括探索评估组织模式、构建科学的养老评估指标体系、探索完善评估流程、探索评估结果综合利用机制等。

---

① http://www.ce.cn/xwzx/gnsz/gdxw/201502/04/t20150204_4509305.shtml。

1. 供给侧改革

（1）供给主体改革

①划清供给主体边界。厘清政府与市场在养老服务资源配置上的边界，明确政府的兜底职责，同时，为社会力量参与养老服务“松绑”。养老服务产品具有准公共产品属性和福利特性，因此，为了保证服务的效率和质量，养老服务产品的供给不能完全由政府提供，也不能完全交给市场，而需要政府、市场、社会、家庭等多方参与（章萍，2015）。

②提升老龄委（办）在老龄事业中的战略地位。一是调配编制和人员。老龄办主管老龄工作，老龄工作事务烦琐，老龄办却缺乏编制和人员，在不增加编制的政策约束条件下，可考虑从其他民政职能部门为老龄办调配一些编制或按工作紧急和繁忙程度临时借调一些编制，以缓解老龄工作人员紧缺、工作开展效果不佳的问题。二是建立政府部门间的定期联席会议制度。地方老龄委（办）基本属于事业单位，在开展工作中由于行政级别差异（如科级协调局级）或事业单位与行政单位间的性质差异，老龄办无法有效协调其他行政单位，因此可考虑在不改变老龄办单位性质的前提下，制定由中央政府部门出台的以老龄委（办）牵头的定期老龄工作部门联席会议制度，进一步提高各级老龄部门在政府相关机构设置上的战略地位。

③积极落实社会资本参与养老服务的优惠政策。尽管政府出台了社会资本参与养老服务的相关政策，但存在政策模糊和落实不到位等问题，这不利于社会资本参与养老服务供给的积极性。接下来政府应对社会资本开展养老服务工作进行深入调研，了解其困难和需求，为其制定有针对性的优惠政策，并切实落实相关优惠政策。

④改进护理员队伍建设。首先，强化专业培训和职业鉴定。需支持护理专业培训学校或鼓励职业类高校开设护理专业，人保部门和职业鉴定部门可为专门设有护理专业的院校提供财政支持，培育更多合格的养老护理专业人才。其次，建立岗位补贴制度。可参照国家对其他职业类型的职称评定补贴规则，根据养老护理员所持证照的等级（初级、中级、高级）提供不同额度的补贴；或根据护理员工作年限进行梯次增加的补贴，如随工作年限的延长逐渐增加每个月的补贴额度。最后，加大宣传，提高人们对养老护理员的社会认可度。可

参照为医院护士设立的有全球影响力的南丁格尔奖为养老护理员设立一个国家层面的奖项，每年举办颁奖晚会，让社会上更多群体关注、认知、尊重养老护理员这一新兴职业，大力宣传这一职业的重要性。此外还可定期举办区域或全国的护理员职业技能大赛，扩展这一职业的社会影响力。

（2）供给内容改革

①提供为老服务的网络平台和智能化技术产品。针对居家和社区养老，首先，通过政府购买服务的形式建立养老服务网络平台，在平台上整合紧急呼叫、家政预约、健康咨询、物品代购、服务缴费等项目。其次，为部分社区老年人提供防失踪的跟踪仪。再次，与企业合作，为社区提供智能化养老餐桌（如丰台区的智能配送柜）。最后，为老年人提供“一键通”等电子呼叫设备。

②增加为老服务的设施。针对居家和社区养老老年人的身体锻炼需求，在社区安装并更新适合老年人活动的社区设施；针对机构养老老年人，主要为部分失能、失智、高龄以及患病老年人提供养老生活辅助器材。

③增加政府购买养老服务的范围。为满足老年人养老服务的多样化需求，政府在购买服务时应扩展养老服务商的范围，如扩展养老（助残）卡的使用范围。

④合理布局中心城区的居家和社区养老服务设施。制定点、线、面战略：“点”是以社区为核心点，依靠社区和社会组织为老年人提供养老服务；“线”是以政府和市场为明线和暗线，重点依靠市场对服务商布局资源的价格调节作用，同时发挥政府对有品牌、有口碑服务商布局资源的引导作用；“面”是通过“点”和“线”的措施，通盘考虑各区不同年龄段老年人数量、多样化和个性化需求等因素，在多方服务供给主体参与基础上提高城区社区和居家养老服务质量。

⑤整合社区资源，开展多样化老年人活动。政府和社区要加强与辖区内企事业单位的交流合作，鼓励它们在条件允许的情况下，将活动场所向社区老年人免费开放。为丰富老年人的文化生活，可组建老年业余文体队伍，积极举办文艺汇演、体育健身、知识讲座、心理减压等活动，还可开设社区老年课堂，以满足老年人开发智力、充实知识、陶冶情操、强健身心的需要，使老年人老有所学，学有所得。

（3）供给制度改革

①完善政府对市场的监管边界。在发展服务商的过程中，政府应主要以监管为主，不应过多干预服务商的正常经营，要明确监管范畴，削减不必要的监管。如调查中政府对服务商所规定的“六项功能、十项服务”便不合适，一方面束缚了服务商，另一方面也并不完全具有约束效力。

②强化区县、街道对养老服务商的管理职能。尽管北京市民政局已将与养老卡对接的服务商发展和管理职能收回到市社区服务协会统一管理，但因区县和街道拥有属地管理职责，而且更了解本地区养老服务的需求状况，因此，未来可基于自上而下与自下而上的原则对养老服务商进行双向发展和监管。

③探索建立“家属照料型”居家养老服务模式。若子女愿意在家为老人提供居家养老服务，政府可为其提供补贴。政策覆盖范围主要是中心城区五类老人，即城镇“三无”人员、农村“五保”人员，低保及低保边缘的老年人，经济困难的失能、半失能老年人，70 周岁及以上的计生特扶老年人，百岁老年人。子女或儿媳首先要申请成为居家养老服务组织的员工，经过培训合格后才能上岗，按照每个月为家庭老年人提供居家养老服务的时间长短向社会服务组织申请补贴，补贴额度按照本地家政市场的平均标准计算，子女或儿媳在为父母提供居家养老服务期间应接受社会组织的监督。

④建立时间银行制度。号召社会志愿者和社区准老年人加入为老服务队伍，将他们服务老年人的时间存储入“时间银行”，等自己年老需要照料时再从时间银行取出服务时间，或政府与商家合作，将志愿者存在时间银行的积分在合作商家当现金来消费。这不仅可以缓解为老服务人员短缺的问题，也能让爱心之火不断传递。

⑤拓宽养老服务资金的筹措机制。首先，提高政府在养老领域的财政支出预算，并逐步提高福利彩票公益金的支出比例。其次，宣传和号召社会公益基金投入养老领域。最后，为社会公益组织开展养老服务提供补贴，降低养老服务资金成本。

⑥探索长期护理保险制度。对于中心城区失能、失智老年人的养老服务需求，由政府给予相应的政策和补贴进行引导，建立政府补贴、保险缴费和使用

者负担三源合一的筹资机制，然后由商业保险公司作为经营主体提供长期护理险产品，对于部分失能程度高、护理费用大的情况，可以提高政府补贴比例，如增加福利彩票资金的支持比例等。

（4）供给形式或方式改革

①探索医养融合方式，推动养老机构由供养型向医护型升级。

②从单一经济供养向全方位服务形式拓展，为社区和居家老年人提供包括经济有保障、生活有照料、精神有慰藉、个性有发展的全方位养老服务。

③对机构养老，发展从护理型养老主导向护理型和非护理型养老均衡发展的形式，如逐渐提高机构养老的长期护理床位比例。

2. 需求侧评估

养老服务评估，是为科学确定老年人服务需求类型、照料护理等级以及明确护理、养老服务等补贴领取资格，由专业人员依据相关标准，对老年人生理、心理、精神、经济条件和生活状况等进行的综合分析评价工作。

（1）探索评估组织模式

由政府、社会中介组织联合或由社会中介组织单独来对老年人进行养老服务评估，由政府购买养老评估所发生的费用，评估结果应及时公开，接受家庭、社区和社会的监督。

（2）构建科学的养老评估指标体系

根据《老年人能力评估》行业标准，老年人能力评估应当以确定老年人服务需求为重点，突出老年人自我照料能力评估。评估指标应当涵盖日常行为能力、精神卫生情况、感知觉情况、社会参与状况等方面，所需健康体检应当在经卫生行政部门许可的开展健康体检服务的医疗机构内进行。对老年人经济、居住、生活环境等标准进行评估应结合本地平均生活水平、养老服务资源状况、护理或者养老服务补贴相关政策等综合制定。

（3）探索完善评估流程

养老服务评估应当包括申请、初评、评定、社会公示、结果告知、部门备案等环节。评估申请要坚持自愿原则，由老年人本人或者代理人提出，无民事行为能力或者仅拥有限制民事行为能力的老年人可以由其监护人提出。

（4）探索评估结果综合利用机制

①推进居家养老的个性化服务对接。根据评估结果可以把老年人分为有需求且有支付能力、有需求但支付能力不足、有需求但无支付能力、无需求四种类型，进而为老年人制定政府购买服务的不同补贴标准。

②确定机构养老需求和照料护理等级。对于经评估属于经济困难的孤寡、失能、高龄、失独等老年人，政府投资兴办的养老机构，应当优先安排其入住。

③用于老年人健康管理。建立老年人健康档案，提高康复护理等服务水平。

④作为养老机构的立项依据。根据服务辐射区域内老年人能力和需求评估状况，合理规划建设符合实际需要的养老机构，提高设施设备使用效率。

（三）养老政策制定要兼顾共同性与差异性

1. 出台上下有别政策

老龄政策与其他政策一样，统得过死易使其执行效力打折扣。在不同区域（区县或街道），甚至一个区域（区县或街道）内部往往都存在实际的社会经济发展差异，如果实行统一政策就容易导致政策执行效果出现偏差。因此上级政府（如市局）在推行一项养老服务政策时应制定框架性政策，然后让下级老龄和民政部门结合自身实际制定本区域具体政策。

2. 政策可行性

上级政府部门在推行一项老龄政策的过程中，应注意政策的具体规范、实施标准，而不能出台模糊性政策，否则会束缚下级政府，进而导致其对政策的理解模糊、执行模糊，最终会消解政策效力。

3. 政策衔接

老龄政策涉及多个部门、多个利益主体，政府在制定老龄政策时需注意政策的前后关联关系，尤其是老年人福利性政策的不可逆性，即前期福利与后期福利不仅要衔接，而且要衔接得好，因此制定政策过程中要充分考虑前后衔接问题。

参考文献

陈谊、黄慧：《如何解决老年人的异地养老需求》，《北京观察》2006 年第 10 期。

班晓娜、李东阳：《养老需求、养老支付能力与发展养老产业》，《大连干部学刊》2013 年第 7 期。

黄俊辉、李放、赵光：《需求评估：构建社会养老服务体系的关键环节》，《老龄科学研究》2014 年第 8 期。

唐钧：《“十二五”养老服务得失谈》，《中国人力资源社会保障》2015 年第 6 期。

席恒：《分层分类：提高养老服务目标瞄准率》，《学海》2015 年第 1 期。

章萍：《社会养老服务发展的有效路径研究》，《现代管理科学》2015 年第 9 期。

全面放开二胎政策中的性别分析

——以职业女性为例

李宁　孙凤兰*

摘　要：

2015年10月29日，十八届五中全会发布公报，决定全面放开二孩，引发社会的关注，并使职业女性面临二孩选择。本文将结合生命周期理论及文献研究、数据分析，探讨影响女性生育二胎的主客观因素，为她们选择生育二胎提供政策建议支持。

关键词：

二胎　生命周期　女性职业发展

十八届五中全会决定全面放开二胎，即全面实施一对夫妇可生育两个孩子政策，积极开展应对人口老龄化行动，在家庭中引发不小震动。据一项针对上海进入婚育年龄的女性的调查，有90%符合“双独”或“单独”政策，但是申请二孩的比例还不足5%。[①] 近期据羊城晚报的一项随机调查显示，“70后”男性近九成想生育二孩，而愿意生育二孩的女性不足两成（孙晶等，2015）。

对于家庭结构的稳定性和社会的发展而言，两个孩子更适宜。

对女性而言，生育与她两方面的生命历程相关：一是家庭生命周期，二是职业生命周期。家庭生命周期是指家庭发生的生命事件，如婚姻、生育、子女离家、死亡等，一个典型的、完整的家庭生命周期要依次经历形成、扩展、稳

* 李宁，北京市委党校社会学教研部副教授；孙凤兰，北京市妇联组织部部长。

① 《女人：工作和二胎　哪个更重要》，2015年1月29日，凤凰财经综合。

定、收缩、空巢和解体六个阶段（吴帆，2012）。女性在此过程中完成生育任务，根据个人情况，她们还要经历与男性不同的职业生命周期。与男性较为稳定的上升职业生命周期不同，她们多呈现倒 U 形、M 形、多阶段就业、隐性就业等多种就业模式。目前对我国职业女性最具普遍性影响的是 M 形模式。所谓 M 形模式是指在职业生命周期中女性通常要经历两个高峰和一个低谷。两个高峰，一个是女性就业后的 6 ~ 8 年，即女性就业后但未生育前；另一个是在 36 岁以后的十余年间，此时孩子基本长大，女性进入事业上升通道。一个低谷是指这两个高峰之间，通常是养育孩子的 8 年时间（吴贵明，2004）。显然生育造成了女性与男性不同的职业发展道路。

全面放开二胎的政策，使 30 多年实行计划生育养育一胎的家庭，特别是职业女性必然会经历调整和转变。如何处理生育与职业发展的关系成为影响她们选择生育二胎的重要因素。本研究将重点聚焦受二胎政策影响的两部分人：一是年轻职业女性，二是临近退休的女性。本文重在探析剔除影响夫妻双方家庭经济、住房和年龄等因素以外，女性选择生育二胎的原因何在，以及生育二胎会对女性职业发展带来哪些影响和改变，并由此了解生育二胎反映出的女性生命周期中所经历的多样性和社会变迁，在此基础上提出帮助女性平衡家庭、工作的思考和建议。这不仅对促进全面放开二胎政策落地，而且对促进职业女性的发展具有积极意义。

一　一胎对职业女性发展的影响

由于我国实施了近 30 多年的一对夫妻只生育一个孩子的计划生育政策，当代职业女性生命周期经历了与她们长辈不同的历程，引发了生命周期轨迹的变化，具体表现为以下几方面。

第一，现代女性生育时间延后。20 世纪 50 年代以来，大量女性进入公共劳动领域，女性的角色发生了很大的变化。男女平等国策在许多方面极大地促进了女性的教育、就业和职业发展。伴随社会经济政治的不断进步与发展，《中国妇女发展纲要（2011 ~ 2020 年）》指出：我国妇女占从业人员比例保持在 40% 以上，城镇单位女性从业人数逐步增长。不少接受过高等教育的女性期望自己有良好的职业生涯发展前景，她们中的不少人选择推后结婚和生育一个孩子的年龄。根据第六次全国人口普查数据，中国男性平均结婚年龄为26.7岁，女性为24.9岁。另据上海市民政局发布的上海市2013年度婚姻登记统计数据，上海市男女不论是平均结婚登记年龄还是初婚年龄都再次趋晚，其中，男性平均初婚年龄达34.02岁，女性平均初婚年龄为28.19岁。南京的结婚登记年龄继2012年突破30岁大关后，2013年前四个月，一度突破了31岁。结婚年龄延后的变化引发了家庭生命周期时序结构重心的后移：一是扩展期变得更短，二是稳定期变得更长，三是收缩期来得更早，四是空巢期来得更早且持续的时间更长（吴帆，2012）。女性生育时间的推后，使现在职业女性的生育出现大、晚、少的特点，产生加重养育精力成本和身体健康代价等许多以前她们母辈没有遇到的情况。高龄生产和养育，会给职场女性的身心发展带来不小的影响。

第二，孩子是职业女性在家庭中付出时间精力最多的部分。研究显示，与男性相比，女性职业生命周期有三个特点：女性劳动力的就业历程呈“M形”；女性婚后的劳动就业取决于家庭整体效用最大化；女性就业会带来双重角色冲突（李爱莲，2008）。女性就业紧紧围绕家庭开展的特点，使对家庭工作平衡冲突和对家务劳动的研究聚焦女性开展。从1990年第一次到2010年第三次妇女社会地位调查数据显示，用于家务劳动的时间均是女性多于男性，总体来看大多数女性仍然是家务劳动的主要承担者（李晓社，2002；禹建湘，2006）。由于家务劳动逐步社会化，照顾孩子成为职业女性最大的家务负担。由于女性就业期的高峰时期刚好也是女性生育的高峰时期，而生育假、哺乳期、日常照顾生病孩子等问题，会持续3~8年的时间，如果缺乏社会组织的关怀，仅由女性自己和家庭来承担所有问题，相对于男性她们在这段时间将需要花更多精力去平衡生育与工作之间的矛盾（王岩，2012）。所以在一孩时代，家务劳动特别是对孩子的照顾与教育，成为影响女性职业发展的主要压力。

有学者曾用水泥描述我国职业女性，认为我国女性承担了日本女性家务劳作的同时，也参与北欧女性的职业发展，我国女性在其一生中不仅有水的温润，更有水泥的硬度，她们肩挑家庭、工作双重重担，她们的生命周期比其他国家女性承载更多、更重的内容，她们的生命质量很高。

第三，由于我国实行计划生育政策，很多家庭空巢期提前，让职业女性比她们母辈有了更大的自由发展空间。受家庭结构、收入、家务分工等方面的影响，伴随孩子离家，女性在45～55岁会进入受孩子、家务因素影响最小，个人发展空间加大的阶段。有了更多精力、经验和宝贵时间的女性希望在此阶段抓紧时间，专心工作，弥补前期因生育而耽误的时间，实现理想职业目标，“笑”到最后。但是外在环境让她们在职场进步的空间不大。

多项研究发现，女性的职业发展生涯中还存在较强的“玻璃天花板”效应，且性别歧视在一定程度上阻碍了女性在职业领域正常的向上流动（王存同、余姣，2013）。数据显示，女性在政府、企业等各类管理层所占比例不高。2015年的《全球性别差距报告》指出，在男女社会地位和收入待遇上的差距，中国排第91位（距上年下降4位）。上述研究表明，目前职业女性在社会地位、经济收入等方面与男性相比还有不小差距。

二　影响职业女性生育二胎因素分析

对女性而言，生育二胎不仅仅是从头再来一遍，她们会考虑本人的养育负担，二胎对个人职业发展的影响，还会评估影响生育的外在条件，分析家庭及外部支持二胎生育的人力资源，包括关键支持者如女性长辈等问题。

（一）生育者

第一，女性选择原因与生育意愿。生育二孩对职业女性平衡家庭、工作关系是一个新的考验，一般女性会做出三种选择：一是家庭第一。考虑丈夫和孩子需求，把更多时间用来照顾家庭。二是家庭、工作双平衡。“人家能生，我也可以”，自己苦点累些没关系，力争家庭圆满，工作进步。三是坚守事业，不改发展事业的初衷。要么不生，要么生也是由家庭其他成员帮衬照料，虽然会加重家庭负担，但仍会把个人发展排在第一位。对三者而言，第二种选择最为纠结。但是无论选择哪种，二胎都会不同程度加重女性家务负担及平衡家庭、工作的难度。

生育二胎不单纯是个人行为，还受社会多方因素影响，但最终取决于女性人生发展的价值观。女性不论是选择重视家庭还是发展事业，均依据个人的价值观而定。对女性来说，无论选择哪一个都不一定一帆风顺，而应对变化策略多数是依据自我最初的选择而定。选择二胎，对女性而言，会使职业发展的轨迹出现更多家庭、工作平衡冲突的起伏波动，她们需为家庭、工作及它们之间的平衡付出更多时间精力与努力。有数据显示，在40岁的经理人中，90%的男性经理人有孩子，而女性经理人有孩子的比例仅为35%（王朝霞，2010）。因而是“升”还是“生”，成为职业女性的艰难选择。

第二，影响生育二胎的家庭条件。家庭环境涉及多种因素：①丈夫工作性质。是否经常加班，是否长期出差，等等。②夫妻感情、身体状况及丈夫的支持配合。由于人们不断追求个人在家庭中的独立地位、自主权利和个性的自由发展，夫妻之间的性观念、择偶观、生育观、伦理观等均已发生相应的变化，因而丈夫在时间、情感、精力方面的支持与参与，对女性选择生育二胎的影响至关重要，毕竟丈夫的理解支持在核心家庭中影响最大。③有无家庭其他照顾负担，包括长期病人、老年人等。④两个孩子之间的年龄差。二孩养育不是对一孩的简单复制，还涉及许多问题：就孩子照料而言两个孩子年龄相隔小比相隔大照料难度小；孩子活泼健康，比体弱多病的照顾难度小；孩子学习问题少，比问题多的照顾难度小；校内教育比校外各种辅导所需的精力、费用小。据媒体报道，有的孩子从小就接受校外辅导，需要支付包括学习5万/年、保险2万/年、涂鸦300元/节等多项社会教育费用（孟环，2015）。

第三，社会条件。按照《女职工劳动保护特别规定》，用人单位不得因女职工怀孕、生育、哺乳降低其工资、予以辞退、与其解除劳动或者聘用合同。女职工生育享受98天产假，其中产前可以休假15天；难产的，增加产假15天；生育多胞胎的，每多生育1个婴儿，增加产假15天。但是在现实情况中，女性因生育，在就业过程中受到明显性别歧视。中国妇女研究所近日在一项关于性别歧视的调查中发现，86%的受访女学生表示，在就业市场上遭受了不同形式的性别歧视。[①] 2014年三八妇女节到来之前，北京市一中院称，该院近三

① 《二胎来了　女性们要小孩还是要工作?》，腾讯财经，2015年12月14日。

年审理女职工因孕期、产期、哺乳期权利受侵害引发的劳动争议案件达110余件。该院预测，随着北京市“单独二胎”政策开始实施，此类案件将会增多。因此如果没有国家配套的法律、政策等作为制度保障，将生育抚养二胎的假期、补贴均由女性或女性所在组织承担，无疑会加重用人单位对女性的用人成本考虑，从而加重女性就业及职业发展的难度（李罡，2014）。

（二）女性长辈照料者

作为二胎照料的重要参与者，女性长辈照料者通常是二胎生育者的最大后援，这些“长辈照料者”的参与程度、稳定程度、持久影响成为女性生育二胎的主要支持力量。考虑到现在不少55岁左右的职业女性开始面临孙辈的陆续出生，她们将是长辈照料者的潜在主力军，她们是否投入照料二胎过程成为影响职业女性生育二胎的关键一锤。

自2015年中国中央组织部、人力资源社会保障部《关于机关事业单位前处级女干部和具有高级技术职称的女性专业技术人员退休年龄问题的通知》发布以来，一些55岁还在工作岗位上工作的女性，正在为是否为下一辈带孩子备感纠结，她们被困在选择55岁提前退休还是年满60岁退休的矛盾之中。具体选择有三：一是出于为下一代职业发展的考虑，在权衡家庭、工作双方利益之后，选择提前退休为下一代做出奉献。由于目前政府在生育保险、津贴，生育休假等社会政策方面缺乏有力支撑，公益幼儿园及社会照料机构资源有限，晚辈收入不高，为解除后一代工作生活压力，“长辈照料者”常以牺牲职业生涯及个人全面发展来实现家庭利益最大化。更有不少夫妻为照顾孙辈，还要异地分居，甚至带完一个还要继续带第二个。选择为下一代做出奉献这部分人在三种情况中居多数。

二是“长辈照料者”年龄身体等自然状况能够完全适应岗位工作，工作驾轻就熟，并已取得一定职业成就，但由于发展前景有限，遭遇“玻璃天花板”效应，她们已感到职业倦怠，再加上晚辈存在一些困难，可能导致她们选择提前退休。

三是“长辈照料者”考虑个人经济收入情况，选择留在工作岗位。提前退休可能会带来后半生——近30多年的退休金减少。世界各国的人口寿命数据表明，女性的平均期望寿命要比男性长7年，[①] 再加上女性总体收入水平低于男性，中国的男女收入比为1∶0.65，[②] 对55岁女性而言，如果提前退休，将遇到工作年限短，退休前工资基数低，退休金少等问题（谭琳等，2013）。基于上述考虑，一些女性会选择继续留在工作岗位，为此她们会采用经济补偿的方式来支持下一代生养二孩。

三　几点思考

按照马克思、恩格斯的观点，实现男女平等要以双方经济独立为前提条件。社会性别理论同时强调，男女和谐共处要在享有平等的公民权利而不是自然属性上寻求答案。实现我国从计划生育到生育二胎的人口政策的转变，不仅需要女性自身生育策略的选择和改变，而且需要社会政策的整体配套、组织关怀以及夫妻的共同努力。若缺乏公平的社会环境、友好的组织政策，任凭生养重担交由女性一方承担，让她们独自行走在因生育带来的一个又一个跌宕起伏的、孤军奋战的职业道路上，以至于让她们在养育二胎时，遭遇家庭、工作激烈冲突，甚至引致女性放弃事业，对生育女性乃至隔代女性都是不公平的。这将造成男女两性差距的不断扩大，也与实现男女平等的基本国策相悖。因此，从社会性别角度来看二胎养育，笔者提出以下三个方面的建议。

第一，加强对职业女性的职业素养培养，明确女性人生定位，响应男女平等国策。选择平衡工作、家庭的女性必定是勇敢而充实的。工作给女性带来的不仅是经济收入，而且她们可以通过自己的工作行动与时间、社交、经济的“贫困累积”渐行渐远，享有理想人生。无疑生育二胎会让一部分职业女性重新调整工作和家庭的关系，她们在一定阶段将面临更多的家庭、工作冲突。但是明确的目标、强烈的成就动机会推动职业女性经历风雨，实现其完美人生。

第二，确立生育的社会价值，政府应加强对幼儿看护的公共政策及经费投入，从根本上把职业女性从生育与职业的两难处境中解脱出来。根据北欧经

---

① 《为何女人平均寿命比男人多7岁?》，环球网，2014年10月1日。

② 《2015年度全球性别差距报告》，中金网，2015年11月20日。

验，在提供双亲请假制度、公共照料、公共教育计划、家庭津贴等政府实施的家庭友好政策中，从政策效果上来看，儿童早期教育和公共照料服务比生育假期和家庭津贴更能促进女性就业，提高女性地位（李亮亮，2013）。在我国，不少地方采用了生育津贴、产假，包括独生子女父亲享受15天假期等制度措施，在一定程度上缓解了家庭特别是女性的负担。伴随二胎政策出台，采取相应配套政策，特别是采取受女性欢迎的家庭支持政策，侧重满足现代家庭重视教育的特点，包括加大对孩子不同年龄阶段的公共教育资源配给，鼓励夫妻二人共同照顾幼儿，双方均可享受二胎生育休假及津贴补偿等措施会极具针对性地解决二胎生育中女性就业及职业发展的困惑。

第三，全面配套社会政策，并鼓励各级各类组织多方支持。生育二胎，还需要社会各级各类组织多方支持方能落实到位。生育二胎是国家政策，除女性享受假期及生育补贴以外，还应鼓励社会各级各类组织采用鼓励职业女性生育二胎的制度安排，如尽量提供男性养育请假制度、安排女性弹性工作时间、设置0~3岁幼儿母亲AB轮岗制度、建立哺乳室等措施。应创造各种有利条件，让女性有意愿、有勇气、快乐地生育二胎。只有全社会通力合作，在人员、机构、规章、法律、社会观念上全面配套，才能使职业女性为社会进步、职业发展做出更多、更大的贡献。

参考文献

李爱莲：《女性劳动力就业：特征、问题与措施》，《理论探索》2008年第1期。

李罡：《单独二胎将让女性就业更难?》，《北京青年报》2014年3月7日。

李亮亮：《欧洲四国家庭友好政策及效应分析》，《中华女子学院学报》2013年第1期。

李晓社：《论城市妇女双重劳动角色的冲突》，《漳州职业大学学报》2002年第4期。

孟环：《学龄前孩子的“投资”过度了吗?》，《北京晚报》2015年12月14日。

孙晶等：《生不生二孩？70后男性近九成想生　愿意女性不足两成》，《羊城晚报》2015年10月31日，引自金羊网。

谭琳等：《她们缘何要求与男性同龄退休？——基于第三期中国妇女社会地位调查数据的分析》，《妇女研究论丛》2013年第2期。

王朝霞：《女性管理者的职业发展与工作家庭平衡策略》，《中华女子学院学报》2010年第

2 期。
王存同、余姣：《“玻璃天花板”效应：职业晋升中的性别差异》，《妇女研究论丛》2013 第 6 期。
王岩：《我国生育保险制度与女性人才就业问题的研究》，《价值工程》2012 年第 28 期。
吴帆：《家庭生命周期结构：一个理论框架和基于 CHNS 的实证》，《学术研究》2012 年第 9 期。
吴贵明：《女性职业生涯发展研究综述》，《福建商业高等专科学校学报》2004 年第 2 期。
禹建湘：《家庭与社会：女性角色定位》，《湖南人文科技学院学报》2006 年第 8 期。

公共交通与人口增长关系：北京模式和挑战

薛伟玲　尹德挺*

伴随着环境污染、交通拥挤等"大城市病"日益凸显，北京的公共交通问题也逐渐成为社会关注的焦点问题。学者们从北京公共交通运输效率（宗刚、袁博文，2014），北京公共交通补贴（刘波，2013），北京公共交通生态足迹（宗刚、李易峰，2013），北京公共交通发展历史（宋湛，2006；刘牧，2008），以及北京市公共交通优先发展（陈燕凌，1995）等多个视角对北京公共交通问题展开了广泛讨论。然而，在众多论题中，尽管社会上不断有关于人口增长与公共交通发展之间关系的讨论，却鲜有学者对北京公共交通与人口增长问题进行研究。基于此，本研究将主题界定为北京市人口增长对公共交通的影响，结合研究需要，以常住人口为出发点，主要讨论以下三个方面的问题：第一，北京公共交通现状；第二，北京公共交通发展的历时特征；第三，北京公共交通与常住人口数据关系建模。通过对以上三个方面的分析，以期发现人口增长与北京公共交通发展的关系。

一　北京公共交通现状：资源优势与客运压力并存

结合研究需要和数据特征，本部分对于公共交通状况的考察，采用城市公共交通状况相关指标。首先对城市公共交通运营线路总长度变量进行分析。根据国家统计局公布的数据，2013 年北京公共交通运营线路总长度为 20153 公

* 薛伟玲，中共北京市委党校社会学教研部讲师；尹德挺，中共北京市委党校社会学教研部副主任、副教授。

里，在各省份中排在第七位。[①] 其中，北京城市公共电汽车运营线路长度为19688公里，排名全国第八位。北京城市公共交通中轨道交通运营线路总长度为465公里，在各省份中位居前列，排名第二位。而且，北京城市轨道交通运营线路长度在城市公共交通运营线路总长度中所占的比例同样位居各省份中的第二位。

以上对于公共交通线路长度指标的考察，显然没有考虑各地区的人口总量。而要考察某个地区某项交通资源配置在全国的水平，人口变量尤其重要。为了更好地理解北京公共交通资源在全国的水平，此处构造区位商指标对公共交通资源配置情况进行分析。具体的计算公式为：公共交通区位商（N）=某地某项公共交通资源在全国所占的比重（M）/该地常住人口在全国所占的比重（孙峰华等，2006）。由此可见，区位商指标是一个更加清晰的概念，它可以客观地衡量北京交通资源配置在全国的水平。如果某地区位商值>1，说明在考虑人口分布的情况下，该地公共交通资源配置水平优于全国水平，数值越高，说明优势越突出。

对于北京城市公共交通运营线路长度区位商、公用电汽车运营线路长度区位商、轨道交通运营线路长度区位商指标的考察结果见图1。由图1可知，按照城市公共交通线路运营总长度区位商指标由低到高排序，依次为：贵州（0.36）、安徽（0.43）、甘肃（0.45）、河南（0.45）、湖南（0.48）、广西（0.49）、陕西（0.55）、四川（0.58）、江西（0.59）、河北（0.63）、湖北（0.67）、西藏（0.73）、云南（0.76）、新疆（0.79）、青海（0.81）、黑龙江（0.92）、山西（0.95）、内蒙古（1.05）、海南（1.06）、福建（1.06）、吉林（1.11）、辽宁（1.19）、山东（1.24）、重庆（1.36）、江苏（1.51）、浙江（1.88）、宁夏（1.92）、广东（1.97）、天津（2.18）、北京（2.25）、上海（2.38）。按照城市公共电汽车运营线路长度区位商指标由低到高排序，依次为：贵州（0.36）、安徽（0.43）、甘肃（0.46）、河南（0.46）、湖南（0.49）、广西（0.49）、陕西（0.55）、四川（0.58）、江西（0.59）、河北

① 数据来自《中国统计年鉴（2014）》，http://www.stats.gov.cn/tjsj/ndsj/2014/indexch.htm。如无特殊说明，本文所使用基础数据中省际数据均出自此处。

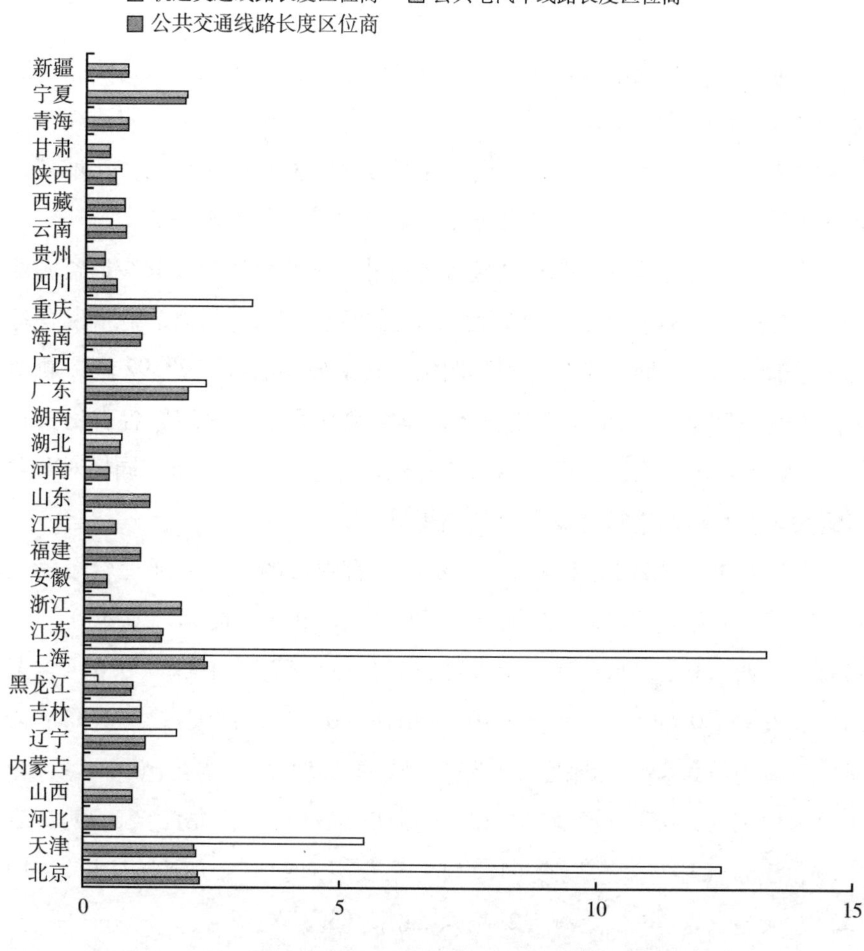

图1　公共交通运营线路长度区位商

(0.63)、湖北（0.67)、西藏（0.73)、云南（0.76)、新疆（0.79)、青海(0.81)、黑龙江（0.92)、山西（0.96)、内蒙古（1.05)、海南（1.06)、福建（1.07)、吉林（1.11)、辽宁（1.19)、山东（1.25)、重庆（1.35)、江苏（1.51)、浙江（1.88)、宁夏（1.93)、广东（1.97)、天津（2.16)、北京（2.20)、上海（2.33)。按照轨道交通运营线路长度区位商指标的非零值由低到高排序依次为：河南（0.16)、黑龙江（0.25)、四川（0.34)、云南(0.48)、浙江（0.49)、陕西（0.67)、湖北（0.70)、江苏（0.95)、吉林

（1.12）、辽宁（1.82）、广东（2.32）、重庆（3.23）、天津（5.47）、北京（12.43）、上海（13.28）。

以上对城市公共交通运营线路总长度区位商、公共电汽车运营线路长度区位商、轨道交通运营线路长度区位商指标考察的结果都大于1表明：在考虑人口因素的情况下，北京公共交通运营线路长度区位商指标在全国位居前列，不仅高于全国水平，而且三项指标都处于大陆地区第二位的水平。

除了对公共交通运营线路长度进行考察外，本研究还对公共交通资源配置中的另一个重要指标——公共交通运营车辆数进行考察。2013年北京有各类公共交通车辆27590辆，排名全国第四位，其中公共电汽车23592辆，轨道交通运营车辆3998辆。北京轨道交通运营车辆数在我国大陆地区各省份中排名第一位。除了对公共交通运营车辆数绝对数进行考察外，本研究同样对公共交通车辆数区位商指标进行考察，具体结果见图2。

由图2可知，对2013年各省、自治区、直辖市的公共交通运营车辆数区位商指标由低到高排序，依次为：西藏（0.36）、贵州（0.46）、广西（0.48）、江西（0.50）、云南（0.54）、河南（0.59）、甘肃（0.61）、湖南（0.62）、安徽（0.64）、河北（0.70）、山西（0.73）、内蒙古（0.79）、四川（0.81）、海南（0.88）、湖北（0.89）、陕西（0.92）、福建（0.97）、青海（1.06）、山东（1.06）、新疆（1.13）、重庆（1.13）、黑龙江（1.20）、吉林（1.21）、江苏（1.24）、浙江（1.37）、宁夏（1.44）、辽宁（1.44）、广东（1.52）、天津（2.06）、上海（2.47）、北京（3.85）。

对2013年各省、自治区、直辖市的公共电汽车运营车辆区位商指标按照由低到高排序，依次为：西藏（0.37）、贵州（0.47）、广西（0.49）、江西（0.52）、云南（0.55）、河南（0.61）、甘肃（0.63）、湖南（0.64）、安徽（0.66）、河北（0.73）、山西（0.75）、内蒙古（0.82）、四川（0.82）、湖北（0.90）、海南（0.91）、陕西（0.93）、福建（1.00）、青海（1.10）、山东（1.10）、重庆（1.10）、新疆（1.16）、吉林（1.20）、黑龙江（1.23）、江苏（1.26）、浙江（1.40）、辽宁（1.45）、宁夏（1.49）、广东（1.49）、天津（2.00）、上海（2.11）、北京（3.40）。

对2013年各省、自治区、直辖市的轨道交通运营车辆数区位商指标（排

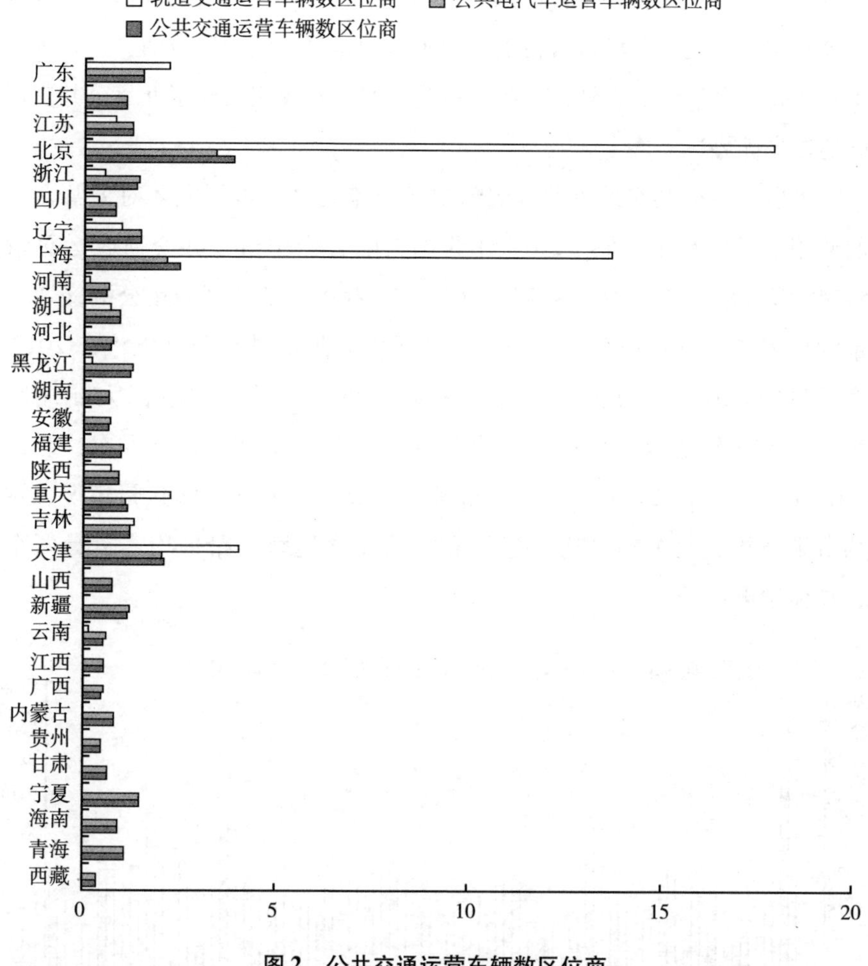

图 2　公共交通运营车辆数区位商

除区位商等于 0 的省份）按照由低到高排序，依次为：云南（0.15）、河南（0.15）、黑龙江（0.16）、四川（0.36）、浙江（0.50）、湖北（0.66）、陕西（0.71）、江苏（0.80）、辽宁（0.99）、吉林（1.31）、广东（2.20）、重庆（2.24）、天津（4.03）、上海（13.69）、北京（17.91）。

通过以上对公共交通运营车辆数区位商指标的考察，可以发现，2013 年北京市公共交通运营车辆数区位商、公共电汽车运营车辆数区位商、轨道交通运营车辆数区位商都大于1，这客观反映了在考察人口因素的情况下，北京市公共交通车辆数仍然优于全国水平。而且，通过对三个区位商数的进一步考察，可以发现，在所有省、自治区、直辖市中，北京公共交通运营车辆数区位商、公共电汽车运营车辆数区位商、轨道交通运营车辆数区位商三个指标都远高于其他省、自治区、直辖市，处于领先水平，这突出反映了北京公共交通在全国的领先优势。

除了以上对公共交通资源配置情况的讨论之外，本研究还对公共交通资源的使用情况进行了考察。2013 年我国大陆省份城市公共交通客运总量为 8254548 万人次，北京为 804775 万人次，占我国大陆地区城市公共交通客运总量的 9.75%。在城市公共交通中，我国大陆地区城市公共电汽车 2013 年的客运量为 7162676 万人次，北京为 484306 万人次，占我国大陆地区的 6.76%；2013 年我国大陆地区轨道交通客运量为 1091872 万人次，北京为 320469 万人次，占 29.35%。为更好地了解北京公共交通客运量情况，本文也构造了公共交通车辆平均客运量和公共交通运营线路平均客运量两个指标，具体结果见图 3。

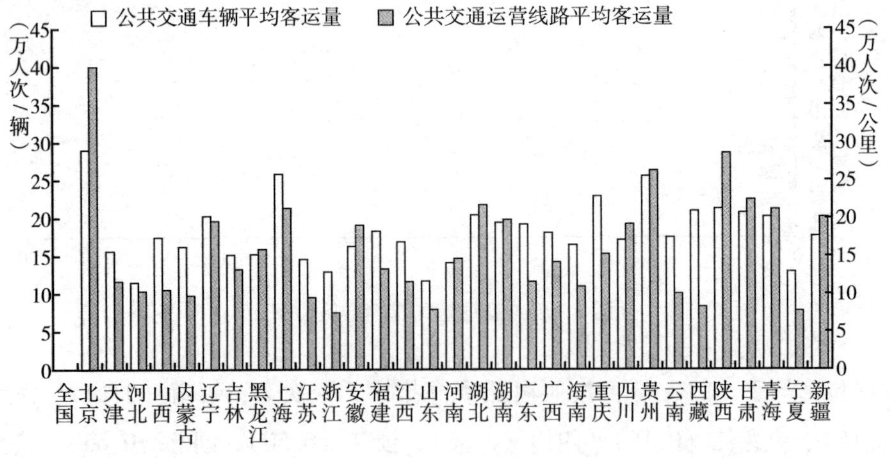

图 3　公共交通平均客运量

由图 3 可知，2013 年北京市公共交通车辆平均客运量为 29.17 万人次/辆，我国大陆地区平均值为 17.91 万人次/辆。2013 年北京市公共交通车辆平均客运量不仅远远高于各省、自治区、直辖市的平均水平，而且在各省、自治区、直辖市中也是最高的。这个指标一方面反映了公共交通运营车辆的运力，另一方面也反映了公共交通运营车辆的压力。

2013 年我国大陆地区城市公共交通线路平均客运量为 14.29 万人次/公里，北京公共交通线路平均客运量为 39.93 万人次/公里，不仅远远高于全国平均水平，而且也是全国各省、自治区、直辖市中最高的，排名第二的陕西省为 28.55 万人次/公里。该指标同样一方面反映了公共交通运营线路通行能力，另一方面也反映了公共交通运营线路的压力。

以上对于公共交通车辆平均客运量和公共交通线路平均客运量指标的分析结果反映出，北京市公共交通车辆平均客运量和公共交通线路平均客运量都是全国最高的，远远高于全国其他省、自治区、直辖市的水平。这一方面验证了前文所述的北京公共交通资源优势，另一方面也反映出北京公共交通所面临的巨大客运压力。

二　北京公共交通历时特征分析：轨道交通增速更快

通过上文分析可以发现，当前北京市公共交通资源配置水平优于全国水平，同时也面临较大客运压力。那么，北京市公共交通发展具有哪些历时特征呢?

根据北京市统计局公布的数据，1978～2013 年，北京市公共交通运营线路长度总体上呈随时间推移而不断增长的态势，而且 1996 年以后在较高水平上持续增长。北京市公共交通运营线路长度从 1978 年的 1427 公里，增长到了 2013 年的 20153 公里，35 年增长了 13.12 倍，平均每年增长 37.51%。其中，公共电汽车运营长度从 1978 年的 1403 公里，增长到了 2013 年的 19688 公里，35 年增长了 13.03 倍，平均每年增长 37.24%。轨道交通运营线路长度从 1978 年的 24 公里，增加到了 2013 年的 465 公里，35 年增长了 18.38 倍，平均每年增长 53.44%。[①]

对北京市公共交通运营线路长度历年数据求环比增长速度，可以发现，

① 数据来自《北京统计年鉴（2014）》，http：//www.bjstats.gov.cn/nj/main/2014 - tjnj/CH/index.htm。如无特殊说明，该文所使用基础数据中北京市数据均出自此处。

1978～2013年，北京市公共交通运营线路长度，除1987年、2000年、2001年、2004年、2007年五个年份出现了环比下降之外，其他年份都呈现环比增长的情况。其中，环比增长率最高的年份为1997年，其次是1996年，环比增长速度分别为91.47%和61.24%。对轨道交通运营线路长度环比增长速度的观察可以发现，1984年轨道交通运营线路长度环比增长最快，为69.92%，其次是2003年，为52.00%。2007～2013年，北京市轨道交通运营线路长度在各个年份都出现了在较高水平上环比增长的态势。

对1978～2013年北京市公共交通运营车辆数量变化情况的考察发现，北京市公共交通运营车辆数出现了持续增长的基本态势，尤其是1995年以后出现了在较高水平上稳步持续增长的态势。公共交通运营车辆数从1978年的2743辆，增加到了2013年的27590辆，35年增加了9.06倍，平均每年增长25.88%。其中，轨道交通运营车辆数从1978年的116辆，增加到了2013年的3998辆，35年增加了33.47倍，平均每年增长95.62%。对轨道交通运营车辆数数据求环比增长速度可以发现，除1979年和2006年之外，在其他年份，轨道交通运营车辆数都呈环比增长态势。其中，环比增速最大的年份为2008年，环比增速达到了51.68%。而且，2007～2013年，轨道交通运营车辆数都在较高水平上维持增长。

对客运量的考察显示，1978～2013年北京市公共交通客运量呈随时间增长的基本态势，公共交通客运量从1978年的172559万人次，增加到了2013年的804775万人次，35年增长了3.66倍，平均每年增长10.47%。公共电汽车客运量从1978年的169465万人次，增加到了2013年的484306万人次，35年增长了1.86倍，平均每年增长5.31%。轨道交通客运量从1978年的3094万人次，增加到了2013年的320469万人次，35年增长了102.58倍，平均每年增长293.08%。由此可见，轨道交通客运量增长速度更快。

对轨道交通客运量占公共交通客运量的比重变化情况的考察发现，1978～2013年北京市公共交通客运量中，轨道交通客运量占比大体呈随年份震荡增长的态势。尤其是2008年以后，轨道交通客运量在公共交通客运量中的比例呈高位增长态势。2013年，乘坐公共交通工具出行的乘客中，乘坐轨道交通出行的比例高达 39.82%。

图 4 显示了北京公共交通线路平均客运量的变化情况。总体上来看，北京公共交通线路在每公里上的平均客运量呈震荡下降趋势。1973 年公共交通运营线路平均客运量为 129.97 万人次/公里，1992 年为 103.20 万人次/公里，此后的所有年份都低于 100 万人次/公里，到 2013 年北京市公共交通运营线路平均客运量为 39.82 万人次/公里。尽管如此，仍然可以发现，2006~2013 年公共交通运营线路平均客运量呈小幅上涨态势。公共电汽车运营线路的平均客运量的变化规律基本与公共交通运营线路的平均客运量变化趋势相似。轨道交通运营线路平均客运量的考察结果显示，轨道交通运营线路平均客运量呈明显的“倒 U 形”变化态势。1978 年北京轨道交通运营线路平均客运量为 131.10 万人次/公里，2013 年北京轨道交通运营线路平均客运量为 689.18 万人次/公里。其中，1992~1998 年是高值区间，该区间各年份的轨道交通运营线路平均客运量都超过了 1000 万人次/公里，各个年份对应的值分别为 1029.11 万人次/公里、1180.53 万人次/公里、1281.15 万人次/公里、1341.39 万人次/公里、1067.64 万人次/公里、1069.88 万人次/公里、1113.73 万人次/公里。1992 年以前，轨道交通运营线路平均客运量基本上呈震荡上升的态势，1998 年以后，轨道交通运营线路平均客运量基本上呈震荡下降的态势。

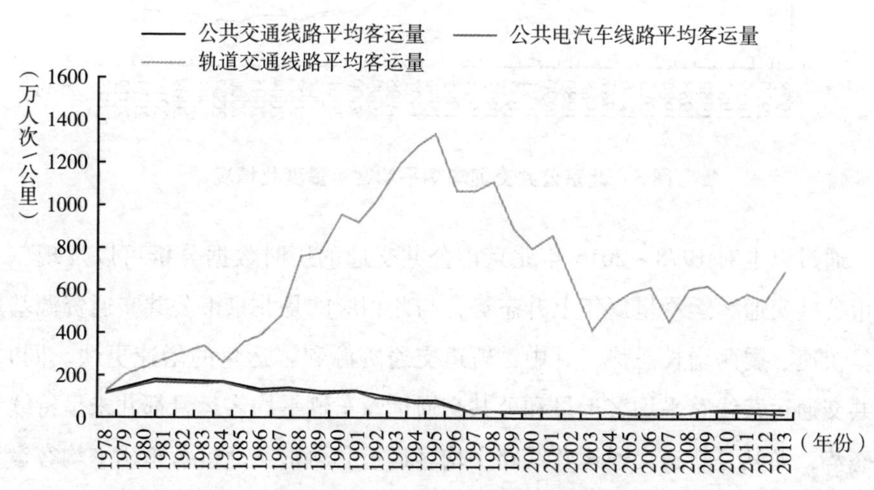

图 4 北京公共交通线路平均客运量变化情况

图5显示了北京公共交通运营车辆平均客运量的历时变化规律。1978～2013年，北京市公共交通运营车辆平均客运量基本上呈震荡下降态势。1978年北京公共交通运营车辆平均客运量为62.91万人次/辆，2013年为29.17万人次/辆。公共电汽车运营车辆平均客运量的变化规律与公共交通运营车辆平均客运量变化规律相似。轨道交通运营车辆平均客运量则随时间呈明显的“倒U形”分布态势。其中，1988～2013年为高值区间，该区间内所有年份的轨道交通运营车辆平均客运量都超过100万人次/辆。1988年以前，轨道交通运营车辆平均客运量基本上呈震荡上升态势，而1998年以后，轨道交通运营车辆平均客运量基本上呈震荡下降态势，但是2013年轨道交通运营车辆平均客运量达到了80.16万人次/辆的较高水平，1978年仅为26.67万人次/辆。

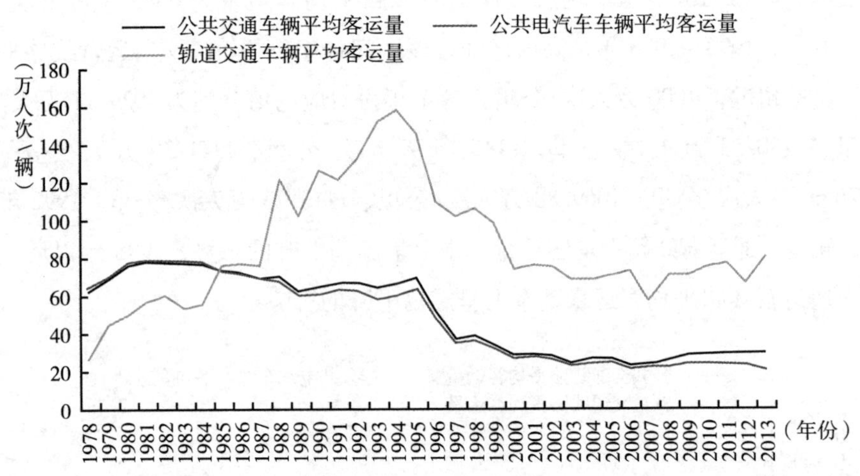

图5　北京公共交通车辆平均客运量变化情况

通过以上对1978～2013年北京市公共交通的历时数据分析可以发现，北京市公共交通客运量呈逐年上升态势，与此相应的是北京市公共交通资源基本上呈快速、震荡增长态势，其中，轨道交通资源和客运量的增速更快。同时，公共交通运营线路平均客运量和公共交通运营车辆平均客运量都并未呈持续增长态势，尤其是轨道交通运营线路平均客运量和轨道交通运营车辆平均客运量都呈明显的“倒U形”分布特征。

三 人口和公共交通的关系：地面交通和轨道交通的差异

公共交通客运量的逐年增长，以及公共交通运营线路和运营车辆平均客运量的震荡变化规律，一方面反映出随着时间推移，北京常住人口在不断增长，导致交通出行人口随之增加；另一方面也反映出政府在决策过程中，为了满足百姓出行需求而增加了公共交通资源的投入。那么，到底北京市常住人口与北京公共交通资源的增长之间是否存在随时间而变化的规律呢？为此，结合研究需要和数据特征，本文采用自回归集成移动平均法（autoregressive integrated moving average，ARIMA），对公共交通变量和常住人口变量进行建模，以找到二者之间的关系。

一般而言，公共交通受人口集聚的影响，同时良好的公共交通资源配置，也会吸引人口集聚。所以，人口与公共交通资源之间的关系是一种双向的共变关系。但是，更加现实的常常是公共交通被动地“适应”人口的增长，即政府一般会根据某个地方人口集聚的状况来安排公共交通资源的配置，以满足百姓出行需求。基于此，本部分将公共交通资源作为因变量，而将常住人口变量作为自变量进行建模。结合前文公共交通和公共电汽车资源及使用规律的相似性，以及北京市轨道交通出行比例不断上升的趋势，此处选择公共交通运营线路长度变量、轨道交通运营线路长度变量、公共交通运营车辆数变量、轨道交通运营车辆数变量四个变量分别作为因变量进行建模，模型中的自变量都是常住人口变量。

在此，用常住人口变量作为自变量，分别对公共交通运营线路长度、轨道交通运营线路长度的一阶差分变量建模的结果见表 1 和表 2。

表 1 公共交通运营线路长度模型

d_y_{1t}	Coef.	Std. Err.	z	p > z
x_t	0. 07	2. 14	0. 03	0. 98
ar(1)	-0. 54	0. 30	-1. 83	0. 07
ma(1)	0. 88	0. 23	3. 90	0. 00
/sigma	1347. 07	145. 27	9. 27	0. 00

由表 1 可知，北京市常住人口变量对公共交通运营线路长度的一阶差分变量的作用系数为 0. 07。但是，对这种作用进行统计检验的结果显示，这种作用并不显著，其 z 值为 0. 03，p 值为 0. 98，大于 0. 05 的显著度标准。当然，这种统计上的不显著也有可能是 1978 ~ 2013 年仅有 35 个样本，而一阶差分变量仅有 34 个数据点造成的。但是，即便如此，也不能得出北京市常住人口变量对公共交通运营线路长度一阶差分变量具有正向作用的肯定结论。

表 2　轨道交通运营线路长度模型

d_y_{2t}	Coef.	Std. Err.	z	p > z
x_t	0. 05	0. 02	2. 76	0. 01
ar(1)	-0. 61	0. 39	-1. 59	0. 11
ma(1)	0. 71	0. 34	2. 12	0. 03
ma(2)	0. 51	0. 19	2. 71	0. 01
/sigma	14. 80	1. 88	7. 87	0. 00

由表 2 可知，北京市常住人口变量对轨道交通运营线路长度的一阶差分变量具有显著的正向作用，作用系数为 0. 05。由于因变量是轨道交通运营线路变量的一阶差分变量，所以这种正向作用实际上反映了 1978 ~ 2013 年北京常住人口变量对轨道交通运营线路长度增量具有显著的正向作用。

表 1 和表 2 的结果共同表明，常住人口变量并未对北京市公共交通运营线路长度的一阶差分变量产生显著的影响；但是，常住人口变量对北京市轨道交通运营线路长度的一阶差分变量则产生了显著的正向作用。这说明随着北京常住人口的不断膨胀，北京轨道交通线路长度也在不断增长。

除上述分析之外，本研究还使用北京常住人口变量分别对公共交通运营车辆数和轨道交通运营车辆数变量进行建模，结果分别见表 3 和表 4。

由表 3 可知，使用北京市常住人口变量和公共交通运营车辆数的一阶差分变量所建立的 ARIMA（3，0，1）模型中，作为自变量的常住人口变量对作为因变量的公共交通运营车辆数的一阶差分变量的作用系数为 1. 10。但是，该系数的检验结果显示，其 z 值为 1. 07，p 值为 0. 28，大于 0. 05 的显著度标准，这表示该作用系数并未表现出统计显著度。

表3　公共交通运营车辆数模型

d_y_{3t}	Coef.	Std. Err.	z	p > z
x_t	1.10	1.02	1.07	0.28
ar(1)	0.93	0.31	3.01	0.00
ar(2)	0.22	0.33	0.68	0.50
ar(3)	-0.29	0.28	-1.06	0.29
ma(1)	-1.00	3776.52	0.00	1.00
/sigma	769.38	1452645.00	0.00	1.00

表4　轨道交通运营车辆数模型

$d_2\_y_{4t}$	Coef.	Std. Err.	z	p > z
x_t	0.07	0.01	4.59	0.00
ar(1)	-0.96	0.22	-4.37	0.00
ma(1)	-0.26	3224.25	0.00	1.00
ma(2)	-0.74	2381.14	0.00	1.00
/sigma	94.17	151822.90	0.00	1.00

由表4可知，常住人口变量对轨道交通运营车辆二阶差分变量的作用系数为0.07。对该系数进行检验的结果显示，z值为4.59，p值为0.00，小于0.05的显著度标准，说明常住人口变量对轨道交通运营车辆的二阶差分变量的正向作用是统计显著的，即北京常住人口变量对轨道交通运营车辆数二阶差分变量具有显著的正向作用，且作用系数为0.07。

表3和表4共同表明，虽然不能明确得出北京常住人口变量对北京公共交通运营车辆数的一阶差分变量具有显著作用的结论，但北京市常住人口变量对北京轨道交通运营车辆数的二阶差分变量的作用是显著的。实际上，一阶差分变量和二阶差分变量反映的都是变量的增量关系，所以可以认为随着北京常住人口的增长，轨道交通运营车辆的数量也在增长。

以上四个模型，使用北京市1978～2013年常住人口、公共交通运营线路长度、轨道交通运营线路长度、公共交通运营车辆数、轨道交通运营车辆数变量作为基础数据，使用常住人口为自变量，公共交通资源变量作为因变量分别建立 ARIMA 模型。模型结果表明，虽然不能肯定常住人口变量对公共交通运营线路长度和公共交通运营车辆数变量具有显著作用，但是可以发现常住人口变量对增速更快的轨道交通运营线路长度变量和轨道交通运营车辆数变量具有显著的正向作用。

四 结论和讨论

本研究基于常住人口视角对北京公共交通现状、历时特征，以及对常住人口和公共交通资源变量之间数据关系模型的研究，得出以下主要结论。第一，北京市公共交通资源在全国处于领先水平，同时也面临严峻的客运压力。第二，北京市公共交通资源呈增长态势，轨道交通增速更快。第三，北京市常住人口变量对增长更快的轨道交通变量具有显著正向作用。

以上结果共同表明，随着北京市常住人口的增长，北京公共交通运营线路长度不断延长，公共交通运营车辆数不断增加，其中，轨道交通的运营线路长度和运营车辆数的增加速度更快。而且平均客运量的震荡下降趋势以及轨道交通典型的“倒 U 形”增长的态势，一方面反映出政府为适应人口增长需求，以及满足百姓出行需求所做出的努力；另一方面也反映出常住人口变量对轨道交通变量所具有的显著的正向作用和北京市依然严峻的公共交通客运压力，同时显示出“跟着人口走的轨道交通”增长模式可能具有不断膨胀的风险和压力。所以，如何打破公共交通跟着人口集聚而集聚的模式，通过更加科学、合理的公共交通布局，尤其是轨道交通布局，在京津冀一体化发展的大背景下，一方面满足群众出行需求，另一方面通过公共交通的辐射带动作用科学疏解首都人口是今后需要继续研究的议题。

参考文献

陈燕凌：《北京应当优先发展市区公共交通》，《北京规划建设》1995 年第 6 期。

刘波：《北京公共交通补贴的路径、问题及对策》，《北京规划建设》2013 年第 2 期。

刘牧：《从当当车到立体化交通——北京公共交通的演变》，《北京纪事》2008 年第 7 期。

宋湛：《20 世纪 50 年代北京城市公共交通的恢复与发展》，《北京党史》2006 年第 4 期。

孙峰华、李世泰、杨爱荣、黄丽萍：《2005 年中国流动人口分布的空间格局及其对区域经济发展的影响》，《经济地理》2006 年第 6 期。

宗刚、李易峰：《北京市公共交通生态足迹考察》，《城市问题》2013 年第 4 期。

宗刚、袁博文：《基于 DEA 的北京城市公共交通运输系统效率评价》，《开发研究》2014 年第 1 期。

中国历代人口管理思想及其当代价值

尹德挺　周志桓*

一　导言

当代中国社会，人口管理已成为国家治理的一项重要工作。人口管理不仅在宏观层面深刻影响着国家和社会的正常运行，同时也在微观细节上渗透到每一个人的日常生活之中。当代中国社会中的人口管理在某些形式和内容上沿袭我国历朝各代，因此，当历史的车轮行至今日，我们仍有必要重新翻开历史的画卷，回归历史场景，提炼出我国人口管理中的传统文化元素和治理基础，以便为破解当前人口管理难题，探寻适合中国国情、具有中国特色的发展道路服务。

回顾历代我国人口管理的整个过程，我们不禁要问：基于现代意义上的人口管理在我国历朝各代中是如何演绎和发展的？其中遵循了怎样的内在逻辑？"人口管理"在国家和社会发展中发挥了怎样的历史作用？它与其他各项制度又存在怎样的密切联系？"人口管理"在几千年绵延不绝的、独特的中华文化中表现出怎样的现实特点？这些特点又能给我们当前及未来的人口管理改革带来怎样的经验与启示？接下来，本文将从"人口管理"的组织形式、"人口管理"的对象和手段等方面，探寻这些问题的历史答案。

二　以乡里社会为基础的"人口管理"形式

户口管理的重要内容，就是将户口以一定的组织形式，依一定程序加以编

* 尹德挺，中共北京市委党校社会学教研部副主任、副教授，研究方向：人口管理；周志桓，中共北京市委党校社会学专业硕士研究生，研究方向：社会学理论。

制，也称为户口管理形式或编户形式。古代户口管理形式与行政建制基本是一致的，从广义上说，“历代各级行政建制都是户口编制”（宋昌斌，1991：317）。

西周时有“国”“野”之别，王都地区为国，王都之外为野。国中设有六乡，野中设有六遂，《周礼》中记载的西周编户组织（孙诒让，1987），同时设置比长、闾胥、族师、党正、州长、乡大夫等职加以管理（姚秀兰，2004：108）。乡遂制编户的主要功能就是掌握、控制人口，而这也是统治者编定户籍的意图所在，乡遂编户形式遂成为后世编户形式沿袭的基础（姚秀兰，2004：109）。

秦朝的户籍管理依托于郡县制和基层的行政机制得到全面确立和实施。秦朝，户籍管理形成了郡、县、乡的三级制管理形式。乡、亭是民众的直接管理者，对民户情况最为了解，因而承担的管理责任也相应地要大（姚秀兰，2004：27）。

从户籍管理组织形式的建构来看，从商鞅变法开始，实行郡县制度，以五家为伍，十家为什，户成为基层组织的最基本单位。到两汉时，一家一户的编户齐民便成为中央集权制政府统治的基础。所以，两汉首先是严控县以下的乡里基层组织的管理，加强乡里基层组织——什伍组织的建设。

隋初受魏晋户口管理形式影响，实行族、闾、保三级编户形式，一度取消了“乡”级编户形式。唐沿隋制，并在此基础上有所发展，实行“乡、里、村、保”四级编户形式。两宋总体上是实行保甲制编户。北宋初期，继续实行前代乡里制人口管理形式，南宋因袭北宋，初期实行乡里制编户，中后期实行保甲制编户（赵秀玲，1998：29～31）。明清户口管理形式虽较为复杂，但基本上还是以保甲制的管理形式为主，国家对人口的控制越加严密，乡里自治色彩也就越发减弱。明初推行赋役黄册，将民户以里甲编排，明中后期，里甲管理职能丧失，为维护乡里社会安宁，各地自行推行保甲制编户。清初户口管理沿用明朝旧制，实行图甲（里甲）编排，但随着赋役户籍管理的废止，保甲制编户形式通行全国，成为清前期通行的户口管理形式。

晚清政府时期的户口管理形式是乡镇自治制户口管理与警察监督制两者相结合的方式。“各地方所有巡警官长，均有协助调查户口之责。”改变了传统由乡官统领的单一户政管理模式，奠定了近代“户警合一”管理制度的基础

（黎世蘅，1922：80）。

南京国民政府的户口管理形式是形式上的乡村制户口管理、实质上的保甲制户口管理。南京国民政府承继了晚清以降的乡村自治，其保甲制户口管理形式与明清时期的保甲编户形式一样，都是强化对乡里社会的控制（姚秀兰，2004：128）。以警察为主体，由所谓乡镇自治人员充任户政人员——“户警合一”，是近代户政管理制度的一大特色。

总之，从历朝历代人口管理的组织形式来看，我们可以大体得到两点结论：一是国家关系和家族关系融合为一，家族伦理观念被纳入君统观念之中；二是从先秦到民国整个人口管理制度发展的历程来看，经历了传统上由乡官统领的单一户政管理模式到近代“户警合一”管理制度的转变，人口管理组织形式中的社会控制色彩在不断增加，管理基本单位由家户向个人转变。

表1 中国历代人口管理的组织形式

	人口管理的社会基础	管理形式	基本管理单位	主要社会功能
西周	宗法制	乡遂编户	宗族	军事、赋税
春秋战国	宗法制的瓦解与过渡	各国不一致		军事、赋税
秦朝	家族伦理	郡、县、乡的三级制；乡亭组织	家户	军事、赋税
两汉	家族伦理	一家一户的编户齐民；什伍组织	家户	赋税
魏晋南北朝	家族伦理	宗族豪强渗透	家户	赋税
隋朝	家族伦理	族、闾、保三级编户形式，一度取消了“乡”级编户形式	家户	赋税
唐朝	家族伦理	“乡、里、村、保”四级编户形式	家户	赋税
两宋	家族伦理	从乡里制编户到保甲制编户	家户	赋税
金元	家族伦理	以乡里村社为户口管理的基层单位，实行保伍法	家户	赋税
明清	家族伦理	保甲制	家户	社会治安
晚清北洋政府	家族伦理衰落	乡镇自治制户口管理与警察监督制两者相结合的方式	家户过渡到个人	社会治安
国民政府时期	家族伦理衰落	形式上是乡村制户口管理，而实质上是保甲制户口管理	家户过渡到个人	社会治安

三　人口管理的对象

1. 早期国家的家族制

早期国家的人口管理是通过对家族的管理来间接实现的。西周国家政权是通过一种“册典制度”来管理家族，这是当时管理家族的重要凭借。

“册”，被认为与行册命礼时举行册祭的仪式有关。从西周册命礼的情况看，册命一般是在宗庙里进行，要将册命告知祖先和神灵。周天子凭这种典册，就能知道天子有多少家族受其管理，当然诸侯王可能也有类似的典册制度来管理其所属更小的家族。从整体上讲，西周的分封是以宗法制度为基础的，各个家族构成一个大宗族，故而典册实际上就成了一个大的族谱，记载着每一个家族的世系、位置、土地、人口状况和家族历史大事。

2. 从家族到家户

典册制度最初是以宗族为本位的，但进入春秋战国以后，这种宗族逐渐解体，典册则向户籍制度转化，对人口的管理由以家族为单位，发展到以“户”为单位（焦培民，2007：299）。由于春秋时期生产力的发展，以一家一户为单位的个体农户如雨后春笋般涌现，社会结构发生了较大变化，过去的组织形式明显不能适应新的形势。到两汉时，一家一户的编户齐民便成为中央集权制政府统治的基础，户成为基层组织的最基本单位一直延续到清末，持续两千年之久。

3. 从家户到个人的转变

清末，国内外危机四伏，晚清政府在一些开明人士的倡议和指导下，开始注重学习西方，进行变法。户籍制度的变革就是在这种情形下发生的。1911年，晚清政府在考察欧美各国之后，认识到“宪政之进行无不以户籍为依据，而户籍法编定又必于民法与习俗而成”（公安部户政管理局，1996：3）。清朝政府在参考东西各国之良规的基础上制定了中国历史上第一部“户籍法”的单行法规。

法规将表现欧美个人主义的个人身份证书和体现中国家族主义的传统户籍相结合，并剔除了传统户籍中资产登记项目。户籍开始成为传递人口信息、保障个人私权的工具。

南京国民政府成立之后，在推行乡自治的基础上，参照英、美、德、日等国户籍及人事登记的法律制度，于1931年正式颁布了中国历史上第一部《户籍法》。

与晚清“户籍法”相比，南京国民政府《户籍法》一是将个人身份登记单列成章，强调个人主义，并推行身份证制度；二是确立了“以户立户”的编户原则。①

总之，从先秦到民国整个人口管理制度，大体上经历了从赋役户籍到职业身份的世袭户籍，再到保甲户籍以及从宗族本位到个人本位的转变。赋役户籍制向职业户籍制的转化大致在元代完成，职业户籍向保甲户籍的转化在清中、后期完成。清末以后，户籍逐渐开始朝近代化方向发展，南京国民政府时期大致完成了户籍由宗族本位向个人本位的转化。

表2　历代人口管理制度管理对象和管理手段的变化

	管理对象	管理手段
西周	宗族	典册
秦	家户	自占、案比
两汉	家户	名籍、户籍、户牍
唐	家户	手实、乡账、记账
宋	家户	版籍、户帖、户钞、丁口账簿
明	家户	户帖、黄册
清	家户	保甲册
清末	家户过渡到个人	查口票
民国	家户过渡到个人	人事登记表、户口登记簿卡

四　古代人口管理表现出来的四个特点

1. 长期以“家户制”为主体

家庭是人类进入文明社会的组织形态。在中国，私有制和国家产生的标志

① 参见1946年《户籍法》第十七条第三款。

就是由以往的“天下为公”变为“家天下”。中国告别原始社会就是从“天下为公”到“天下为家”的转变（徐勇，2013）。

中国有以强大的习俗为支撑的完整的家庭制度和以强大的国家行政为支撑的完整的户籍制度，并共同构成家户制。在金耀基先生看来，“在传统中国，家不只是一个生殖单元，并且还是一个社会的、经济的、教育的、政治的，乃至宗教、娱乐的单元。它是维系整个社会凝结的基本力量”。在中国，以血缘关系为基础的家户制长期居于主导地位，是整个社会的基本组织单位，是中国传统社会的“细胞”（徐勇，2013）。

2. 人口管理与“政治无为化”

传统中国政治自有其特殊之处，一为“把政治作为伦理之事，二为政治之无为”（梁漱溟，2011：173），三为“政治双轨”（费孝通，2007：275～293）。

从某种意义上去理解中国古代与现代人口管理所形成的巨大差异，现代人口管理中占重要地位的人口统计和人口普查，在古代却往往不受待见。何炳棣先生在其著作《1368～1953 中国人口研究》中谈道，户口登记并不是基层组织的一项主要职能，同时中央政府对户口登记也没有持久的压力和兴趣（何炳棣，1989：32）。

“政治无为化”使得人口统计学这样一种现代国家的“治理术”难以开展，而且也无必要。

3. 人口管理与“政治双轨”

“中国传统政治结构是有中央集权和地方自治的两层。中央所做的事情是极其有限，地方上的公益不受中央干涉，由自治团体管理。表面上，我们看见自上而下的政治轨道执行政府命令，但是事实上，一到政令和人民接触时，在差人和乡约的特殊机构中，转入自上而下的政治轨道，这轨道不在政府之内，但是效力很大。”（费孝通，2007：281）因而乡里制度在中国就有着与其他国家不同的特征和性质，它集“按比户口、宣布教化、督催赋税、摊派力役、维持治安、兼理司法为一体，被视为治民之基”（姚秀兰，2004：103）。故考察传统中国户口管理形式，不得不以乡里的基层组织为基点。

4. “人口管理”与“家国同构”政治伦理化

“人口管理”是“国家治理”的内容之一，国家对“人口”采取管理的行为本身需要一种合理的“治理术”（福柯，1998），才能使管理深入人心，并且经久不衰。政治体制的形成依赖于一定的文化背景，而政治体制的存在和运行又受文化因素的制约。同时，政治制度和法律体系通过文化的培育逐渐内化为政治共同体成员所奉行的价值和行为准则。中国传统社会的家族文化，是中国传统乡村社会的自治政治的思想文化基础。而与中国古代“家国同构”体系相联系的政治伦理文化，是以“三纲五常”为核心的家族文化（于建嵘，2001：119）。

传统中国进行人口管理体现的“国家治理艺术”，关联的并不是领土和人口，“而是一种由人和事构成的复合体。在这个意义上和治理相关的事实际上是人，只不过这个人是与财富、资源、谋生手段、领土……这些事关联、交织的人；是与习俗、习惯、行为方式和思维方式这些事关联的人……”（福柯，1998）。

中国古代是以家族安身立命的，人的一切关系都被概括在“家族”关系之中。这种因血缘关系而形成的“家族”是以一个自然身份的“家长”为中心的社会组织形式，国家通过法律形式确定“家长”的各项权力。它不仅是生产、交换、分配和消费的组织者和管理者，也是生产和生活秩序以及家族成员人身安全的维护者，而且是家族中“皇权”的自然延伸（于建嵘，2001：121）。

所以只有从中国传统政治的伦理化及这样一套“家国同构”的体系中，才能更好地理解传统中国所开展的“人口管理”，及整个户籍制度和管理形式在历史演变中所呈现的意义。

五　结语

本文希望通过对历代“人口管理”的探讨，给读者提供一些启示：去思考国家和社会怎样把人纳入社会关系体内，通过价值的内化，把一个自然人转变成一个伦理人或公民，把人容易被外界刺激的利己心尽量地转化为利他心，来消解个人与他人、与群体或国家之间可能存在的矛盾问题。在整个传统的家庭关系（这曾经是人最重要的约束体系）逐渐弱化的今天，这个问题显得尤为重要。所以国家治理能力的现代化和治理体系的建设，不但要重视政策和制度规范方面的建设，而且要注重去塑造一个能够鼓舞人心的现代治理体系，只有这样国家才能真正实现长治久安。

与此同时，我们也得注意，在相当长的历史时期内，我国对于人口的管理主要是基于家户制，因此，在未来推行人口有序管理的若干改革时，应注意家庭对于个人行为和思想的重要影响和约束作用，这一特点在我国既具有历史基础，也具备文化基础。未来，政府部门在出台人口流动管理政策的时候，应主张促进家庭团聚和举家迁移，而不是仅仅从个体的层面来考虑和设计，这是当前我国若干改革都需要反思和修订的关键要点。

参考文献

费孝通：《乡土中国》，上海人民出版社，2007。
〔法〕福柯：《治理术》，赵晓力译，《社会理论论坛》1998 年总第 4 期。
葛剑雄：《中国人口史》（第一卷），复旦大学出版社，2002。
公安部户政管理局编《清末至中华民国户籍管理法规》，“民政部编订户籍法奏折”，群众出版社，1996。
《汉书》等二十四史，中华书局点校版。
何炳棣：《1365～1953 中国人口研究》，上海古籍出版社，1989。
《皇朝政典类纂》，光绪二十九年图成集成本。
黄清连：《元代户计制度研究》，台湾大学文学院，1978。
焦培民：《先秦人口研究》，博士学位论文，郑州大学，2007。
瞿同祖：《清代地方政府》（修订译本），范忠信、何鹏、晏锋译，法律出版社，2011。
冷鹏飞：《中国秦汉经济史》，人民出版社，1994。
黎世蘅：《历代户口通论》，上海世界书局，1922。
梁漱溟：《中国文化要义》，上海人民出版社，2011。
刘铮主编《人口理论教程》，中国人民大学出版社，1985。
刘志伟：《在国家与社会之间——明清广东里甲赋役制度研究》，中山大学出版社，1997。
吕思勉：《中国制度史》，上海教育出版社，2005。
《马克思恩格斯选集》第一卷，人民出版社，1972。
钱穆：《中国历代政治得失》，生活·读书·新知三联书店，2005。

《清末筹备立宪档案资料》（下册），中华书局，1979。
宋昌斌：《中国古代户籍制度研究史稿》，三秦出版社，1991。
宋家钰：《唐朝户籍法与均田制研究》，中州古籍出版社，1988。
（清）孙诒让：《周礼正义》，中华书局，1987。
孙翊刚、董庆铮编《中国赋税史》，中国财政经济出版社，1987。
《唐律疏议》，刘俊文点校，法律出版社，1999。
王秀银等：《现代人口管理学》，山东人民出版社，2001。
韦伯：《经济与历史：支配的类型》，康乐等译，广西师范大学出版社，2004。
《县组织法》第十条，《国民政府公报》1928 年第 92 期。
邢铁：《户等制度史纲》，云南大学出版社，2002。
徐勇：《中国家户制传统与农村发展道路——以俄国、印度的村社传统为参照》，《中国社会科学》2013 年第 8 期。
《续资治通鉴长编》，中华书局，1979。
严耕望：《秦汉地方行政制度》（上册），台北中央研究院历史语言研究所，1963。
姚秀兰：《户籍、身份与社会变迁——中国户籍法律史研究》，法律出版社，2004。
于建嵘：《岳村政治：转型期中国乡村政治结构的变迁》，商务印书馆，2001。
张晋藩、王超：《中国政治制度史》，中国政法大学出版社，1987。
张哲郎：《乡遂遗规——村社的结构》，载《吾土与吾民》，生活·读书·新知三联书店，1992。
（宋）赵彦卫：《云麓漫钞》卷 12，中华书局，1996。
赵秀玲：《中国乡里制度》，社会科学文献出版社，1998。

后　记

北京人口与社会发展研究中心已经与社会科学文献出版社合作，连续出版了两部《北京人口发展研究报告》。此前的年度报告，受到了人口学者和实践工作者的广泛欢迎，成为了解北京人口形势和北京人口与社会发展最新状况的重要参考资料，为此我们既感到鼓舞也备感压力。2015 年，中心研究人员在承接国家、北京市社会科学基金项目及北京市各委办局多项研究课题的基础上，在区域协同发展与大城市人口疏解、流动人口、人口与社会发展等方面又有一系列研究成果出现。在北京市哲学社会科学规划办的鼓励和支持下，我们把这些成果汇集和编辑，出版《北京人口发展研究报告（2015）》一书，以期进一步发挥北京人口与社会发展研究中心的决策咨询服务作用，并回报大家对这一系列报告的关注和支持。

本书是北京人口与社会发展研究中心全体人员的集体成果。侯亚非教授、洪小良主任、尹德挺副主任参加了全书的主题选择、篇章结构、入选报告的讨论和组织工作，杜鹃博士承担了编辑和协调的具体工作，尹德挺副主任负责全书的审定。每个报告作者严谨认真的学术态度和步调一致的合作精神是本书得以顺利出版的基础。

本书的出版得到各方面的大力支持，北京市哲学社会科学规划办公室提供的项目基金和出版资助是该书得以出版的前提；北京市委党校的领导同人对本书出版给予大力支持和鼓励；社会科学文献出版社为本书的出版提供了一系列便利条件，特别是责任编辑佟英磊认真负责的工作使本书顺利付梓。在此，我们一并深表感谢。

《北京人口发展研究报告（2015）》编委会

2015 年 6 月

图书在版编目(CIP)数据

北京人口发展研究报告. 2015 / 北京人口与社会发展研究中心编. -- 北京：社会科学文献出版社，2016. 7
ISBN 978 - 7 - 5097 - 9317 - 6

Ⅰ. ①北… Ⅱ. ①北… Ⅲ. ①人口 - 研究报告 - 北京市 - 2015 Ⅳ. ①C924. 24

中国版本图书馆 CIP 数据核字（2016）第 135125 号

北京人口发展研究报告（2015）

编　者 / 北京人口与社会发展研究中心

出 版 人 / 谢寿光
项目统筹 / 佟英磊
责任编辑 / 佟英磊

出　版 / 社会科学文献出版社 · 社会学编辑部（010）59367159
地址：北京市北三环中路甲 29 号院华龙大厦　邮编：100029
网址：www. ssap. com. cn
发　行 / 市场营销中心（010）59367081　59367018
印　装 / 三河市尚艺印装有限公司

规　格 / 开 本：787mm × 1092mm　1/16
印 张：16　字 数：261 千字
版　次 / 2016 年 7 月第 1 版　2016 年 7 月第 1 次印刷
书　号 / ISBN 978 - 7 - 5097 - 9317 - 6
定　价 / 69. 00 元

本书如有印装质量问题，请与读者服务中心（010 - 59367028）联系